제3판

영유아교육기관에서의 관찰

김희진 · 박은혜 · 이지현

창지사

제3판 머리말

2000년에 처음 책이 출간된 이후 약 20년이 지났습니다. 개정 작업을 준비하면서 지난 20여 년간 영유아교육 현장에 어떤 변화가 있었는지를 생각해 보고 그 변화를 어떻게 반영하여 제3판에 담아낼지 고민했습니다. 물론 많은 변화가 있었지만, 영유아교육기관에서의 관찰과 관련해서는 두 가지를 생각해 볼 수 있습니다. 첫째는 영아를 대상으로 하는 교육과 보육이 20여 년 전에 비해 더욱 보편화되었다는 것입니다. 따라서 제3판에서는 유아교육기관에서, 영아를 위한 환경 및 교사의 역할과 영아의 행동도 관찰할 수 있도록 하였습니다. 둘째는 '정상적인' 영유아교육 또는 보육이 무엇인지에 대한 확고한 이미지가 현장에서 사라지고 있다는 것입니다. 다양한 영유아교육기관에 대한 평가 과정에서 영유아를 위한 교육 또는 보육의 본질에서 너무 벗어난 현장에 대한 안타까움을 토로하는 소리를 많이 접했습니다. 이에 제3판에서는 '정상적인' 교육 또는 보육을 실시하고 있는 현장에서 관찰할 수 있는 기본적인 내용을 담고자 노력했습니다.

2000년에 작성된 초판 머리말을 다시 읽어 보니 20여 년이 지난 지금도 유효한 서문으로 느껴지기에 이상의 글로 제3판 머리말을 대신하고자 합니다.

2018년 11월

저자 일동

초판 머리말

좋은 교사가 되기 위해서는 먼저 좋은 눈을 가지고 있어야 한다. 좋은 눈을 가진 교사는 현재의 교육 환경, 교사의 역할, 영유아의 행동을 파악하고, 개선할 수 있는 방향을 모색하며, 자신이 설정한 방향에 대한 평가를 내릴 수 있다. 교사로서 좋은 눈을 가진다는 것은 단시일 내에 이루어지는 것이 아니라 오랜 기간을 걸쳐 다양한 교육 현장을 관찰하고, 관찰한 것을 정리하고, 정리한 것에서 의미를 추출하는 작업을 통해서만 가능하다. 이런 이유 때문에 영유아교육을 전공하는 학생은 영유아교육 현장을 방문하여 관찰하고 관찰한 것을 정리할 기회를 각 과목에서 자주 갖게 된다.

그러나 교육 현장을 관찰한 학생에게 소감을 물어보면 대부분 "참 재미있었어요.", "아이들이 귀여웠어요.", "선생님이 잘 가르치셨어요." 하는 일반적인 대답을 하는 경우가 많다. 이런 일반적인 결론을 내는 데는 세 가지 이유가 있다. 첫째는 무엇을 관찰해야 하는지에 대한 명확한 방향을 설정하지 않았기 때문이고, 둘째는 관찰할 것이 미리 정해져 있다 할지라도 어떤 기준으로 관찰할지에 대한 계획이 없는 상태에서 관찰했기 때문이며, 셋째는 관찰할 대상과 기준이 있다 하더라도 관찰한 것을 어떻게 정리할지에 대한 계획이나 기준 없이 관찰했기 때문이다.

영유아교육 현장을 관찰하는 학생의 이런 어려움을 도와주기 위해 본서에서는 세 가지 측면에서 노력했다. 첫째는 무엇을 관찰해야 할지에 대한 명확한 방향을 제시하였다. 예를 들면, 흥미(놀이) 영역을 관찰할 때는 단순히 흥미(놀이) 영역을 관찰하라는 지시를 주기보다는 흥미(놀이) 영역 구성의 적절성, 흥미(놀이) 영역에서 지켜야 할 규칙, 흥미(놀이) 영역에 비치된 자료와 소품 등을 관찰하라는 구체적인 안내를 하였다. 둘째, 관찰할 내용을 구체적으로 지정한 후, 그 내용을 관찰하기 위해서는 유사 영역과의 인접성, 영역 구분의 명확성, 공간 크기, 필요 설비와의 인접성, 교구장, 소음 방지 대책 등의 자세한 기준을 제시하여 학생이 쉽게 관찰할 수 있도록 하였다.

또한 본서가 기존의 관찰책과 다른 점은 기존의 것이 영유아의 발달에만 초점을 둔 반면, 본서는 교육에만 초점을 두었다는 것이다. 비록 교사가 영유아를 지도하는 데 발달 단계를 고려해야 하는 것은 사실이지만, 영유아의 발달 단계를 파악하는 눈만 가진다면 결코 좋은 교사가 될 수 없다. 왜냐하면 교육은 발달 그 이상이기 때문이다. 유능한 영유아 교사가 되기 위해서는 교육 환경, 자유 선택 활동과 집단 활동 시의 교사 역할, 그리고 교육적 측면에서 영유아의 행동을 관찰할 수 있는 눈이 있어야 한다. 그러므로 본서에서는 교사들이 교육 전체를 바라볼 수 있는 능력을 가질 수 있게 도와주려고 노력했다.

본서는 '유아 발달' 또는 '유아 관찰' 같이 전통적으로 영유아를 관찰하는 과목뿐만 아니라 놀이, 각 과 지도법, 유아 수학/과학/문학/컴퓨터/사회/음률 교육 같은 과목에서도 부분적으로 사용할 수 있도록 집필되었다. 또한 본서는 영유아교육을 전공하는 학부 학생뿐만 아니라 교육 현장에서 영유아를 직접 교육하는 교사가 자신의 교수 행위를 되돌아보는 데도 도움이 될 것이다.

마지막으로, 항상 사랑과 격려를 아끼지 않는 저자들의 가족, 좀 더 유용하고 쉬운 책이 되도록 도움말을 주신 이화여대 박사과정 선생님들, 원고를 정리해 준 석사과정 학생들, 그리고 오랜 시간을 기다려 주시고 매력적인 책으로 만들어 주신 창지사에 깊은 감사를 드린다.

2000년 8월

저자 일동

차 례

PART 2 실 제

(부록 파일은 CD 및 자료실에서 내려받을 수 있습니다.)

1 PART

이 론

CHAPTER 1

관찰의 목적 및 의의

1. 관찰의 목적
2. 관찰을 하는 바른 태도
3. 주관적 관찰과 객관적 관찰
4. 관찰을 위한 계획하기
5. 관찰의 단계(기록 – 해석 – 평가)

이 장은 '이정환 · 박은혜(1995). 교사들을 위한 유아관찰 워크북. 사단법인 한국어린이육영회.'의 내용을 재구성한 것임.

1 관찰의 목적

관찰의 사전적 정의는 사람, 사물 또는 현상을 주의하여 자세히 살펴보는 것이다. '주의하여 살펴보는 것'은 인간이 삶을 영위하면서 매순간 의식 또는 두의식적으로 하는 행위이다. 어떤 과일이 좋은지 주의하여 살펴보는 것, 길을 건너기 전에 차가 오는지 주의하여 살펴보는 것, 어떤 가전제품이 좋은지 주의하여 살펴보는 것, 새로 만난 학교 친구나 직장 동료가 어떤 사람인지 파악하기 위해 주의하여 살펴보는 것 등이 모두 일상적으로 행해지는 관찰행위이다.

영유아교육기관에서도 관찰은 일상적으로 이루어진다. 교사는 영유아의 말과 행동을 보면서 어떻게 지도할지를 순간적으로 판단하고 관찰한 것을 기록으로 남겨 다양한 목적으로 사용한다. 예를 들어, 쌓기놀이 영역에서 영유아들을 보고 있다가 고개를 돌려 보니 영진이가 수미의 손에 들려 있는 인형을 빼앗는 것이 보였다. 이 상황에서 교사가 적절한 행동을 취하기 위해서는 어떤 정보가 필요한가? 우선 교사는 이것이 영진이의 전형적인 행동인지, 영진이가 장난감을 빼앗기 전의 상황은 어떠했는지, 영진이에게 다른 정서적인 문제는 없는지, 장난감을 빼앗긴 수미의 반응은 어떤지 등에 대한 답을 얻어야 한다. 이러한 정보를 얻기 위해서 교사가 사용할 수 있는 방법은 여러 가지가 있으나 일상생활 속에서 가장 자연스럽게 사용할 수 있는 방법은 관찰이다. 관찰은 일반적으로 관찰하는 사람에게 다음과 같은 다양한 정보를 제공해 준다.

첫째, 관찰 대상의 발달을 이해할 수 있도록 해 준다. 자연스러운 상황에서 여러 번 한 관찰은 관찰 대상의 독특한 개성을 발견하고 성장 과정을 이해하는 데 도움을 준다. 관찰자는 관찰을 통해 수집한 자료를 기초로 각 대상의 장·단점을 파악한 후 각자의 장·단점에 맞게 지원할 수 있다. 그뿐만 아니라 관찰자는 관찰을 통하여 관찰 대상이 가지고 있는 문제점을 진단하고 분석하여 그에 적절한 도움을 줄 수 있다.

둘째, 관찰은 관찰 대상을 이해하는 데 필수 조건이 되지만 관찰자 자신을 이해하는 데도 도움을 준다. 관찰 기술을 잘 발전시킨 사람은 인간의 행동을 정확하게 볼 수 있다. 작지만 아주 중요한 인간의 속성도 보고 느낄 수 있는 능력이 생기는 것이다. 이에 따라 관찰자는 관찰 대상의 행동뿐만 아니라 자기 자신의 행동이나 사고도 주의 깊게 살필 수 있는 능력을 가지게 된다.

셋째, 관찰에서 얻어진 자료는 다음 활동을 계획하는 데 기초가 된다. 예를 들어, 교사는 영유아 관찰을 통해 개별 영유아뿐만 아니라 학급 전체의 발달 수준, 흥미 수준, 경험 수준 등을 이해하게 되고 이에 기초한 교육 및 보육 과정을 계획하고 실행하는 것이 가능해진다. 교사는 관찰을 통해 자신의 수업을 평가해 보고 영유아의 발달에 적합한 활동을 제공할 수 있게 된다. 영유아교육기관에서 관찰을 통해 얻어진 모든 정보는 궁극적으로 교사가 영유아를 위해 가장 적절한 교육 과정을 계획하는 데 기초가 되며 이를 통해 영유아들은 양질의 교육을 받을 수 있게 된다.

2 관찰을 하는 바른 태도

관찰을 실시할 때 관찰자가 수행하는 역할은 다양한데 크게 다음의 네 가지로 분류할 수 있다. 첫째는 완전한 참여자(complete participants) 역할로 그 집단에서 구성원의 역할을 수행하면서 관찰을 하는 것이고, 둘째는 관찰자로서의 참여자(participants-as-observers) 역할로 집단에 참여하면서 연구자로서 관찰하는 것이고, 셋째는 참여자로서의 관찰자(observers-as-participants) 역할로 집단에 연구자로 알려져 있고 집단과 상호작용을 많이 하지 않으면서 관찰하는 것이고, 넷째는 완전한 관찰자(complete observers) 역할로 집단에 연구자로 알려져 있고 집단과 상호작용을 전혀 하지 않으면서 관찰하는 것이다.

이를 다시, 관찰자가 대상 집단의 일원으로 현장에 참여하는 참여 관찰과 관찰자가 현장에는 있으나 그 장면에서 일어나는 활동에 개입하지 않고 관찰만 하는 비참여 관찰로 나눌 수 있다. 위에 제시된 완전한 참여자의 역할과 관찰자로서의 참여자의 역할이 전자에 해당되고 참여자로서의 관찰자와 완전한 관찰자의 역할이 후자에 해당될 것이다.

교사가 자신의 학급에서 영유아 혹은 자기 자신의 행동을 관찰하는 것은 가장 대표적인 참여 관찰이다. 일반적으로 교사들은 보조 교사가 없는 상황에서 수업을 진행하는 경우가 많기 때문에 지도하는 영유아를 내버려 두고 관찰만 하는 비참여 관찰을 하는 것은 바람직하지 않다.

교사가 무엇을 관찰할지 사전에 계획을 세우고 적절한 관찰 방법과 기록 방법을 사용한다면 하루 일과를 진행하면서도 많은 관찰을 할 수 있기 때문에 교사 자신, 영유아, 교육 및 보육 과정 운영에 대하여 많은 정보를 얻을 수 있다. 교사가 교육 현장을 관찰하는 방법이나 시기, 장소 등에 반드시 정해진 규칙이 있는 것은 아니기 때문에 각 교사는 자신의 학급상황에 적절한 방법을 찾는 노력이 필요하다. 옷에 달린 주머니 속에 조그만 공책과 연필을 넣고 다니면서 관찰하고자 하는 행동이 일어났을 때 기록하는 것도 한 가지 방법이 될 수 있고, 관찰 용지와 연필을 항상 같은 선반이나 관찰하고 싶은 행동이 가장 많이 발생하는 영역에 놓아두는 것도 방법이 될 수 있다.

비참여 관찰의 가장 일반적인 형태는 예비 교사인 학생들의 수업 관찰이다. 교사가 참여 관찰자로서 관찰을 할 때는 교사 역할을 하면서 관찰하지만 학생이 현장에 나가 비참여 관찰자로서 관찰을 할 때는 그렇지 못하다. 외부인이 교실에 있으면 금방 눈에 띄게 마련인데, 학생이 영유아의 주의를 끄는 행동을 하거나 영유아가 먼저 학생에게 관심을 보이는 경우가 생긴다. 이는 현재 진행되고 있는 활동을 방해하고 영유아의 행동에 영향을 미칠 수 있으므로, 비참여 관찰을 할 때는 관찰로 인해 교실에서 진행되고 있는 활동에 방해되지 않도록 주의하여야 한다. 관찰자는 영유아의 관심을 가능한 한 끌지 않도록 구석에 앉거나 서서 관찰하고 불가피하게 움직여야 할 때는 조용히 움직인다. 그러나 아무리 눈에 띄지 않게 조용히 관찰한다고 해도 영유아가 관찰자에게 다가와 말을 걸 수 있다. 이때는 간단하고 정직하게 영유아들이 놀고 있는 것을 자세히 보고 기록하는 중이라고 대답한다. 만일 모호하게 얼버무리면 영유아들은 이해될 때까지 계속해서 질문을 해댈 것이다. 일단 대답을 했으면 더 이상의 대화가 진행되지 않도록 자리를 피한다.

이 밖에도 관찰을 하는 동안 영유아가 다가와 도움을 청하거나 교사가 한 말에 대하여 설명을 해달라고 할 수도 있다. 이때에도 급한 상황이 아니면 “선생님께 여쭈어 보렴.” 하고 영유아의 관심을 돌린다. 또한 영유아들의 행동이나 활동에 감정적인 반응을 드러내지 않는 것도 중요하다. 영유아들이 하는 행동을 보며 귀엽다거나 우스운 생각이 들 때도 있고 전혀 예상치도 않은 행동이나 말 때문에 깜짝 놀라는 일이 생길 수도 있다. 감정적인 반응은 영유아의 주의를 끌 뿐만 아니라 그러한 감정이 관찰의 내용에 영향을 줄 수도 있으므로 가능하면 반응을 보이지 않도록 노력한다.

관찰을 하다 보면 본의 아니게 관찰 대상의 사생활에 대하여 알게 되는 경우가 있고, 친구나 동료들과 대화를 하는 중에 우연히 이러한 이야기가 외부로 유출될 수 있다. 관찰을 하면서 알게 되는 여러 가지 정보는 그것이 긍정적이든 부정적이든 외부에 유출되지 않도록 비밀을 유지하는 것이 관찰자가 반드시 지켜야 하는 윤리적인 태도이다.

3 주관적 관찰과 객관적 관찰

관찰은 예술 작품을 감상하는 것에 비교할 수 있다. 어떤 사람이든 예술 작품에 대해 자신의 느낌을 긍정적 혹은 부정적으로 표현할 수 있지만 제대로 훈련받은 사람만이 예술 작품의 가치를 제대로 평가할 수 있다. 마찬가지로 누구나 교육 현장에서 벌어지는 상황에 대하여 의견을 가질 수 있지만, 경험이 없는 관찰자의 의견은 부정확하거나 편견이 있거나 범위가 매우 제한된 것일 수 있다. 따라서 관찰을 실시할 것인가의 여부보다 관찰을 어떻게 하느냐의 방법이 더 중요하다.

관찰을 처음 해 보는 사람들이 가장 어렵게 느끼는 것은 관찰할 대상과 내용을 정하고 이를 기록하는 것이다. 아무 목적 없이 유치원이나 어린이집 교실을 바라보고 있을 때는 많은 사건이 진행되고 있는 것 같지 않으나, 막상 교실에서 일어나고 있는 일을 모두 적으려고 하면 그 엄청난 정보의 양에 당황하게 된다. 주제가 정확하게 주어진다면 무엇을 볼 것인가에 대한 염려는 줄어들지만 아직도 그것을 어떻게 객관적이고 자세하게 옮겨 담을 것인가의 문제는 남는다. 다음에 제시된 [관찰 기록 1]과 [관찰 기록 2]는 한 영유아가 같은 시각에 똑같은 활동을 하는 것을 관찰하고 기록한 것이다.

관찰 기록 1

지수는 역할놀이 영역에서 책상 위에 놓인 공룡을 가지고 한참 동안 혼자 놀고 있다. 지수는 친구가 있는 것 같지 않다. 한참 동안 놀던 지수는 재미가 없어진 듯 다른 바구니에 있는 또 다른 공룡을 가지러 간다. 여러 공룡을 가지고 놀던 지수는 선생님에게 제일 큰 공룡이 대장이라고 말한다. 지수는 선생님의 관심을 끌려 하는데 아마 선생님이 지수의 말을 들어 주는 유일한 사람이기 때문인 것 같다.

관찰 기록 2

(지수는 역할놀이 영역에서 15분째 놀고 있는 중). 지수는 지금까지 가지고 놀던 공룡 두 마리를 책상의 오른쪽 가장자리에 놓고 곧장 영역 오른쪽 구석에 있는 놀잇감 상자 앞으로 간다. 오른쪽 무릎을 꿇고 두 손으로 놀잇감 상자 속을 휘젓더니 플라스틱 공룡 하나를 왼손으로 꺼낸다. 오른손으로 바닥을 짚으면서 몸을 일으켜 선다. 공룡의 머리를 왼손으로 잡고 책상으로 급하게 걸어가서는 책상에 있는 두 마리의 공룡 옆에 세운다. 그리고는 큰소리로 "여기 가만히 있어야 해." 하고 외치고 선생님에게로 달려간다. "선생님, 저기 보세요." 지수는 오른손 두 번째 손가락으로 공룡들을 가리키며 "티라노사우루스가 대장이에요. 왜냐하면 제일 크니까요. 스테고사우루스가 다음 대장인데요. 왜냐하면 그다음으로 크거든요. 디메트로돈은 졸병이에요. 디메트로돈은 별로 크지 않아요."라고 말한다.

위의 관찰 기록을 비교해 보면 어떤 차이점을 느낄 수 있는가? 첫 번째 기록을 보면 개인적인 느낌과 판단이 주를 이룬다. 지수를 모르는 사람이 이 기록을 읽는다면 지수의 진짜 모습이 아닌 기록을 남긴 사람의 개인적인 의견에 따라 각색되어진 모습을 보게 될 것이다. 이러한 관찰을 주관적인 관찰이라고 한다. 반면 두 번째 관찰 기록은 사실과 사건만을 담고 있다. 이 기록에는 관찰자의 개인적인 평가나 판단 혹은 느낌 등이 제외되어 있고 대신 지수가 한 말과 행동만이 기록되어 있다. 이렇게 개인적인 해석이 배제되어 있는 기록을 객관적인 관찰이라고 한다.

관찰자가 관찰을 하는 동안 전적으로 객관적인 관찰을 하기란 매우 어렵다. 관찰자가 관찰 대상을 관찰하면서 기록하고 해석하고 평가하는 동안 관찰자의 판단에 영향을 미치는 요소들이 너무 많기 때문이다. 이것은 우리가 끼고 있는 안경에 얼룩이 있을 때 이를 통해 보는 사물에도 얼룩이 있는 것처럼 보이는 것과 마찬가지인 이치이다.

일반적으로 관찰에 영향을 주는 요소로 관찰자 개인의 특성, 직전 교육을 통하여 얻어진 교육에 대한 신념, 관찰을 할 당시의 상황, 관찰 대상의 특성 등을 들 수 있다. 개인적인 특성 가운데 관찰자의 판단에 영향을 주는 것으로 성별이나 성격 등을 들 수 있다. 영유아교육에 종사하는 사람들이 대부분 여성이기 때문에 여자 교사와 남자 교사를 비교하기는 어렵지만, 교사가 가정에서 어떠한 대접을 받고 성장했는가에 따라 여아와 남아를 대하는 태도가 달라질 수 있다. 학습자의 성별에 따라 교사와 학습자의 상호작용 양상에 차이가 있는지를 연구한 학자들은 교사들이 남아에게 긍정적이든 부정적이든 더 많은 반응과 관심을 보인다는 일관된 결과를 발표하고 있다. 이는 같은 행동이라도 관찰자 혹은 관찰 대상의 성별에 따라 다른 해석이 가능하다는 의미이다.

관찰 대상을 대하는 태도나 행동의 해석에 영향을 미치는 또 다른 요소는 관찰자의 성격이다. 우리는 각 교사가 독특한 방법으로 자신의 학급을 운영해 간다는 것을 알고 있다. 교사의 성격이 활발하고 움직이는 것을 좋아하면 그 학급의 영유아들도 매우 활기차게 움직이고, 교사가 차분한 성격이라면 그 학급의 전반적인 분위기가 매우 차분해진다. 활기찬 학급에서 조용히 자기 일을 하는 영유아는 지나치게 소극적이라고 여겨질 가능성이 있고 조용한 분위기를 선호하는 교사의 학급에서 적극성을 띠는 영유아는 산만하고 거슬리게 느껴질 수도 있다.

영유아교육 현장에서 관찰을 할 때 관찰자의 주관성에 영향을 줄 수 있는 요소로 관찰자의 교육적 신념을 들 수 있다. 영유아교육을 초등교육을 위한 준비 단계로 보고 한글 및 숫자 익히기를 강조하는 사람이라면 만 5세반의 2학기가 되어서도 자신의 이름을 쓰지 못하는 유아를 보고 인지적 혹은 언어적으로 문제가 있다고 평가할 것이다. 그러나 유아기란 그 자체로 인정받아야 할 시기이며, 전인적인 성장과 발달이 더 중요하다고 믿는 사람이라면 같은 유아를 다른 관점에서 평가할 것이다.

관찰자에게 자녀가 있는지의 여부도 교육적인 신념에 영향을 준다. 한 연구에 의하면 자녀가 있는 교사들은 자신의 자녀 양육 태도를 중심으로 교수–학습의 원리를 이해하고, 그렇지 않은 교사들은 자신의 학교 경험을 중심으로 이해한다고 한다.

관찰을 실시하는 당시의 상황, 관찰 대상의 특징 역시 관찰자의 주관적인 판단에 영향을 주는 요소임을 부인할 수가 없다. 관찰자가 관찰 대상에게 좋은 인상을 가지고 있다면 대부분의 항목에 긍정적인 평가를 하게 되고 그 반대일 경우에는 부정적인 평가를 할 가능성이 높다. 관찰 대상의 특성과 관련하여 주관적인 판단의 가능성이 있다는 것은 교사들이 영유아를 관찰할 때 특히 유념해야 하는 문제이다. 교사들은 흔히 자신은 영유아들에 대하여 아무런 편견도 가지고 있지 않으며 자신이 맡고 있는 모든 영유아를 똑같이 사랑한다고 생각한다. 그러나 교사도 인간인 이상 의식적 혹은 무의식적으로 영유아들을 편애할 가능성이 있는데 이러한 사실을 무시하고 자신의 사고를 들여다보지 않는다면 무의식 속에 있는 편견으로 인해 영유아들을 잘못 관찰할 가능성이 높다.

그 밖에 관찰자가 가지고 있는 선입견이나 미리 알고 있던 다른 정보들이 판단에 영향을 끼치는 경우도 있다. 순정이가 언니와 같은 유치원을 다녔는데, 순정이 언니가 굉장히 독단적이고 친구들과 어울려 놀지 못했다면 순정이는 그러한 성향이 없더라도 관찰자가 그 언니에 대해 가지고 있는 인상 때문에 사회성 발달에서 낮은 점수를 받을 가능성도 있다.

이상과 같이 객관적인 관찰을 저해하는 요소들이 매우 다양하기 때문에 교사나 예비 교사들은 주관적인 관찰을 피하기 위해 노력해야 한다. 주관적인 기록을 피하기 위해 관찰자가 사용할 수 있는 전략에는 다양한 것이 있다. 첫째, 관찰 대상이 실제로 행동한 것만을 적어야 한다. 예를 들어, '준영이가 행복해 보였다.'라고 적는 대신 그런 결론을 내리게 만든 행동, 즉 '크게 웃었다.', '퍼즐을 맞추며 노래를 흥얼거렸다.'라고 적는 것이다.

둘째, 관찰 대상의 말을 사실 그대로 직접화법으로 기록한다. 위에서 제시한 관찰 기록 가운데 [관찰 기록 1]의 '지수는 선생님에게 제일 큰 공룡이 대장이라고 말한다.' 부분을 살펴보자. 본래 지수가 했던 말은 "티라노사우루스가 대장이에요. … 별로 크지 않아요." 이다. 이와 같은 기록에서 지수가 한 말을 통하여 교사는 다양한 정보를 얻어낼 수 있다. 지수는 공룡의 이름 및 특징을 알고 있고, 크기대로 서열화하는 것이 가능하며 존댓말도 사용한다. 또한 공룡을 주인공으로 하는 상상놀이도 가능하다. 유아가 한 말을 그대로 기록했을 때 얻을 수 있는 다양한 정보들이 간접화법으로 기록하면 사라지는 것이다.

셋째, 관찰 대상의 행동을 구체적으로 기술한다. 예를 들어, '순이가 쌓기놀이 영역에서 놀고 있다.'라고 쓰기보다는 '순이가 쌓기놀이 영역에서 누구와 무엇(집, 다리, 탑 …)을 만들면서 놀고 있었다.'라고 기록하는 것이 더 구체적이다. 그러나 모든 행동을 다 기록하는 것은 불가능하므로 기록할 가치가 있는 것이 무엇인지 잘 판단해야 한다. 예를 들어, 위의 [관찰 기록 2]에서 '책상의 오른쪽 가장자리에 놓고', '오른쪽 무릎을 꿇고', '오른손으로 바닥을 짚으며 몸을 일으켜 선다.'와 같은 기록은 지수의 발달, 능력 또는 특성을 파악하는 데 중요한 정보가 아니기 때문에 기술하지 않아도 될 것이다.

마지막으로, 행동의 질을 설명한다. 행동의 질을 설명한다는 것은 주관적인 관찰 기록과는 엄연히 다르다. 주관적인 관찰 기록은 관찰자의 느낌이나 판단을 포함하는 기록을 의미하는 것이지만 행동의 질을 설명한다는 것은 관찰하는 대상의 행동이 다른 사람의 행동과 어떻게 구분되는지를 정확하게 설명해 주는 것이다. 예를 들어, 웃는다는 행동을 놓고 볼 때 기뻐서 웃는 웃음, 기가 막혀서 웃는 웃음, 우쭐하는 마음에서 나오는 웃음 등 상황에 따라 웃음의 질이 달라질 수 있다. 이러한 상황을 설명하기 위해 '빙긋이 웃는다, 빙그레 웃는다, 껄껄 웃는다, 깔깔 웃는다, 생글생글 미소를 짓는다, 상냥하게 미소 짓는다, 낄낄 웃는다, 능글맞게 웃는다, 폭소를 터트린다, 너털웃음을 웃는다' 등의 다양한 표현을 사용할 수 있다. 이처럼 정말 좋은 관찰을 하기 위해서는 국문학도 못지 않게 많은 단어를 알고 있어야 한다. 이때 주관적인 관찰과 행동의 질을 서술하는 관찰 사이의 경계선이 매우 모호한 것처럼 느껴질 수도 있으나, 가장 기본적인 차이는 단 한 번의 관찰을 통하여 관찰 대상의 특성에 대해 일반화된 판단을 내리는가의 여부이다. 즉, 유아가 바람이 불어 날리는 낙엽을 보고 깔깔거리고 웃는 모습을 보고 관찰 기록에 '○○는 매우 명랑하다.'라고 기록한다면 이는 행동의 질을 설명한 것이 아니라 관찰자의 편향된 해석이 들어간 주관적인 관찰이 되는 것이다. 관찰자가 완벽하게 객관적일 수는 없으나 관찰 대상이 되는 사람들이 일상생활 속에서 무엇을 어떻게 하고 있는지 그 행동의 질을 설명하기 위한 노력은 필요하다.

4 관찰을 위한 계획하기

영유아나 교사의 행동, 교육 및 보육 과정과 관련된 관찰을 할 때 관찰자를 가장 당황하게 하는 것은 관찰을 어디서부터 시작할 것인가이다. 영유아교육 현장에서 관찰할 수 있는 대상은 매우 다양하다. 일반적으로 영유아의 발달을 알아보기 위해 관찰하는 것이 가장 보편적이지만 관찰이 반드시 영유아에게만 국한될 필요는 없다. 교사들의 교수 행동, 환경, 교사와 영유아의 상호작용 등도 모두 관찰의 대상이 될 수 있다.

체계적인 관찰을 위해서는 교육 또는 보육과정 수행을 위해 연간 교육 계획안을 작성하는 것과 마찬가지로 평가를 위한 계획안을 작성하는 것이 필요하다. 영유아를 위한 관찰 계획안을 작성할 때는 소주제와 가장 관련 있는 생활 영역에 초점을 맞추어 계획하며 한 학기 동안 모든 영역이 골고루 관찰될 수 있도록 한다. 다음의 〈표 1-1〉은 『5세 누리과정 교사용 지도서: 제1권 유치원과 친구』(2012)의 주제 및 소주제에 따라 관찰의 기준이 되는 목표를 설정하고, 자료 수집 방법을 포함하여 평가를 위한 연간 계획안을 수립한 예이다.

〈표 1-1〉 **'유치원과 친구' 생활 주제 운영 시 평가 계획안**

주	주제	소주제	생활 영역별 목표	활동	평가 방법
1주	유치원의 환경	① 우리 반 이름과 교실 알아보기 ② 우리 반에 필요한 약속 알아보기 ③ 유치원 돌아보기 ④ 유치원에서 함께 지내는 사람들 알아보기 ⑤ 함께 사용하는 물건과 공간 알아보기	• 각 활동 영역별 약속을 협의하여 정하고 지킨다. • 유치원에서 안전에 유의해야 할 장소를 알아보고 안전하게 행동한다. • 유치원에서 일하는 어른들께 예절 바르게 행동한다.	자유선택 활동 일상생활	체크리스트 일화 기록 평정 척도 일화 기록
2주	유치원에서의 하루	① 형님반이 되어 달라진 하루 일과 알기 ② 놀이 계획과 평가하기 ③ 함께하면 더 좋은 것 알아보기 ④ 바른 태도로 급식(간식) 먹기 ⑤ 도우미가 되어 보기	• 선생님, 친구들과 만나고 헤어질 때 먼저 인사를 한다. • 자신의 계획을 생각하며 놀이하고, 놀이 결과를 스스로 평가해 본다. • 급간식을 먹은 후에 주변을 스스로 정리한다.	등하원 시 자유선택 활동 급간식	체크리스트 일화 기록 체크리스트 일화 기록 체크리스트 포트폴리오
3주	유치원에서 만난 친구	① 나와 친구 소개하기 ② 친구의 의미 알기 ③ 친구 간의 예의 지키기 ④ 내 마음, 친구 마음 알기	• 친구에게 관심을 갖고 친구의 이야기를 주의 깊게 듣는다. • 친구에게 도움을 받거나 잘못했을 때는 적절한 말로 표현한다. • 친구와 함께 지내기 위해서는 지켜야 할 약속이 있음을 안다.	일상생활 자유선택 활동	평정 척도 일화 기록 체크리스트
4주	함께 만드는 유치원	① 우리 유치원의 상징 알아보기 ② 우리 유치원의 역사 알아보기 ③ 우리 유치원의 자랑거리 알기 ④ 우리가 만들고 싶은 것 알아보기 ⑤ 우리가 만들고 싶은 유치원 계획하기	• 모두가 행복할 수 있는 유치원의 조건에 대해 토의해 본다. • 새로운 놀잇감과 바깥놀이터를 구상해 본다.	이야기 나누기 자유선택 활동	체크리스트 일화 기록

영유아를 관찰하는 경우와 마찬가지로 교사의 행동을 관찰하기 위한 계획도 수립할 수 있다. 교사를 관찰하기 위한 계획안은 학기 초에는 전반적인 학급 운영이나 단순한 활동에 초점을 맞추고, 학기가 진행될수록 교사–영유아의 상호작용에 초점을 맞추어 갈 수 있도록 계획한다. 다음의 〈표 1-2〉는 『5세 누리과정 교사용 지도서: 제1권 유치원과 친구』(2012)에 제시된 주간 교육 계획안을 중심으로 교사를 관찰할 수 있는 계획안을 작성한 것이다.

〈표 1-2〉 **교사의 행동을 관찰하기 위한 계획안**

생활 주제		유치원과 친구		시기	2020년 3월 3주		평가 계획
주제		유치원에서 만난 친구					
목표		• 친구에게 관심을 갖고 친구의 의미를 생각한다. • 좋은 친구가 되기 위해 노력하며 사이좋게 지낸다.					
활동 \ 날짜		16(월)	17(화)	18(수)	19(목)	20(금)	
소주제		나와 친구 소개하기	친구의 의미 알기		친구 간의 예의 지키기	내 마음, 친구 마음 알기	
자유선택활동	쌓기놀이 영역	친구 키만큼 블록 쌓기					• 각 영역별 환경 구성의 적절성과 관련된 자료수집 • 각 영역별 교사의 개입 빈도수 점검 • 쌓기놀이 영역과 역할놀이 영역에서 교사의 상호작용 관찰
	역할놀이 영역	친구와 찰칵					
	언어 영역	내가 좋아하는 것	내 친구 이름 쓰기		친구 빙고 놀이	친구 기억 게임	
	수·조작 놀이 영역		내 친구 수 그래프 활동	친구 입에 쏘옥			
	과학 영역	실 전화기로 친구 목소리 듣기		누구일까? – 친구 얼굴 맞히기			
	미술 영역	친구 얼굴 그리기				사이좋은 친구들	
	음률 영역	'너와 함께라면' 노래 부르며 악기 연주하기					

대·소집단활동	이야기 나누기	우리 반 친구	○○ 같은 내 친구		친구가 하는 말	친구의 마음	
	동시, 동화, 동극		동시) 그런 게 친구야	동화) 나는 나답게 너는 너답게	동극) 다른 사람이 말할 때 끝까지 잘 들어 보렴!		• 동화 구연 방식에 대한 관찰
	음악	함께하는 친구			친구와 춤을 추어요		
	신체			거울놀이			
	게임		친구와 큰 공 옮기기			칭찬하기 대회	
	요리						
	미술	친구 사진으로 확장그림 그리기		친구 이름으로 꾸미기			
	바깥놀이 활동	조심조심 함께 걸어요					

출처: 교육과학기술부(2012). 5세 누리과정 교사용 지도서: 제1권 유치원과 친구. 서울: 교육과학기술부.

5 관찰의 단계(기록 - 해석 - 평가)

관찰은 대체로 세 단계의 과정을 거쳐 이루어진다. 첫째는 관찰한 것을 기록하는 단계이다. 기록은 관찰자 앞에서 일어나고 있는 장면을 가능한 한 자세하고 객관적으로 적는 것이다. 두 번째 단계는 해석인데 해석은 눈앞에 보이는 것을 넘어서서 행동의 원인, 그 행동을 할 때의 감정 등을 추측해 보고 기록된 자료의 의미를 찾아보는 과정이다. 세 번째 단계는 평가로서 축적된 관찰 자료를 바탕으로 현재의 상태와 앞으로의 방향에 대한 결론을 내리는 단계이다. 다음의 예를 살펴보자.

관찰 기록의 예

관찰 : 수진이가 모래밭에서 성을 쌓고 있다. 운동장을 돌아다니던 민수가 수진이 옆으로 온다. 수진이는 민수에게 "민수야, 내가 만든 성을 좀 봐." 한다. 민수는 '내가 왕자님을 할게. 말을 타고 성안으로 들어가야지." 하며 손으로 성안에 들어가는 흉내를 내다가 수진이가 만든 성이 무너졌다. 수진이는 "야, 내 성이 망가졌잖아." 하고 화를 내었고 민수는 "그래서?"라고 대꾸한다. 수진이는 화가 나서 민수를 밀쳤고 민수는 옆에 있던 쇠기둥에 머리를 부딪치게 되었다. 민수는 울면서 교사에게 달려가 "선생님, 수진이가 저를 밀었어요." 한다.

해석 : 수진이는 자기가 성을 만든 것이 기뻤고 이를 민수에게 자랑하고 싶었다. 반면 민수는 수진이가 만든 성 그 자체보다는 수진이와의 상호작용에 더 관심이 있었고 그 방법의 일환으로 성에 들어가려고 했으나 결과적으로 성을 무너뜨리게 되었다. 의도적으로 성을 무너뜨린 것이 아니었는데 수진이가 화를 내자 오히려 부정적인 방법으로 대응하게 되었다.

평가 : 수진이는 자신이 화가 나는 일이 있을 때 물리적인 방법보다는 말로 할 수 있는 방법을 배워야 할 필요가 있다. 민수는 의도적인 것은 아니었지만 손으로 모래성을 누르면 무너질 수도 있다는 것을 예측할 수 있어야 하고 자신의 행동에 대해 사과하는 방법을 배울 필요가 있다.

해석 및 평가는 객관적인 관찰 기록에서 얻어지는 2차적인 자료이다. 따라서 관찰을 하면서 이 세 가지 과정은 분명히 구분되어야 하고 특히 실제로 어떤 행동에 대한 객관적인 기술 없이 이루어진 해석이나 평가는 그 타당성을 인정받을 수 없다. 앞의 예에서 지수에 대한 관찰 기록을 보면 첫 번째 기록에서 객관적인 기록을 하는 단계를 건너뛰고 바로 두 번째 단계로 넘어가고 있다. 물론 첫 번째 기록을 남긴 교사가 지수를 관찰할 그 당시에는 머릿속에서 첫 번째 단계가 이루어졌겠지만, 그것이 기록으로 남아 있지 않는 한 이 관찰 기록은 증거가 없는 개인의 주관적인 평가일 뿐이다. 요약하면, 서술적인 관찰을 할 때 가장 주의해야 하는 것은 기록·해석·평가를 분명히 구분할 줄 알아야 하며 해석이나 평가는 반드시 객관적이고 충분한 관찰 기록에 근거해야 한다는 것이다.

그렇다면 해석이나 평가는 어떻게 이루어져야 하는가? 교사나 영유아를 관찰한 결과는 관찰의 목적에 따라 해석되고 평가되며 활용되어야 한다. 포트폴리오를 포함한 기록들은 영유아의 발달에 대한 종합적인 평가 보고서를 작성하거나 교육 과정을 평가하는 데 사용된다. 영유아들이 1년 동안 영유아교육기관에서 생활한 경험을 종합하기 위해서는 영유아의 수행 능력과 진보, 그리고 특성 등을 평가해야 한다. 영유아의 수행 능력에 대한 평가는 다양한 영역에서 이루어질 수 있으며 평가의 목적에 따라 발달 영역별로 혹은 교육 과정 영역별로 이루어질 수 있다. 영유아의 수행 능력은 특정한 시점에서 영유아가 보여 주는 행동, 기술, 성취의 수준을 평가하는 것이며 다른 영유아와의 상대적인 비교가 아니라 자신의 이전 수행과 비교한 개인 내 차이에 초점을 맞추어야 한다. 영유아의 성장 및 진보에 대한 평가는 기관에 처음 들어왔을 때부터 시간이 흐르면서 보여 준 변화를 볼 수 있도록 한다. 특히 교사는 각 영유아가 가지고 있는 독특한 특성을 보여 줄 수 있는 다양한 증거를 찾아 분석하는 데 관심을 기울여야 한다.

교사의 발달이나 수행 능력에 대한 평가는 그 목적이 결과에 따르는 보상일 수도 있고 교사의 능력 향상을 위한 도움일 수도 있다. 교사에 대한 평가 역시 목적에 따라 영유아 평가와 마찬가지로 수행이나 진보에 대한 증거를 분석할 수 있다.

연습 문제 1

1 두 사람이 한 팀이 된다.

2 두 사람 중 한 사람이 5분 동안 여러 가지 행동을 하고 또 다른 한 사람은 그 행동을 관찰하고 자세하게 기록한다.

3 5분이 지나면 역할을 바꾸어 다시 한번 관찰을 한다.

4 두 사람 모두 관찰이 끝나면 다른 팀과 합쳐서 4명이 한 팀을 이룬다.

5 네 사람 가운데 한 사람은 자신의 관찰 기록을 읽는다. 이때의 기록은 자신과 함께 팀을 이루었던 사람이 했던 행동에 대한 기록이다. 기록을 읽는 동안 그 사람과 팀을 이루지 않았던 나머지 두 사람은 읽어 주는 대로 행동을 따라 해 본다. 남아 있는 사람, 즉 기록의 대상이었던 사람은 두 사람이 따라 하는 행동이 자신이 했던 행동과 동일한지 관찰한다.

6 같은 방식으로 네 사람 모두 돌아가며 자신의 기록을 읽고 행동을 따라 하게 한다.

7 활동을 하고 난 후 자신의 행동을 재생하는 사람들이 자신이 했던 행동과 똑같이 하는지를 평가해 보고 같지 않다면 이유가 무엇인지 토의해 본다.

8 관찰 기록을 듣고 행동을 재생했던 사람들은 어떤 어려운 점이 있었는지 이야기해 본다.

연습 문제 2

다음은 흔히 관찰되는 영유아의 행동이다. 각 행동의 질을 표현할 수 있는 단어를 열 가지씩 적어 보자.

1 본다.

2 말한다.

3 쓴다.

4 뛴다.

5 운다.

CHAPTER 2

관찰 방법

1. 표본식 기술
2. 일화 기록
3. 시간 표집법
4. 사건 표집법
5. 평정 척도법
6. 행동 목록법(체크 리스트)

이 장은 '이정환 · 박은혜(1995). 교사들을 위한 유아관찰 워크북. 사단법인 한국어린이육영회.'의 내용을 재구성한 것임.

1 표본식 기술

1) 성격

표본식 기술은 관찰자가 미리 정해 놓은 시간이나 활동이 끝날 때까지 관찰 대상이 한 말과 행동을 객관적으로 일어난 순서에 맞추어 자세하게 적는 관찰 방법이다. 표본식 기술은 가능하면 비디오를 찍듯이 아주 자세하게 기록해야 한다. 자세한 정도에 대해서는 정해진 지침은 없으나 지나치다 싶을 정도로 자세한 것이 부족한 것보다 낫다. 표본식 기술을 할 때의 지침은 다음과 같다.

표본식 기술 지침

- 관찰 날짜, 시간, 관찰 대상, 관찰자의 이름을 미리 적어 놓는다.
- 관찰 대상의 행동이 관찰된 장소 및 장면을 표시한다.
- 표본식 기술은 보통 10분 내지 30분 동안 사건이 일어난 순서대로 기록한다. 기록의 왼쪽 여백에다 중간 중간 시간의 경과를 기록한다. 예를 들면, 10분 동안의 기록이면 1분마다, 30분 동안의 기록이면 5분마다 시간을 표시하거나 장면이 바뀔 때마다 시간을 표시해 둔다. 이것은 활동의 선호도나 흐름을 이해하는 데 매우 유용한 자료가 된다.
- 표본식 기술은 사건이 일어나고 있는 현장에서 적는 것이므로 현재형으로 적고 직접화법을 이용한다.
- 보고 들은 것을 그대로 기록한다. 즉, 객관적인 사실만 기록하며 관찰자의 해석이나 주관적인 판단 혹은 추론은 포함하지 않는다. 기록지의 오른쪽 면에 여백을 만들고 활동에 대한 보충 설명이나 관찰자의 해석을 별도로 기록하면 상황을 이해하는 데 도움이 된다. 추론 및 해석을 기록하는 여백을 별도로 두지 않고 본문 안에 [ ] 표시를 하고 내용을 기록할 수도 있다. 단, 행동의 질을 설명하는 부분은 본문에 포함시킬 수 있으며 ( ) 안에 기록하여 차별화한다.
- 관찰 대상이 되고 있는 영유아뿐만 아니라 그 영유아와 상호작용을 하고 있는 사람들(다른 영유아, 교사, 학부모)의 말과 행동도 적는다.
- 표본식 기술 마지막에 발달 영역별로 간단하게 요약한다.

2) 표본식 기술을 위한 관찰 양식

(1) 관찰 양식의 예

다음은 표본식 기술을 위한 관찰 양식의 예이다.

표본식 기술 관찰 양식		
관찰 아동:		생년월일: 년 월 일 (남 · 여)
관 찰 일: 년 월 일		관 찰 자:
장 면:		
시간	기록	추론 및 해석
요약		

(2) 표본식 기술을 이용한 관찰의 예

다음은 위의 관찰 양식을 이용하여 만 5세 유아를 관찰한 예이다.

표본식 기술 관찰 양식 1

관찰 아동: 홍 현 우　　생년월일: 2015년 12월 13일 (남 · 여)
관 찰 일: 2020년 9월 28일　　관 찰 자: 김 윤 미
장　　면: 수·조작놀이 영역에서 퍼즐을 맞추고 있다.

시간	기록	추론 및 해석
오전 9:06	"어, 바다네!" 현우는 책상 위에 놓인 퍼즐을 보면서 상체를 30도쯤 숙여 양손으로 모서리를 잡고 소리친다. 서 있는 상태에서 양손은 책상 모서리를 잡은 채 앞뒤로 흔들면서 가볍게 웃는다. 이때, "그래, 바다지?" 하고 교사가 옆자리에 앉으며 미소 지으며 대답한다. 교사가 의자에 앉는 것을 본 현우는 자신도 의자를 끌어당겨 앉는다. 오른손으로 퍼즐 판을 뒤집어 퍼즐 조각을 꺼내고는 "자~아, 다~아 펼쳐야지." 하면서 퍼즐을 양손으로 펼쳐 놓는다. "현우야, 이제 맞추어 볼까?" 하고 교사가 말한다. "선생님, 상어는 어디에 있어요?" 하며 오른쪽 무릎을 세우고 가슴과 턱을 무릎에 댄 채로 묻는다. "현우가 한번 찾아보세요."라고 교사가 말하자 왼손 엄지와 집게손가락으로 퍼즐을 하나씩 들고 눈앞으로 가져가 유심히 살펴본다. 갑자기 퍼즐 한 조각을 집어 들고는 머리를 좌우로 흔들고 퍼즐 판 위에 이리저리 가져다가 대본다. 퍼즐 조각이 맞는 곳을 찾아서 정확한 위치에 양손으로 조심스럽게 고정시키고는 "어, 맞췄다." 하고 소리치면서 양손을 위로 향해 만세 하듯이 높이 든다. 입가에 웃음을 머금고 교사를 쳐다본다. "현우가 조각을 잘 찾았구나. 또 찾아볼 수 있겠니?" 현우는 무릎을 세웠다 낮췄다 들썩거리다가 왼손에 있는 퍼즐을 뒤집어 보더니 "어, 상어다. 와와!" 하며 기쁨이 섞인 목소리를 내며 상어 모양 퍼즐을 얼굴 높이로 쳐든다. "어디 보자, 정말 상어구나."	
오전 9:09	교사는 현우가 찾은 퍼즐을 뒤로 뒤집어서 "현우야, 여기 상어라고 적혀 있지?"라고 하며 오른손으로 글자를 짚어 가며 현우를 쳐다본다. 현우는 "나, 쓸 줄도 알아요. 자, 봐 봐요. 이렇게요. 이렇게요." 하면서 오른손을 공중에 들고 큰 동작으로 '어'를 획에 맞추어 힘차게 쓴다. 현우는 상어 모양의 퍼즐을 퍼즐 판 위에 양손으로 천천히 정확한 위치에 고정시킨다. "이건, 톱상어예요, 톱상어. 저기요 선생님, 나 옛날에 미국에 있을 때 그때 수족관에서 봤어요."라고 교사를 바라보며 천천히 이야기한다.	현우는 아직 글을 잘 읽지 못한다. 현우는 2년 동안 미국에서 산 적이 있다.
요약	신체 발달: 소근육 발달 언어 발달: 글자 읽고 쓰기, 물고기 종류 말하기 인지 발달: 기억력, 분류 능력 사회/정서 발달: 성취감	

<table>
<tr><th colspan="3">표본식 기술 관찰 양식 2
관찰 아동: 홍 현 우　　　　생년월일: 2015년 12월 13일 (남·여)
관 찰 일: 2020년 9월 28일　　　　관 찰 자: 김 윤 미
장　　면: 수·조작놀이 영역에서 퍼즐을 맞추고 있다.</th></tr>
<tr><th>시간</th><th>기록</th><th>추론 및 해석</th></tr>
<tr><td>오전 9:06</td><td>현우: 어, 바다네!
교사: (옆자리에 앉으며 미소 지으며) 그래, 바다지?
현우: (자신도 의자를 끌어당겨 앉으며 퍼즐 판을 뒤집어 퍼즐 조각을 꺼내고는) 자~아, 다~아 펼쳐야지.
교사: 현우야, 이제 맞추어 볼까?
현우: 선생님, 상어는 어디에 있어요?
교사: 현우가 한번 찾아보세요.
현우: (퍼즐을 하나씩 들고 유심히 살펴보다가 갑자기 퍼즐 한 조각을 집어 들고는 퍼즐 판 위에 이리저리 가져다가 대 본다. 퍼즐 조각이 맞는 곳을 찾아서 정확한 위치에 양손으로 조심스럽게 고정시키고는) 어~ 맞췄다! (소리치면서 양손을 위로 향해 만세 하듯이 높이 든다. 입가에 웃음을 머금고 교사를 쳐다본다.)</td><td></td></tr>
<tr><td>오전 9:09</td><td>교사: 현우가 조각을 잘 찾았구나. 또 찾아볼 수 있겠니?
현우: (왼손에 있는 퍼즐을 뒤집어 보더니) 어, 상어다. 와와! (기쁨이 섞인 목소리를 내며 상어 모양 퍼즐을 얼굴 높이로 쳐든다.)
교사: 어디 보자, 정말 상어구나. (현우가 찾은 퍼즐을 뒤로 뒤집어서 글자를 짚어가며) 현우야, 여기 상어라고 적혀 있지?
현우: 나, 쓸 줄도 알아요. 자, 봐 봐요. 이렇게요. 이렇게요. (오른손을 공중에 들고 큰 동작으로 '어'를 획에 맞추어 힘차게 쓴다.)
현우: (상어 모양의 퍼즐을 퍼즐 판 위에 양손으로 천천히 정확한 위치에 고정시키며) 이건, 톱상어예요, 톱상어. 저기요 선생님, 나 옛날에 미국에 있을 때 그때 수족관에서 봤어요.</td><td>현우는 아직 글을 잘 읽지 못한다.

현우는 2년 동안 미국에서 산 적이 있다.</td></tr>
<tr><td>요약</td><td colspan="2">신체 발달: 소근육 발달
언어 발달: 글자 읽고 쓰기, 물고기 종류 말하기
인지 발달: 기억력, 분류 능력
사회/정서 발달: 성취감</td></tr>
</table>

위에 제시된 [표본식 기술 관찰 양식 1]과 [표본식 기술 관찰 양식 2]는 두 가지 차이점이 있다. 하나는 서술 방식의 차이이다. [표본식 기술 관찰 양식 1]은 연속된 문장으로 계속 기록한 반면, [표본식 기술 관찰 양식 2]는 연극의 대본처럼 말한 사람과 그 사람이 한 말을 기록하고 그 사람의 행동과 정서적 상태를 알 수 있는 내용은 연극의 지문처럼 (괄호) 안에 넣어 기록하였다. 같은 내용이지만 [표본식 기술 관찰 양식 2]처럼 기록할

경우 어떤 내용인지 한눈에 파악하기 쉽다는 장점이 있다.

다음은 상세성 측면의 차이이다. [표본식 기술 관찰 양식 1]은 매우 상세히 기록되어 있어 '현우는 책상 위에 놓인 퍼즐을 보면서 상체를 30도쯤 숙여 양손으로 모서리를 잡고 소리친다. 서 있는 상태에서 양손은 책상 모서리를 잡은 채 앞뒤로 흔들면서 가볍게 웃는다.'에서 볼 수 있는 바와 같이 현우의 행동이 매우 상세히 기록되어 있는 반면, [표본식 기술 관찰 양식 2]는 행동이 훨씬 덜 상세하게 기록되어 있다. 어느 정도 상세히 기록할 것인가는 관찰자가 어떤 목적으로 관찰하는지에 의해 결정된다. 관찰 목적이 어린이들이 보이는 몸짓 언어를 파악하는 것이라면 [표본식 기술 관찰 양식 1]도 상세한 기록이 아닐 수 있다. 이 목적을 달성하기 위해서는 얼굴 숙이는 각도, 미세한 얼굴 표정, 목소리의 크기나 톤, 손가락의 움직임 등을 더 상세히 기록해야 한다. 따라서 어느 정도 상세히 기록할 것인가는 관찰 목적에 따라 결정된다.

(3) 관찰 기록에 대한 평가

다음은 한 유아의 행동을 10분 동안 표본식 기술 방법을 이용하여 관찰한 것이다. 관찰 기록을 평가해 보자.

표본식 기술 관찰 양식

관찰 아동: 김 철 우 생년월일: 2016년 5월 8일 (㊚·여)
관 찰 일: 2021년 5월 24일 관 찰 자: 서 지 혜
장 면:

시간	기록	추론 및 해석
	철우는 못에 걸려 있는 작업복을 꺼낸다. 교사가 도와주려 하자 거절한다. 화판 있는 곳에 가서 줄에 매달려 있는 연필을 꺼낸다. 연필을 가볍게 쥐고는 몸을 약간 앞으로 기울인다. 종이에 이름을 먼저 쓴다. 철우는 글자를 잘 아는 것 같다. 이름을 다 쓴 후 파란색 물감통에 있는 붓을 꺼내어 그림을 그린다. 그림을 다 그리고 나서 자랑스럽다는 듯이 바라보고 '다했다'고 말한다. 옆에 있는 승희에게 자기 그림을 자랑한다. 이번에는 크레용을 집어서 네모를 그리고 그 안에 작은 동그라미를 많이 그리고 '동그라미가 열 개'라고 말한다. 이번에는 빨간색 물감과 파란색 물감을 섞어서 그리고 '보라색이 되었다'고 말한다.	
요약		

- 사건이 순서대로 적혀 있다.
- 이 기록에는 행동이 관찰된 장면과 시간이 기록되어 있지 않다.
- 철우와 상호작용을 한 사람에 대한 기록이 충분하지 않다. 즉, 철우는 교사의 도움을 거절하였다고 했는데 다음에 교사가 어떤 말을 하였는지에 대한 기록도 없고 어떤 종류의 도움(예를 들어, 작업복을 꺼내 주려고 했는지, 아니면 작업복의 단추를 채워 주려 했는지)을 주려 했는지에 대한 설명이 없다. 또한 철우가 그림을 다 그리고 나서 친구에게 자랑을 했다고 말했는데 그 친구가 누구였는지, 어떤 말로 자랑을 했는지, 그 친구의 반응은 어떠했는지를 기록할 필요가 있다.
- 관찰 대상이 한 말이 전부 간접화법으로 기록되어 있다.
- 행동의 질을 묘사하는 자세한 기록이 필요하다. 예를 들어, 철우가 종이에 이름을 썼다고 했는데 종이의 어느 부분에 썼는지 혹은 글자를 바르게 썼는지에 대한 언급이 없다. 동그라미를 많이 그렸다고 했는데 몇 개나 그렸는지 알 수 없다. 동그라미 숫자를 기록해 놓으면 철우의 숫자 개념을 알 수 있는 좋은 자료가 된다. 철우가 붓이나 연필을 쥔 방법이나 사용한 손을 기록해 놓으면 철우의 쓰기 준비도나 손 사용에 대한 선호도를 알 수 있는 자료가 된다.
- 주관적인 표현이 포함되어 있다. 철우가 자기의 그림을 자랑스러워했다고 했는데 이것은 주관적인 관찰자의 느낌이며 객관적인 사실은 아니다.

3) 장점과 단점

표본식 기술을 이용한 관찰은 다음과 같은 장·단점이 있다. 첫째, 표본식 기술은 모든 장면을 아주 자세하게 기록하기 때문에 관찰 대상에 대한 자세한 정보를 많이 얻을 수 있으며 모든 교육 과정 계획에 큰 도움이 된다. 둘째, 표본식 기술로 관찰을 하는 경우에 다른 특별한 도구가 필요 없으며 단지 필기도구만 있으면 된다. 그러나 표본식 기술을 이용한 관찰은 기록하고 평가하는 데 시간이 많이 걸리고 주관적인 해석이나 추론으로 흐를 가능성이 많으며 한 번에 적은 숫자(대개는 1명)의 인원밖에는 관찰하지 못한다는 단점을 가지고 있다. 따라서 계속 영유아와 상호작용하고 지도해야 하는 교사들이 사용하기에는 부적절한 관찰법이다.

2 일화 기록

1) 성격

표본식 기술이 상황이나 행동의 일부가 아닌 전체를 기록하는 데 비해 일화 기록은 한 가지 행동이나 상황에 초점을 맞추어 기록한다. 일화 기록에서 관찰자는 행동의 패턴이나 변화, 발전, 특기할 만한 사건 혹은 미리 정해진 범주에 따라 행동을 관찰하는데, 이때 일화 기록의 범주들은 관찰자의 관찰 목적에 따라 달라질 수 있다. 일화 기록은 미리 정해진 범주의 행동이 일어나거나 미리 정해 놓지 않았더라도 교사가 기록해 놓을 만한 가치가 있다고 판단할 때 사용하기 때문에 관찰자는 관찰하고자 하는 상황이나 행동이 발생하는 맥락을 정확하게 알고 있어야 한다.

일화 기록은 사건이 관찰된 직후에 적는 것이 좋지만 상황이 여의치 않으면 간단하게 메모를 해 놓고 수업이 끝난 후 자세하게 기록하는 것도 한 가지 방법이 될 수 있다. 메모를 할 때는 신문 기사를 쓰듯이 6하 원칙에 따라 언제, 어디서, 누가, 어떤 일을 어떻게 했는지 적어 놓으면 기억을 살리는 데 도움이 된다(예: 기영 – 소방관/울다/제복). 이 메모는 수업이 끝난 후 [10월 5일 기영: 오늘 소방관이 우리 교실을 방문했다. 그중 한 사람이 제복으로 갈아입자 기영이가 무섭다고 울며 교사의 무릎 위로 기어올라 왔다.]와 같이 구체화될 수 있다.

일화 기록은 상황이나 행동이 일어난 후에 기록될 수도 있으므로 시간이 오래 걸리지만 그 자리에서 기록해야 하는 표본식 기술에 비해 영유아교육기관에서 사용하기에 더 적합한 방법이다. 일화 기록은 표본식 기술과 마찬가지로 서술식 관찰 기록이므로 앞서 언급한 표본식 기술의 지침을 그대로 따르는 것이 필요하다. 단, 일화 기록은 관찰 대상의 주 행동 한 가지에만 초점을 맞춘다는 차이가 있다.

2) 관찰 양식

(1) 관찰 양식의 예

다음은 일화 기록을 위한 관찰 양식의 예이다.

일화 기록 관찰 양식

관찰 아동: 생년월일: 년 월 일 (남 · 여)
관 찰 일: 년 월 일 관 찰 자:

장 면:
기 록:

관찰의 초점:

(2) 일화 기록으로 관찰한 예

다음은 위의 관찰 양식을 이용하여 유아를 관찰한 기록이다.

일화 기록 관찰 양식

관찰 아동: 채 승 미 생년월일: 2016년 5월 8일 (남 · ㊛)
송 은 실 2016년 11월 10일 (남 · ㊛)
관 찰 일: 2020년 9월 16일 관 찰 자: 김 언 경

장 면: 등원 시간에 엄마와 떨어지기(오전 8 : 55)

기 록: 은실이가 교실 문 앞에서 엄마의 무릎을 잡고 울고 있다.
안에서 책을 읽고 있던 승미가 책을 놓고 은실이에게로 다가온다.
눈물을 닦아 주며 "괜찮아?" 하고 묻는다.
은실이가 승미를 쳐다보며 눈물을 그치자 승미가 은실이의 손을 잡아 준다.
은실이의 엄마가 교실을 떠난다.

관찰의 초점: 은실(엄마와 떨어지기), 승미(친사회적 행동)

다음은 위의 관찰 양식을 이용하여 교육실습을 하고 있는 예비교사를 관찰한 예이다.

일화 기록 관찰 양식

관찰 대상: ○○유치원 만 4세반 교생　　　　경　력: 없음
관 찰 일: 2021년 4월 7일
관 찰 자: 담임교사

장　면: 자유선택활동 시간에 그림 그리기(오전 9 : 18)

기　록: 교생은 소민이와 다른 유아들을 번갈아 보며 "선생님이 여기까지 그렸는데 무엇인 것 같니?" 하고 묻는다. 소민이를 비롯한 아이들은 산발적으로 "몰라요."라고 답한다. 교생은 그림을 다시 유아들에게 보여 주며 "정말 모르겠니? 개구리 같지 않니?" 하고 묻는다. 모여 있던 유아 중 백준영(남아)이 경상도 억양으로 "선생님 정말 개구리같이 보여요." 한다.

관찰의 초점: 교사의 질문 유형

3) 장점과 단점

일화 기록법은 관찰의 초점이 분명하게 있어서 좀 더 명확하게 보고 들은 것을 기록으로 남길 수 있고, 사건이 일어난 후 관찰자가 편리할 때 적을 수 있고, 아주 간결한 형태로 기록되므로 시간을 많이 필요로 하지 않는다는 장점을 가지고 있다. 그러나 시간이 지난 후 적게 되면 관찰자의 편견이 들어가거나 잊어버리는 경우가 생기고 표본식 기술에 비해서 상황 묘사가 적다는 단점도 함께 가지고 있으므로 관찰 후 되도록 빨리 상세히 기록하여야 한다.

3 시간 표집법

1) 성격

시간 표집법은 미리 선정된 행동을 정해진 시간 동안 관찰하며, 한 번만 관찰하는 것이 아니라 시간 간격에 맞추어 여러 번 반복하여 관찰하는 방법이다. 시간의 간격은 관찰하고자 하는 행동의 유형, 관찰 시간(예: 10초), 그리고 관찰 결과를 기록하는 시간(예: 5초)에 따라 달라진다. 시간 표집법은 빈번히 발생하고 짧은 시간 동안 지속되는 행동을 관찰하는 데 적절한 방법이다. 미리 선정된 행동은 전체 행동의 일부가 표집된 것이므로 그 표집된 행동의 대표성을 염두에 두고 관찰을 해야 한다. 특히 관찰하고자 하는 행동이나 사건을 설명하는 데 쓰이는 용어는 조작적으로 분명하게 정의되어야 하며 관찰자는 각 관찰 범주의 정의를 충분히 이해하고 대표적인 예를 기억하고 있어야 한다.

시간 표집법을 이용하면 자유놀이 시간에 개인 혹은 집단이 선호하는 행동이나 영역을 모두 관찰할 수 있으며 수집된 자료들은 교사나 영유아의 행동뿐만 아니라 프로그램의 효과를 평가하는 데에도 도움이 된다. 그러나 시간 표집법을 활용해서 교사가 관찰할 때는 영유아와 상호작용하기 어려우므로 학급에 보조 인력이 있어 관찰을 해 주거나 영유아를 대신 지도할 수 있을 경우에만 사용하는 것이 바람직하다.

2) 관찰 양식

시간 표집법을 이용한 관찰을 할 때 사용할 수 있는 양식은 관찰의 목적, 관찰하는 행동의 특성, 관찰 대상, 관찰 시간 등에 따라 관찰자가 다양하게 개발하여 사용할 수 있다. 관찰한 내용을 기록할 때는 관찰한 시간에 특정 행동의 출현만 표시하기 때문에 표시되지 않은 항목은 출현하지 않은 것으로 간주한다. 특정 관찰 시간(예: 10초) 동안 한 가지 행동은 한 번만 출현 표시를 하는 것이 일반적이므로, 관찰자가 정한 관찰 시간에 한 가지 행동이 여러 번 일어나면 관찰 시간을 줄여야(예: 5초) 하고 관찰 시간에 한 가지 행동이 끝나지 않고 지속된다면 관찰 시간을 늘려야(예: 15초) 한다.

시간 표집법을 위한 관찰 양식은 관찰자의 필요에 따라 다양한 형태를 띨 수 있으나 일반적으로 다음에 제시된 것과 같이 범주, 관찰 대상의 이름, 관찰 횟수를 기록할 수 있으면 된다. 경우에 따라 시간 표집법의 빈도만 가지고 충분한 정보를 얻기 어렵다고 판단되면 '기타' 혹은 '비고'란을 두어 질적인 정보를 수집할 수도 있다.

다음은 위에서 언급한 시간 표집법의 양식을 이용하여 유아들이 누구와 상호작용하는지 관찰할 수 있도록 수정한 예이다. 관찰에 들어가기에 앞서 아래에 소개되어 있는 상호작용 대상의 범주 및 정의를 읽고 기억하도록 한다. 관찰을 마친 후에는 각 유아가 누구와 가장 많이 상호작용을 하였는지 파악할 수 있다.

[유아의 상호작용 대상의 범주 및 정의]

상호작용 대상	정의
혼자	혼자 또는 병행놀이하거나 혼자 활동하는 경우
또래와	또래와 연합 또는 협동놀이하거나 활동하는 경우
교사와	교사와 함께 놀이하거나 활동하는 경우
교사 + 또래와	교사 + 또래와 함께 놀이하거나 활동하는 경우

[지 시]

① 자유선택활동 시간 동안 학급의 모든 유아를 관찰한다.

② 이름이 기록된 순서대로 제일 처음에 있는 유아를 10초 동안 관찰하고 5초 동안 기록한다. 10초 동안 유아가 누구와 상호작용하고 있었는지를 관찰하여 적절한 칸에 표시한다.

③ 두 번째 유아를 10초간 관찰하고 5초간 기록한다. 이름이 적힌 순서대로 돌아가며 관찰한다.

④ 각 유아당 10회의 관찰이 이루어질 때까지 계속 관찰한다.

[관찰 서식]

유아명	상호작용 대상 / 횟수	혼자	또래와	교사와	또래＋교사와
	1			/	
	2			/	
	3				
이소윤	⋮	⋮	⋮	⋮	⋮
	8				
	9				
	10				
	1	/			
	2			/	
	3				
정재우	⋮	⋮	⋮		⋮
	8				
	9				
	10				
	1			/	
	2			/	
	3				
손정은	⋮	⋮	⋮		⋮
	8				
	9				
	10				
	1		/		
	2			/	
	3				
박형서	⋮	⋮	⋮		⋮
	8				
	9				
	10				

시간 표집법은 영유아의 행동뿐만 아니라 교사와 영유아의 상호작용을 관찰하는 데 사용될 수도 있다. 다음은 Flanders(1970)가 개발한 상호작용 분석 체계를 이용하여 교사와 영유아가 하는 말을 시간 표집법으로 관찰한 것이다.

[상호작용 유형 및 정의]

구분	상호작용 유형	정의
교사-비지시적	1. 감정 수용	비위협적인 태도로 영유아의 감정을 수용하고 감정의 정도를 명료화함
	2. 칭찬 또는 격려	영유아의 행동을 칭찬 또는 격려함
	3. 아이디어 수용	영유아가 제안한 아이디어를 명료화시키고 더 발전시킴
	4. 질문하기	영유아가 대답하게 하려는 의도를 가지고 학습 내용이나 절차에 관해 질문함
교사-지시적	5. 강의	학습 내용이나 절차에 관련된 사실이나 의견을 제시함
	6. 명확한 지시 주기	영유아가 따를 것으로 기대되는 명령이나 지시를 함
	7. 권위의 비판 또는 정당화	수용할 수 없는 영유아의 행동을 변화시키기 위해 계획된 진술로 영유아에게 소리치거나 교사가 한 행동의 이유를 말하는 것도 포함됨
영유아	8. 영유아의 반응	교사의 질문이나 요청에 반응하는 말을 함
	9. 영유아의 주도	영유아가 교사에게 먼저 질문하거나 요청하는 말을 함
기타	10. 침묵 또는 혼란	관찰자에게 교사와 영유아의 의사소통이 이해되지 않는 혼돈의 상태

[지 시]

① 교사와 영유아가 의사소통하는 시간을 관찰한다.

② 5초마다 Flanders 체계에서 제시된 10개의 범주 중 하나로 코딩한다.

③ 코딩을 할 때는 각 범주의 번호를 사용한다.

다음은 교사와 영유아의 언어적인 상호작용을 5초 간격으로 3분 동안 관찰한 결과이다.

횟수	범주	횟수	범주	횟수	범주	횟수	범주
1	5	10	8	19	9	28	9
2	5	11	2	20	9	29	9
3	10	12	2	21	9	30	9
4	9	13	4	22	9	31	4
5	9	14	8	23	3	32	8
6	3	15	3	24	3	33	2
7	3	16	3	25	3	34	5
8	4	17	6	26	9	35	5
9	8	18	10	27	1	36	5

위의 결과를 정리하여 분석하면 다음과 같은 결론을 얻을 수 있다. 영유아와 교사가 3분 동안 의사소통을 한 결과 교사가 한 말은 전체의 56%에 해당하고, 영유아가 한 말은 전체의 39%로 교사가 한 말이 더 많았다. 교사가 한 말(범주 1~7)을 중심으로 보면 비지시적인 의사소통은 70%이고, 지시적인 의사소통은 30%로 비지시적 의사소통이 더 많았다.

	교사가 한 말							영유아가 한 말		기타	총계
	비지시적				지시적						
범주	1	2	3	4	5	6	7	8	9	10	
빈도	1	3	7	3	5	1	0	4	10	2	36
%	2.8	8.3	19.4	8.3	13.9	2.8	0.0	11.1	27.8	5.6	100.0

3) 장점과 단점

시간 표집법은 다음과 같은 장점을 가지고 있다. 첫째, 시간 표집법은 관찰하고자 하는 시간의 한계가 분명하고 관찰하려는 행동에 대한 정의가 분명하기 때문에 다른 어느 관찰 방법보다 신뢰도와 객관성이 높다. 둘째, 시간 표집법은 한꺼번에 많은 수의 대상을 관찰할 수 있기 때문에 자료 수집면에서 효율적이다. 셋째, 시간 표집법은 관찰을 부호화하여 기록하기 때문에 관찰 결과를 해석할 때 서술적 방법보다 시간이 적게 걸린다. 마지막으로 시간 표집법은 빠르게 일어나는 행동을 체계적으로 관찰하는 데 가장 적합한 방법이며 개인 혹은 집단을 모두 관찰할 수 있는 장점이 있다.

이상의 장점에 비해 시간 표집법은 단점도 있다. 첫째, 시간 표집법은 자주 일어나는 행동을 관찰하는 데에만 적합하다. 어떤 행동이든지 적어도 1~5분에 한 번은 나타나야 시간 표집법을 사용할 수 있기 때문에 관찰할 수 있는 내용에 제한이 있다. 둘째, 시간 표집법은 시각적으로 관찰이 가능한 행동에는 적합하나 내면의 감정이나 생각을 관찰하기에는 부적합하다. 셋째, 시간 표집법은 특수한 행동에만 초점을 두고 관찰하므로 사건의 전모나 일어난 순서 등을 알 수 없다. 따라서 행동 간의 상호 관계 혹은 인과 관계를 알고자 할 때는 적합하지 않다.

4 사건 표집법

사건 표집법은 하나의 특정한 행동이나 사건이 생길 때에만 관찰하는 방법이다. 관찰하고자 하는 행동을 미리 선정하는 측면에서는 시간 표집법과 유사하나 사건 표집법에서는 관찰하고자 하는 행동이 나타날 때까지 기다렸다가 관찰한다는 점에서 차이가 있다. 따라서 사건 표집법에서는 관찰 시간이나 간격에 특별한 제한을 두지 않는다. 사건 표집법을 이용한 관찰을 할 때는 관찰하고자 하는 행동이나 사건의 성격을 충분히 이해하고 있어야 쉽게 관찰할 수 있다.

1) 빈도 사건 표집법

(1) 성격

빈도 사건 표집법은 미리 정해진 범주의 행동이나 상황이 일어날 때마다 그 빈도를 기록하는 것이다. 빈도 사건 표집법은 시간 표집법과 마찬가지로 어떤 행동을 대표하는 '표집'을 기록하는 것이다. 빈도 사건 표집법은 관찰의 초점이 되는 행동이 얼마나 자주 일어나는가를 알아보고자 할 때 가장 유용하게 사용할 수 있는 관찰 방법이다.

(2) 관찰 양식

빈도 사건 표집법을 위한 관찰 양식은 관찰자의 필요에 따라 다양한 형태를 띨 수 있으나 일반적으로 다음에 제시된 것과 같이 미리 정해진 범주에 따라 빈도를 표시할 수 있도록 한다.

다음은 영유아 간 갈등이 발생할 때마다 교사가 사용한 개입 전략을 빈도 사건 표집법을 통해 관찰한 예이다.

[또래 간 갈등 시 교사가 사용하는 전략]

교사 전략	정의 또는 예
1. 무시하기	영유아의 도움 요청 무시하기, 갈등과 관련 없는 말하기, 다른 곳으로 주의 분산하기
2. 힘/권위의 부적절한 사용	단순히 싸우지 말라고 명령하거나 일방적으로 한쪽 영유아의 편 들기
3. 정보 구하기	갈등의 시작과 진행 과정에 대한 정보 구하기
4. 규칙이나 사실을 근거로 정당화하기	규칙이나 사실을 근거로 정당화하기 "이빨과 발톱이 날카로우면 육식공룡이야.", "우리 반에서는 때리지 않아."
5. 타인중심 추론	정서, 인지 조망을 촉진하는 방식으로 교사가 대안을 제시하거나 영유아에게 제시하도록 격려하기
6. 달래 주기	울거나 화난 영유아를 달래 주기, 싸우는 것 떼어 놓기
7. 관심 가지고 보기만 하기	아무 말이나 행동은 하지 않지만 관심 있게 보고 있기

[지 시]

① 영유아 간에 갈등이 일어날 때, 교사가 갈등을 인식한 경우만 사건으로 본다. 따라서 교사가 모르고 지나간 갈등은 포함시키지 않는다.
② 하나의 갈등은 갈등이 일어나서 끝날 때까지로 보고 관찰한다.
③ 갈등이 시작해서 끝날 때까지 교사가 사용한 모든 전략을 표시한다.
④ 한 가지 전략을 여러 번 사용할 때는 사용할 때마다 표시한다.

다음은 영유아 간 갈등에 교사가 사용한 개입 전략을 관찰하기 위한 서식의 예이다.

빈도 사건 표집법

관 찰 일: 2022년 3월 15일 　　관찰학급: 달팽이반(4세 학급)

갈등	갈등에 참여한 유아 이름	교사가 사용한 전략						
		1	2	3	4	5	6	7
갈등 1	김○○(남) 이○○(남) 조○○(여)	/		/	//	///	/	
갈등 2								
갈등 3								
(계속) · · ·								

(3) 장점과 단점

빈도 사건 표집법의 가장 큰 장점은 그 편리성과 단순함에 있다. 빈도 사건 표집법은 일단 사용할 양식이 정해지면 기록하는 방식이 간단하기 때문에 시간이 가장 적게 소요된다. 자료를 수집한 이후에도 쉽게 수량화하고 분석할 수 있으므로 신속한 의사결정에 도움을 줄 수 있다. 또한 빈도 사건 표집법은 관찰의 범주에 따라 광범위한 주제를 융통성 있게 관찰하는 것이 가능하다. 그러나 행동이나 사건의 발생 여부에만 관심을 두기 때문에 행동의 원인을 알아내기 어려운 단점도 가지고 있다.

2) ABC 서술식 사건 표집법

(1) 성격

Bell과 Low(1977)는 자연스러운 상태에서 일어나는 행동의 원인과 결과를 알 수 있도록 하는 사건 표집법을 고안해 냈다. 이 방법은 관찰하고자 하는 사건이나 행동이 일어나기 전의 상황(Antecedent event: A), 사건이나 행동 그 자체(Behavior: B), 사건이나 행동이 일어난 후의 결과(Consequence: C)를 순서대로 기록하는 것이다. ABC 사건 표집법은 교사가 어떤 행동의 원인을 알고자 할 때 가장 적합한 관찰 방법이다.

(2) 관찰 양식

다음은 ABC 사건 표집법 관찰 양식에 따라 관찰한 내용이다. 관찰의 초점은 유아들이 집단 활동을 하기 위해 모여 앉을 때 특정한 자리에 앉으려 하기 때문에 갈등이 벌어지는 상황이다.

<table>
<tr><th colspan="4">ABC 사건 표집법</th></tr>
<tr><td colspan="4">관찰 아동: 학급 전체
관 찰 자: 김 영 미(학급 담임) 관 찰 일: 2020년 4월 20일~4월 23일
관찰 행동: 집단 활동 시간에 모여 앉을 때 특정한 자리를 가지고 발생하는 갈등</td></tr>
<tr><th>요일</th><th>사건 전</th><th>사건(갈등 상황)</th><th>사건 후</th></tr>
<tr><td>4월 20일</td><td>간식을 먹고 동화를 듣기 위해 모이자는 교사의 지시가 있었음</td><td>형신이와 민용이가 의자를 들고 뛰어와 바깥 출입문과 가장 가까운 곳에 앉음</td><td>동화를 들려주고 나서 입구 근처에 앉은 유아부터 실외놀이를 나가게 함</td></tr>
<tr><td>4월 21일</td><td>간식을 먹고 이야기 나누기를 위해 모이자는 교사의 지시가 있었음</td><td>경민이와 선영이가 의자를 가지고 문제의 자리로 가자 형신이와 민용이가 자기 자리라고 주장하여 갈등이 생김</td><td>먼저 온 경민이와 선영이가 자리에 앉도록 함
입구 근처에 앉은 유아부터 이야기 나누기가 끝나고 실외놀이를 가게 함</td></tr>
<tr><td>4월 22일</td><td>간식을 먹고 동화를 듣기 위해 모이자는 교사의 지시가 있었음</td><td>형신이와 선영이가 의자를 가지고 뛰어오고 있고 순호가 앉으려고 함</td><td>먼저 온 사람이 자리에 앉음
동화가 끝나고 실외놀이를 함</td></tr>
<tr><td>4월 23일</td><td>간식을 먹고 노래를 부르기 위해 모임</td><td>민용이와 경민이가 자리를 놓고 다툼</td><td>먼저 온 순서대로 자리 배치함
노래가 끝나고 실외놀이를 함</td></tr>
<tr><td>요약</td><td colspan="3">• 이상의 관찰 기록을 보면 교사는 집단 활동을 하기 전에 간식을 먹고 있고 자리다툼이 일어날 때 그 자리에 먼저 온 유아 순서대로 자리에 앉게 하는 경향이 있음
• 교사는 실외놀이를 위해 유아들을 내보낼 때 출입구에 가까이 앉은 순서대로 보내는 경향이 있음
• 집단 활동이 끝나고 실외놀이를 갈 때는 갈등이 생기지만 실내에 그대로 머무르는 경우에는 갈등이 생기지 않는 경향이 있음</td></tr>
<tr><td>해석 및 해결 방안</td><td colspan="3">• 유아들의 자리다툼과 실외놀이가 연관이 있음을 시사해 주는 것임
• 교사는 실외놀이를 하기 직전에 어떤 일이 벌어지는지 계속해서 관찰하기로 함
• 교사가 실외놀이를 위해 유아를 내보낼 때 내보내는 방식을 수정할 필요가 있음</td></tr>
</table>

(3) 장점과 단점

ABC 사건 표집법은 무심코 지나쳐 버리거나 원인을 정확하게 생각해 낼 수 없는 행동을 자세히 관찰할 기회를 제공해 준다. ABC 사건 표집법의 가장 큰 장점은 어떤 행동의 전후 사정을 기록하여 관찰된 행동의 배경을 자세하게 알 수 있는 것이다. 이러한 장점 외에 ABC 사건 표집법은 다른 서술식 관찰 방법과 마찬가지로 시간과 노력이 많이 들어가는 단점을 가지고 있다. 또한 뚜렷한 관찰의 초점을 가지고 행동을 보게 되므로 이미 교사가 마음속에 결론을 내리고 관찰을 한다면 쉽게 주관적인 관찰을 하게 되는 위험이 있다.

5 평정 척도법

평정 척도법은 관찰된 행동의 양이나 질적인 차이를 평가할 때 사용하는 방법으로 연속성이 있는 단계로 수량화된 점수나 가치가 부여된 기록지에 평정하는 것을 말한다. 각 항목을 기록할 때의 판단은 직접적인 관찰이나 기존에 수집된 자료를 바탕으로 할 수 있다. 평정 척도는 관찰 결과에 따른 판단을 요구하므로 개인적인 편견이나 오류의 개입 가능성에 대하여 주의하여야 한다.

1) 기술 평정 척도

(1) 성격

기술 평정 척도는 행동의 특성을 연속성 있는 단계로 나누어 기술하고 관찰자로 하여금 대상의 행동을 가장 잘 나타내는 진술문을 택하게 하는 방법이다. 기술 평정 척도는 대개 3~5개의 범주에 따라 평가를 하게 된다.

(2) 관찰 양식

다음의 관찰 양식은 유아 관찰 척도의 일부이다.

유아 관찰 척도

유아 이름: 연 령: 만 세 (남 · 여)
학 급 명: 관 찰 자:
관찰 기간: 년 월 일 ~ 년 월 일

관찰 지침

유아에 대한 관찰 결과를 다음의 보기와 같이 1, 2, 3, 4단계 중의 하나로 평정하여 그 번호 앞에 ✔ 표시를 한다. 이때 유아의 행동이 어느 단계의 평정 기준과 가장 비슷한지에 따라 결정하며, 여러 단계의 행동을 보일 때는 더 많이 나타나는 행동에 따라 판단한다. 단, 네 단계 중의 하나로 판단이 불가능하거나 관찰이 덜 된 문항은 일단 빈칸으로 남겨 놓았다가 추가 관찰을 통해 평정한다.

건강 생활

[놀잇감 정리하기]

_______1) 교사가 지시해도 놀잇감을 정리하지 않는다.
_______2) 교사가 지시할 때만 놀잇감을 정리한다.
_______3) 스스로 놀잇감을 정리한다.
_______4) 스스로 놀잇감과 함께 주변을 깨끗이 정리한다.

[옷을 바르게 입기]

_______1) 혼자서는 옷을 입지 못한다.
_______2) 성인이 조금만 도와주면 혼자 옷을 입는다.
_______3) 도와주지 않아도 혼자 옷을 입으나, 제대로 입지 못할 때가 있다.
_______4) 도와주지 않아도 혼자 옷을 제대로 입는다.

2) 숫자 평정 척도

(1) 성격

숫자 평정 척도는 각 척도치에 진술문 대신 숫자를 부여하여 평정하는 방법이다. 이때 숫자는 일종의 점수로서 평정된 자료를 수량화할 수 있게 해 준다. 숫자를 배정하는 일반적인 원칙은 가장 긍정적인 척도치에 높은 점수를 주는 것이다.

(2) 관찰 양식의 예

유아의 자조성 평정 척도

유아 이름: 연 령: 만 세 (남 · 여)
학 급 명: 관 찰 자:
관찰 기간: 년 월 일 ~ 년 월 일

관찰 지침

유아의 자조성에 대하여 다음과 같이 1~5로 평가하여 해당 숫자에 ○ 표시를 하시오.

	아주 못함	못함	보통	잘함	아주 잘함
옷 입기	1	2	3	4	5
손 씻기	1	2	3	4	5
간식 치우기	1	2	3	4	5
화장실 사용	1	2	3	4	5
장난감 정리	1	2	3	4	5

3) 장 · 단점

평정 척도법은 사용하기가 편리하고 특별한 교육이 필요 없기 때문에 손쉽게 사용할 수 있으며 짧은 시간 안에 많은 항목을 한꺼번에 평가할 수 있는 장점이 있다. 또한, 행동의 질이나 양을 평가할 수 있기 때문에 이를 반복해서 사용할 경우 시간의 흐름에 따라 나타나는 행동의 변화에 대한 정보를 얻을 수 있다.

평정 척도법은 이미 개발된 척도를 사용하는 것은 매우 쉬우나 척도를 개발하는 것은 매우 어렵다는 단점이 있다. 또한 다른 사람이 개발한 척도를 사용할 때 자신이 생각하는 단계가 포함되어 있지 않을 가능성도 있다. 관찰자가 평가하는 대상에 대해 잘 모른다거나 평정 척도에 제시된 항목에 익숙하지 않을 때는 척도의 양극단 점수를 회피하고 중앙에 평정 점수를 주는 중앙 집중의 오류가 발생할 가능성이 높다.

6 행동 목록법(체크 리스트)

1) 성격

행동 목록법은 어느 한 시점에서 특정한 기술이나 행동의 출현 여부 자체에 관심이 있을 때 사용한다. 행동 목록법은 관찰자의 주관적인 평가를 가능한 한 배제할 수 있도록 관찰이 가능한 기술이나 행동의 목록을 개발하여 사용한다. 행동 목록법은 관찰 대상의 현재 상태를 평가하여 단순히 '예', '아니오'의 형태로 기록하는 것이 가장 일반적이지만 시간에 따른 행동의 변화를 알고자 할 때는 같은 행동 목록을 반복하여 사용할 수도 있다.

2) 관찰 양식

유아의 쓰기 준비도

유아 이름: 연 령: 만 세 (남 · 여)
학 급 명: 관 찰 자:
관찰 기간: 년 월 일 ~ 년 월 일

관찰 지침

다음의 행동이 관찰되면 '예', 관찰되지 않으면 '아니오'에 표시하시오.

	예	아니오
1. 손목과 손가락을 자기가 원하는 대로 움직일 수 있다.	________	________
2. 눈과 손의 협응이 가능하다.	________	________
3. 필기도구를 바로 잡고 쓸 수 있다.	________	________
4. 글자의 기본적인 획을 그을 수 있다.	________	________
5. 각 철자의 모양을 구별할 수 있다.	________	________
6. 글자를 써야 하는 이유를 이해한다.	________	________

다음은 쌓기 영역에 제공되는 블록 및 소품 진열이 기능적으로 되어 있는가를 평가하기 위한 관찰 양식의 예이다.

관찰 초점	교실 1		교실 2		교실 3		교실 4	
	그렇다	아니다	그렇다	아니다	그렇다	아니다	그렇다	아니다
크기에 따라 배치하였다.								
한눈에 보이도록 배치하였다.								
무거운 것은 아래에 두었다.								
작은 것은 상자에 담아 두었다.								

3) 장·단점

행동 목록법의 가장 큰 장점은 관찰자가 특별한 훈련을 받지 않고도 관찰 대상의 행동을 가장 단순한 방법으로 기록할 수 있다는 데 있다. 그러나 행동 목록법은 행동의 출현 빈도나 질적인 수준에 대한 정보를 얻을 수 없다는 단점을 가지고 있다.

CHAPTER 3

포트폴리오를 이용한 영유아 평가의 개념

1. 포트폴리오와 관련된 용어
2. 포트폴리오의 개념
3. 포트폴리오를 이용한 평가

1 포트폴리오와 관련된 용어

최근 영유아교육 현장에서는 수행 평가 혹은 포트폴리오를 이용한 평가에 대한 관심이 무척 높다. 포트폴리오를 이용한 평가를 정확하게 이해하기 위해서는 이와 관련된 여러 가지 용어를 이해하는 작업이 선행되어야 한다. 성태제(1998)는 포트폴리오와 함께 혼용되어 사용되고 있는 대안적 평가, 수행 평가, 참평가, 포트폴리오에 대한 용어를 다음과 같이 정리하고 있다.

〈표 3-1〉 **포트폴리오와 관련된 용어 정의**

용어	정의
대안적 평가	기존의 어떤 평가 방법을 대치할 수 있는 평가
수행 평가	지식이나 기능 혹은 기술의 정도를 측정하는 평가
참평가	실제 상황에서 수행 정도를 측정하는 평가
포트폴리오	개인의 작업이나 작품을 모아 둔 자료집이나 서류철

대안적 평가는 평가 방법의 특성을 염두에 두고 사용된 용어가 아니며 기존의 어떤 평가 방법을 대치할 수 있는 평가 방법을 말한다. 초등이나 중등에서 이루어지고 있던 기존의 평가는 지필 평가가 주를 이루었으며 표준화 검사에 의존하는 비율이 매우 높았기 때문에 초·중등에서의 대안적 평가라 함은 자연스러운 교육 현장에서 학생들의 성취도를 평가하는 것이 될 수 있다. 그러나 영유아교육에서는 이미 그러한 평가 방법이 활용되고 있으므로 현재 시점을 기준으로 대안적 평가를 해야 한다고 주장하게 되면 이는 지필 평가나 표준화 검사를 해야 하거나 다른 평가 방법을 도입해야 한다는 의미가 된다. 그러므로 대안적 평가는 영유아교육에서 사용하기에 적절한 용어가 아니다.

수행 평가(performance assessment)는 학습한 내용이나 기술 및 기능을 실제 행위로 나타내는 정도를 측정하여 판단하는 평가 방법을 말한다. 수행 평가는 과목의 성격에 따라 이미 실시되고 있는 분야도 있다. 즉, 체육이나 미술, 악기 연주, 노래, 글짓기, 영어로 말하고 듣기 등 실제로 그 행위를 하지 않으면 성취도를 정확하게 평가할 수 없는 영역에서는 실제로 학생들로 하여금 과제를 수행토록 하고 다양한 방법으로 성취도를 측정해 왔다.

그러나 수행 평가가 모두 참평가는 아니다. 참평가(authentic assessment)는 실제 생활에서 실시되는 수행 평가로서 평가항목이 평가의 목적에 따라 인위적으로 고안되지 않는 특징을 지니고 있다. 예를 들어, 유아들에게 교통안전에 관한 내용을 가르치고 난 후 유치원 마당에 건널목 등을 만들어 놓고 유아들이 신호등의 지시에 따라 잘 건너는지를 평가한다고 가정해 보자. 이는 유아들이 실제로 건널목을 건너는 행동을 보고 관찰한 것이기 때문에 수행 평가가 될 수는 있지만 실제 길거리로 나아가 관찰한 것이 아니기 때문에 참평가라고 할 수는 없다. 이러한 정의에 따르면 참평가는 모두 수행 평가가 될 수 있으나 모든 수행 평가가 참평가가 될 수는 없다.

2 포트폴리오의 개념

포트폴리오는 작업의 결과나 작품 혹은 어떤 수행의 결과를 모아 놓은 자료집이나 서류철을 의미하며 포트폴리오를 이용한 평가라 함은 포트폴리오에 담긴 자료를 기초로 평가하는 것을 의미한다. 따라서 포트폴리오를 이용한 평가는 원칙적으로 교사나 영유아 모두에게 적용될 수 있는 개념이며 포트폴리오에 포함시킬 수 있는 작품이나 수행의 결과는 포트폴리오를 구성하는 목적에 따라 달라진다.

이처럼 평가의 대상이나 목적이 달라지면 각기 다른 유형의 포트폴리오가 구성되어야 한다. 같은 맥락에서 Northwest Evaluation Association(1990)은 포트폴리오를 이용한 평가는 "시간의 흐름에 따른 학습자의 발달과 학습을 기록하는 증거를 조직적이고 목적을 가지고 모아 놓은 것"이라고 정의하고 있다. 예술가나 건축가가 포트폴리오를 구성할 때는 그 포트폴리오가 자신들의 독특한 능력을 보여 줄 수 있도록 구성한다. 따라서 영유아나 교사에 대한 포트폴리오도 당사자의 경험, 노력, 진전, 성취들을 보여 주어 학습과 발달을 위한 평가의 기초를 제공해 주어야 한다.

이러한 기본 개념을 바탕으로 McAfee와 Leong(1994)은 포트폴리오의 특성을 다음과 같이 정리하였다. 첫째, 포트폴리오는 유동적이고 적응성이 있다. 포트폴리오에 포함되는 내용, 조직 방법, 활용 등은 포트폴리오를 구성하는 목적이나 구성하는 사람의 특성 및 그 밖의 다른 요소들에 따라 다양하게 바뀔 수 있다. 둘째, 포트폴리오는 평가의 대상이 되는 사람들의 발달과 학습에 대한 많은 자료를 제공해 준다. 포트폴리오는 특히 평가 대상이 되는 사람들의 독특한 관심, 지식, 기술, 기질, 발달 및 학습 양식들을 찾아내고 기록하는 기회를 제공한다. 그러나 포트폴리오에는 각 개인에게 독특한 것뿐 아니라 집단에서 모아지는 정보도 포함시킬 수 있다. 셋째, 포트폴리오는 평가 대상의 능력, 즉 그들이 할 수 있는 것에 초점을 맞춘다. 포트폴리오는 다양한 방법을 이용하여 오랜 시간에 걸쳐 자료를 수집하므로 평가 대상의 다양한 능력을 측정하는 것이 가능하다.

3 포트폴리오를 이용한 평가

1) 평가를 위한 기준의 설정

포트폴리오를 이용한 평가를 하기 위해서 가장 먼저 선행되어야 하는 것은 포트폴리오를 만드는 목적이 무엇인지를 분명하게 결정하고 그 목적이 달성되었는지의 여부를 알 수 있는 기준(rubric)을 만드는 것이다. 포트폴리오를 이용하여 유치원 교육 과정에서 제시한 교육 내용을 유아들이 어느 정도 수행했는지를 평가하고자 한다면 각 영역별 내용을 평가 기준으로 삼을 수 있다. 만일 유아의 발달 수준에 관심이 있다면 각 연령별로 수행 기준이 어느 정도 되는지를 미리 알고 그에 대한 기준을 작성해 두어야 한다. 다음의 〈표 3-2〉와 〈표 3-3〉은 육아정책연구소에서 발간한 4세와 5세 누리과정 유아 관찰 척도의 신체운동·건강 영역 중 일부이다.

〈표 3-2〉 **만 4세 신체운동·건강 영역 관찰 준거**

내용	감각 능력 기르고 활용하기		
세부내용	감각적 차이를 구분한다.		
관찰문항 (관찰요소)	1-1. 감각적 차이를 구분한다(감각을 통한 차이 식별).		
관찰준거	1	감각적 차이를 구분하지 못한다.	• '여러 과일 탐색하기' 활동에서 과일을 촉감이나 후각을 통해 탐색 후 과일 종류를 알아맞히지 못한다. • 두 가지 종류의 곡식 마라카스를 눈을 가리고 소리를 들려준 후 같은 소리를 내는 마라카스 구분하기 활동을 할 때 소리만으로 같은 곡식을 찾아내는 것을 어려워한다. • 소금과 설탕의 시각적 차이를 구분하지 못한다.
	2	도움이 있으면 감각적 차이를 구분한다.	• '여러 과일 탐색하기' 활동에서 촉감이나 후각을 통해 탐색 후 교사가 맛과 향, 특징에 대해 여러 보기를 설명하면 과일의 종류를 구분할 수 있다. • 두 가지 종류의 곡식 마라카스를 눈을 가리고 소리를 들려준 후 같은 소리를 내는 마라카스 찾기 활동을 할 때 교사가 소리에 대한 특징을 설명해 주면 같은 소리가 나는 것을 찾아낼 수 있다. • 소금과 설탕을 구분하는 활동을 하며 교사가 맛의 차이나 "어떤 것이 더 반짝거리니?"와 같이 시각적 특징을 물어보면 차이를 구분한다.
	3	감각적 차이를 구분한다.	• '여러 과일 탐색하기' 활동에서 과일을 촉감이나 후각을 통해 탐색 후 과일의 종류를 구분할 수 있다 • 두 가지 종류의 곡식 마라카스를 눈을 가리고 소리를 들려준 후 같은 소리를 내는 마라카스 구분하는 활동을 할 때 같은 종류의 곡식 마라카스를 찾아 분류할 수 있다. • 소금과 설탕을 구분하기 위해 스스로 미각과 시각을 활용하여 탐색하며, 차이를 변별할 수 있다.

출처: 육아정책연구소(2014). 4세 누리과정 유아관찰척도. p. 5.

〈표 3-3〉 **만 5세 신체운동·건강 영역 관찰 준거**

<table>
<tr><th colspan="2">내용</th><td colspan="2">감각 능력 기르고 활용하기</td></tr>
<tr><th colspan="2">세부내용</th><td colspan="2">감각으로 대상이나 사물의 특성과 차이를 구분한다.</td></tr>
<tr><th colspan="2">관찰문항
(관찰요소)</th><td colspan="2">1-1. 감각으로 대상이나 사물을 구분한다(감각을 통한 식별력, 자발성).</td></tr>
<tr><th rowspan="3">관
찰
준
거</th><td>1</td><td>감각적 차이를 구분하지 못한다.</td><td>• 서로 다른 교통기관의 소리를 듣고 구분하지 못한다.
• ‘과일화채’ 만들기를 하며 냄새와 맛을 통해 어떤 과일인지 구분하기 어려워한다.
• 카드를 보고 감각으로 사물 찾기 같은 활동을 하면서 사물을 찾아내지 못한다.</td></tr>
<tr><td>2</td><td>도움이 있으면 감각으로 대상이나 사물을 구분한다.</td><td>• 비슷한 교통기관 소리를 듣고, 교사가 한 가지 종류에 대해 알려 주면, 다른 종류의 교통기관 소리를 구분한다.
• ‘과일화채’ 만들기를 하며 교사가 맛이나 냄새에 대한 차이를 언급해 주면 어떤 과일인지 구분해 낸다.
• 도형카드를 보여 주고 비밀상자에서 같은 도형을 알아낼 때 교사가 “끝이 어떤 것 같니? 그림과 같을까?”와 같이 물어보면 시도하면서 같은 도형을 찾아낸다.</td></tr>
<tr><td>3</td><td>감각적으로 대상이나 사물을 스스로 구분한다.</td><td>• “오토바이가 시동을 걸고 있는 소리와 헬리콥터 소리예요.”와 같이 서로 다른 소리를 스스로 구분한다.
• ‘과일화채’ 만들기를 하며 맛과 냄새를 통해 어떤 과일인지 구분해 낸다.
• 도형카드를 보고 특징과 형태의 차이점을 변별하고 스스로 감촉을 이용하여 비밀상자에서 같은 도형을 찾아낸다.</td></tr>
</table>

출처: 육아정책연구소(2014). 5세 누리과정 유아관찰척도. p. 5.

2) 포트폴리오를 이용한 평가를 위한 자료 수집

(1) 영유아 평가를 위한 자료 수집

포트폴리오에 포함되는 항목을 수집하기 위해서는 포트폴리오를 작성하는 목적뿐만 아니라 포트폴리오에 포함시킬 항목과 수량, 그리고 보관 장소에 대한 고려도 해야 한다. 영유아 평가를 위한 포트폴리오 자료를 수집할 때는 1년을 세 번 정도로 나누고 영유아들의 성취도를 확인할 수 있는 핵심 항목과 영유아의 개성을 알 수 있는 개별화 항목으로 나누어 수집하는 것이 좋다(김지영, 2000). 김지영(2000)은 핵심 항목이란 1년 동안 영유아들이 진보한 기록을 보여 주는 것이며 각 학습 영역에서 이루어지는 일상적이고 전형적인 작품이라고 정의하였다. 이러한 핵심 항목은 영유아들의 전형적인 진보의 정도를 확인하기 위한 것이기 때문에 모든 영유아에게 공통적인 항목이 된다. 반면에 개별화 항목은 영유아의 흥미나 재능, 학습에 대한 접근, 영유아 자신에게 중요한 성취, 여러 학습 영역이 통합된 활동 결과 등이 포함될 수 있다.

포트폴리오에 포함되는 자료를 수집할 때는 항목을 정기적으로 수집하고 각 작업의 결과를 포트폴리오에 포함시킬 때의 날짜와 그 작업이 행해질 때의 배경과 맥락을 적어 놓는 것도 중요하다. 특히 영유아의 포트폴리오를 구성할 때는 포트폴리오의 본래 개념에 따라 영유아와의 토론을 거치는 과정도 포함될 필요가 있다. 다음은 누리 과정 영역에 따른 핵심 항목 선정의 예이다.

〈표 3-4〉 누리 과정 영역에 따른 핵심 항목 선정의 예

영역	핵심 항목의 예	수집활동의 예
신체운동·건강	① 운동기능 발달에 대한 기록 ② 신체적 안녕에 대한 기록 ③ 기본적인 생활 습관에 대한 기록	• 운동기능 발달에 대한 일화 기록 • 대소근육의 통제와 협응에 대한 일화 기록 • 건강한 생활을 위한(건강, 영양, 안전) 체크리스트 작성 및 기록
사회관계	① 타인과 관계 형성, 친사회적 행동, 자신이 속한 집단에서의 역할 수행과 규범 준수 ② 자신과 타인의 정서 인식, 자신이 가진 정서의 적절한 표현과 조절, 타인의 감정에 대한 관심과 공감	• 다양한 관계에서 일어나는 친사회적 행동 등에 대한 일화 기록 • 또래 유아와의 관계 관찰지 • 자신과 타인의 정서 인식, 조절, 공감 등에 대한 일화 기록, 사진
의사소통	① 발음의 정확성, 어휘의 증가 및 정확한 어휘 사용 능력 ② 인쇄물과 책의 기능과 사용에 대한 지식 및 다양한 유형의 문학과 문학 작품에 대한 선호 ③ 쓰기 관습에 대한 지식과 쓰기 능력	• 다양한 상황에서 말하는 것을 관찰하고 발음, 사용하는 어휘의 수, 정확한 어휘의 사용에 대해 평가(일화 기록, 평정 척도) • 책 읽기 관찰 결과 기록 • 다양한 방식으로 쓴 결과물 수집
예술경험	① 창의성: 예술적 분야에서 유창성, 융통성, 독창성, 정교성, 민감성, 재구성력 있게 접근하여 탐색, 표현, 감상하는 능력	• 음악과 동작 활동에 참여한 영유아 사진 • 자신의 느낌을 나타낸 미술 작품 사진 • 동시나 이야기 짓기에 참여한 결과물
자연탐구	① 학습에 필요한 기본적인 성향과 문제 해결에 필요한 창의력 ② 유아 수준에서 학습할 수 있는 수학 지식 ③ 유아 수준에서 학습할 수 있는 과학 지식	• 기관에서 영유아가 참여하는 활동에서의 성향에 관한 관찰 기록표 • 수학, 과학과 관련된 학습상황에서 기술, 지식, 관심, 태도의 수준에 관한 평정 척도 자료 • 수학, 과학 활동 자료나 사진

다음은 교육 과정의 각 영역별로 실제 포함시킬 수 있는 항목을 선정한 것이다. 다음에 제시된 예가 전부는 아니며 각 교사, 학급, 영유아의 상황에 따라 조금 더 다양한 항목들을 포함시킬 수 있다.

① 신체운동·건강 영역 + 예술경험 영역

- 율동, 실외놀이, 게임 등의 시간에 유아의 움직임을 체계적으로 관찰한 기록
- 유아들이 제일 좋아하는 게임, 운동 등의 실외 활동에 대한 자기 보고
- 대근육 활동에 참여하는 정도에 대한 증거 및 활동의 예
- 노래나 비디오테이프를 보면서 율동이나 손유희 등을 따라 하는 것을 기록한 것
- 방과 후 혹은 주말에 하고 있는 운동에 대하여 기록한 것
- 손유희, 점토, 수·조작놀이, 쓰기 도구 등을 사용할 때 체계적으로 관찰한 것
- 가위질한 샘플
- 유아가 그림을 디자인할 때 여러 가지 자료나 도구를 사용한 것의 예나 콜라주
- 긁적거리기, 글자나 숫자를 쓴 것의 예
- 책상 위에서 하는 레고, 퀴즈네어 막대, 패턴 블록 등 작품의 예
- 그림 그리는 컴퓨터 프로그램의 프린트물
- 컴퓨터 키보드, 마우스 등을 사용하는 능력에 대한 관찰 기록
- 실 끼우기, 바느질한 것의 샘플들
- 자기를 그린 자화상(학기 초와 학기 말)
- 신발 끈 묶기, 단추나 지퍼 잠그기 등을 관찰한 것
- 평소와 다르거나 독특하게 만든 구성물이나 프로젝트

② 의사소통 영역

- 의사소통 능력을 보여 주는 체계적인 관찰
- 이해력, 개념, 어휘력에 대한 증거
- 책을 읽거나 보는 데 보내는 시간
- 유아가 읽은 도서의 목록

- 유아가 선호하는 도서의 목록
- 인쇄물의 기능에 대한 유아의 이해(지도, 글자, 신문, 목록, 책 등)
- 유아들이 쓴 글의 샘플
- 유아와 학부모가 함께 읽은 도서의 목록
- 유아들이 자기 자신의 일이나 활동에 대하여 쓴 글이나 코멘트
- 동화나 음악을 듣고 그린 그림이나 묘사들
- 유아들이 출판한 것, 자신들이 쓰거나 받아쓰기한 동화를 읽은 것을 녹음한 테이프
- 자신이 썼거나 교실에 있는 성인들에게 써 달라고 했던 이야기를 다시 읽은 것을 녹음한 테이프
- 유아의 저널에서 뽑은 예들
- 유아가 구성한 표시판이나 라벨의 복사본
- 유아가 썼거나 받아쓴 이야기, 시, 노래의 복사본
- 책 읽기, 동극, 이야기하기, 주말 발표 등을 사진이나 비디오로 남겨 놓은 것

③ 사회관계 영역

- 또래와 상호작용하는 것에 대한 체계적인 관찰 기록
- 친구 관계에 대한 기록
- 소집단 프로젝트를 할 때 협동을 잘 하는지의 여부
- 유아가 주로 선택하는 활동
- 또래와의 상호작용이 필요한 다양한 활동에 참여하고 공헌한 증거
- 유아의 독특함, 성격, 성향에 대한 증거
- 사회적 문제를 해결하는 능력
- 다른 사람과의 관계에서 주도권을 갖는지 혹은 주로 추종자의 역할을 하는지의 여부
- 자아개념에 대한 자기 보고
- 다양한 형태의 활동을 하는 동안 나타나는 유아의 동기
- 부모 면담을 통해 얻은 자료

④ 자연탐구 영역

- 유아의 사고 과정을 볼 수 있는 주제 조직망
- 도표나 그림으로 정보를 표현할 수 있는 유아의 능력을 보여 주는 작품의 예
- 퍼즐, 해결된 문제들, 그리고 어떻게 풀었는가를 보여 주는 예나 체계적인 관찰
- 분류, 패턴, 서열, 상징 부호의 사용, 순서, 수 개념 등의 기본적인 사고 과정을 수행하는 유아들의 능력을 보여 주는 예들
- 기억 전략에 대한 자기 보고나 유도된 반응들
- 사물의 변화 혹은 일이 진행되는 순서에 대한 이해를 나타내는 자기 보고나 유도된 반응들
- 프로젝트 접근법으로 얻어진 보고서, 전시한 것, 그림, 모델 등의 결과물
- 자기 생각이나 의사결정을 지지해 주는 보조 전략들(즉, 수 세기에서 열 손가락의 사용, 혼잣말의 사용처럼 사고 과정을 모니터할 수 있는 자료)
- 유아가 문제를 해결할 때 조언해 준 힌트들의 예
- 유아가 가장 좋아하는 게임이나 퍼즐 등
- 요리 활동 시 요리 재료를 재거나 셀 때의 사진
- 유아들이 교실이나 놀이터에서 기록해 놓은 차트들(물 주기, 햇빛의 길이)
- 수 개념을 이해했음을 보여 주는 유아의 활동 샘플(예: 종이 위에 쓰인 숫자 옆에 그 숫자에 맞는 콩을 올려놓거나 풀로 붙인 것)
- 유아의 수 개념 이해를 진보적인 형태로 나타내 주는 작업 견본, 교사의 기록, 수 개념에 대하여 유아를 면접한 결과(예: 사물의 집합을 세고 그 집합을 다시 합쳐서 새로운 집합을 세는 것)
- 유아의 개념적인 이해, 탐구, 가설 세우기, 문제 해결하기 등을 기록으로 나타내 주는 사진 혹은 체크리스트나 면접에서 얻어진 자료들

(2) 교사 평가를 위한 자료 수집

교사의 교수 능력을 평가하고자 하는 목적을 가지고 포트폴리오를 구성한다면 교사가 수업하는 것과 관련된 내용을 다양한 방식으로 수집해야 한다. 미국 NBPTS(National Board for Professional Teaching Standard)에서는 교사의 전문성을 평가하고 수석 교사 자격을 부여하는데, 이를 위해 교사 자신에 관한 포트폴리오를 요구한다.

이 포트폴리오에는 ① 교실에 대한 소개, ② 교수 결과에 대해 반성적 사고를 한 증거, ③ 과학 영역에서 영유아들이 학습한 증거, ④ 영유아의 문해 능력을 평가한 자료, ⑤ 전문가로서의 활동에 대한 증거 등이 포함된다.

교실에 대한 소개에서는 시간 구성, 규칙과 일상의 설정, 공간과 자료 구성의 방법을 영유아의 발달과 관련지어서 보여 주어야 하며 영유아와 상호작용을 하고 있는 비디오테이프와 그에 대한 해설을 제출해야 한다. 교수 결과에 대한 반성적 사고를 한 증거로는 2~4주 동안 교사들이 영유아의 성장과 학습을 도와주는 방법에 다한 해설과 그것을 뒷받침하는 4개의 작품을 제출해야 한다. 과학 영역에서 영유아가 학습한 증거를 보이기 위해서 교사는 영유아를 과학 개념에 대한 탐구 활동에 어떻게 참여시키는지 학습 경험을 예로 들어 설명해야 하며, 이러한 학습 경험들이 어떻게 서로 연결되는지도 설명해야 한다. 영유아의 문해 능력을 평가하는 능력을 보이기 위해서 교사는 교실 내의 문해 환경을 기술하고 이것이 영유아의 문해 발달을 어떻게 촉진하는지 설명해야 하며, 한 영유아의 작품을 선택하여 분석하고 그 영유아의 문해 능력 발달을 지원하기 위해 시도한 단계에 대해 논의하여야 한다. 마지막으로 전문가로서의 활동은 봉사 활동과 전문 학회에의 참여로 구분되며 각각에 대한 자료와 이에 대한 설명 및 해석이 있어야 한다.

3) 포트폴리오의 조직

포트폴리오를 이용한 평가를 하기 위해서는 다양한 종류의 항목을 수집해야 하므로 그 내용을 조직하는 것이 문제가 된다. 각 항목을 조직할 때는 우선 포트폴리오를 조직하는 기준을 정하고 포트폴리오에 있는 모든 자료에 날짜를 적어 놓는다. 교사나 영유아의 성과를 모아 놓은 포트폴리오가 평가의 자료로 활용되기 위해서는 작품 그 자체보다는 작품이 나오게 된 사회적 맥락이나 작업의 진행 과정, 평가 대상자의 의도 및 평가자의 판단 등이 간략하게 기록되어야 한다. 특히 영유아 평가를 목적으로 하는 포트폴리오를 구성하기 위해서는 자료 수집이 학급의 정규적인 일과가 되도록 한다.

4) 포트폴리오의 해석

일반적으로 포트폴리오에 포함된 자료의 양이 너무 많기 때문에 자료에 대한 해석에 앞서 자료를 편집하고 요약하는 과정이 필요하다. 영유아의 경우 한 번에 1명의 영유아에 대하여 정보를 편집하고 한 영역씩 요약한다. 자료의 요약이 끝나면 바람직한 성장 경향이나 학습에서의 성취도가 나타나는지, 영유아가 가지고 있는 독특한 특성이 드러나는지, 도움을 필요로 하는 부분이 있는지, 그리고 발달단계에 비추어 지나치게 뒤떨어진 부분이 있는지 등을 차례로 분석해 본다.

5) 포트폴리오 활용의 과제

포트폴리오를 활용하여 학습자를 평가하는 것은 많은 장점을 가지고 있다. 포트폴리오를 활용하면 인지적 능력, 정의적 특성, 동적 특성을 모두 평가할 수 있고 문제를 해결하는 과정도 분석할 수 있으며 다양한 측면의 발달 상황을 평가할 수 있다. 그러나 포트폴리오를 사용하는 데는 이러한 장점 외에 해결해야 할 과제가 많이 있다. 우선 가장 큰 문제점은 시간과 해석의 기준이다. 포트폴리오를 이용한 평가 방법의 설계와 적용, 그리고 평가를 위해 각 포트폴리오를 분석하는 데 걸리는 시간이 오래 걸리고, 평가하는 기준, 점수화 과정의 신뢰도가 부족한 점 등은 포트폴리오를 이용한 평가의 가장 큰 걸림돌이다.

특히 포트폴리오에 의한 평가 결과의 신뢰도가 낮기 때문에 훈련된 채점자가 평가하여야 하는데 기존의 여러 연구 결과에 의하면 신뢰도를 .8 정도로 유지하려면 표준화 검사 실시 비용의 약 20배가 사용된다고 한다. 권오남(1999)은 도구 개발, 점수를 부여하기 위한 기준 설정, 채점자 내 신뢰도와 채점자 간 신뢰도 확보 등과 수행 평가 등이 포트폴리오를 이용한 평가의 어려움이라고 지적했다.

성태제(1998)는 어떤 형태의 수행 평가든 간에 이를 성공적으로 실시하기 위해서는 ① 교육 평가에 대한 교사와 학부모의 인식 변화, ② 인지 심리학 연구의 활성화, ③ 각 교과 영역에 대한 연구 활성화, ④ 교사 연수 실시, ⑤ 수행 평가를 위한 타당도와 신뢰도 증진의 방법 확보, ⑥ 학급 단위 축소, ⑦ 수행 평가 실시를 위한 경비 지원 등이 필수적임을 지적하고 있다.

결론적으로, 어떤 형태의 교육 개혁이든지 사전에 충분한 논의와 연구가 선행되어야 한다. 그리고 새로운 교육 방법들은 많은 시간과 경비를 요구한다. 포트폴리오를 이용한 평가 역시 새롭게 부각되는 평가의 방법이며 영유아교육 현장에 있는 많은 사람의 관심을 끌고 있는 것은 틀림없다. 그러나 시간과 경비의 문제를 고려해 본다면, 현재 우리나라 영유아교육의 현실에 비추어 당장 실행에 옮기기 어려운 부분임에 틀림없다. 포트폴리오를 이용한 평가가 이상적인 면이 있기는 하지만 충분한 사전 준비 없이 실시된다면 그동안 흔히 보아 왔듯이 또 하나의 유행으로 끝나버릴 가능성드 배제할 수 없다.

2 PART

실 제

CHAPTER 1

자유선택활동

» 제1장 자유선택활동은 세 부분 — 환경 구성, 교사의 역할, 영유아의 행동으로 나누어져 있다. 각 부분은 다시 모든 자유선택활동(놀이) 영역에서 공통적으로 관찰할 수 있는 내용과 특정 영역에서만 관찰할 수 있는 내용으로 나누어져 있다.

» 본서는 관찰책이기 때문에 유아교육 전공서에 제시된 일반적인 이론 또는 원칙 — 예를 들면, 자유선택활동(놀이) 영역 구성 원칙 — 을 문장으로 제시하지 않고, 관찰할 내용에 구체적으로 제시하였으며 〈참고〉에 필요한 도움말을 첨가하였다. 〈생각해 봅시다〉에는 관찰한 결과를 해석하거나 이해하기 위해 생각하면 좋을 것이 제시되어 있다.

» 제시된 관찰 기록 양식을 그대로 사용해도 되지만 관찰 목적에 따라 변형하거나 수업 시간에 학습한 내용을 토대로 관찰할 내용을 추가할 수도 있다.

1 환 경

다음은 영유아를 위한 학급의 환경 구성이 적절한지 판단하기 위해 관찰할 수 있는 내용이다. 앞서 서술한 바와 같이 유아교육 전공서에 제시된 일반적인 이론 또는 원칙을 문장으로 제시하지 않고 관찰할 내용에 구체적으로 반영하여 제시하였다. 〈참고〉에는 관찰할 내용에 대한 자세한 설명이나 관찰에 필요한 도움말을 제시하였고, 〈생각해 봅시다〉에는 과제할 때 생각해 볼 수 있는 사항을 제시하였다.

제시된 관찰 기록 양식을 그대로 사용해도 되지만 관찰 목적에 따라 변형하거나 수업 시간에 학습한 내용을 토대로 관찰할 내용을 추가할 수도 있다. 또한 〈생각해 봅시다〉는 사용자의 특성에 따라 수준 또는 난이도를 조정할 수 있다.

아래에 제시된 〈공통: 생각해 봅시다〉는 각 관찰 항목의 특성을 반영하여 제시된 〈생각해 봅시다〉 이외에 모든 관찰 항목에 적용하여 생각하거나 논의해 볼 수 있는 내용을 담고 있다.

공통: 생각해 봅시다

- 교사의 학력이나 경력 또는 기관 유형(예: 유치원 vs. 어린이집; 국·공립 vs. 사립(민간))에 따라 관찰한 내용이 달라지는지 생각해 봅시다.
- 영유아의 연령에 따라 관찰한 내용이 달라지는지 생각해 봅시다.
- 영유아의 성(남아 vs. 여아)에 따라 환경을 이용하는 방식에 차이가 있는지 생각해 봅시다.
- 같은 환경을 2명 이상이 관찰했다면 관찰자 간의 의견이 같은지 또는 다른지 살펴봅시다.
  - 의견이 같거나 다른 것이 어떤 의미로 해석될 수 있을지 생각해 봅시다(예: 동일한 시각으로 관찰, 관찰 항목에 대한 해석 차이 등).
- 1명이 여러 학급을 관찰했다면, 학급 간 차이점을 생각해 봅시다.

▣ 관찰하는 학급의 자유선택활동(놀이) 영역 배치도를 그리시오.

▣ 다음에 제시된 내용은 모든 자유선택활동(놀이) 영역에서 공통적으로 관찰할 수 있는 것이다. 각 영역이 어떻게 구성되어 있는지 관찰하고 기록하시오.

1 관찰하는 학급에 어떤 영역이 있는지 관찰하고 기록하시오.

관 찰 자: 관찰일시: 년 월 일 요일
관찰기관: 유치원/어린이집(3, 4, 5세) 관찰학급: 반/ 세 학급

영역 / 유무	쌓기 놀이	역할 놀이	언어	수·조작 놀이	과학	미술	음률	기타 (컴퓨터, 대근육 등) (영역명 기록하기)
유								
무								

관 찰 자: 관찰일시: 년 월 일 요일
관찰기관: 어린이집 관찰학급: 반/ 0세 학급

영역 / 유무	신체	언어	감각·탐색	기타
유				
무				

관 찰 자: 관찰일시: 년 월 일 요일
관찰기관: 어린이집 관찰학급: 반/ 1세 학급

영역 / 유무	신체	언어	감각·탐색	역할·쌓기	기타
유					
무					

관 찰 자: 관찰일시: 년 월 일 요일
관찰기관: 어린이집 관찰학급: 반/ 2세 학급

영역 / 유무	신체	언어	감각·탐색	역할·쌓기	미술	음률	기타
유							
무							

참 고

- 해당 영역이 있으면 '유'에 표시(✔)하고 없으면 '무'에 표시(✔)한다.
- 기타: 기타 영역이 있으면 기록한 후 표시한다.

생각해 봅시다

- 영유아의 놀이에 필요한 핵심 영역이 다 있는지 생각해 봅시다.
- 영유아의 연령을 고려할 때 필요한 영역이 없거나 불필요한 영역이 있는지 생각해 봅시다.
- 관찰 시기(예: 학기 초 vs. 학기 중간 vs. 학기 말)를 고려할 때 필요한 영역이 없거나 불필요한 영역이 있는지 생각해 봅시다.
- 자유선택활동(놀이)을 위한 영역이 학급마다 모두 있지 않고 2~3학급에 분산되어 배치되었다면, 영유아의 놀이에 어떤 부정적 영향을 줄지 생각해 봅시다.

2 각 영역이 다음과 같은 기준으로 볼 때 적절한지 관찰하고 기록하시오.

관 찰 자: 관찰일시: 년 월 일 요일
관찰기관: 유치원/어린이집(3, 4, 5세) 관찰학급: 반/ 세 학급

기준 \ 영역	쌓기 놀이	역할 놀이	언어	수·조작 놀이	과학	미술	음률	기타 (컴퓨터, 대근육 등) (영역명 기록하기)
유사 영역과의 인접성								
영역 구분의 명확성								
공간 크기								
필요 설비와의 인접성								
교구장								
소음 방지								
정리·정돈의 용이성								
기타								

관 찰 자: 관찰일시: 년 월 일 요일
관찰기관: 어린이집 관찰학급: 반/ 0세 학급

기준 \ 영역	신체	언어	감각·탐색	기타
안전				
영역 구분의 유연성				
공간 크기의 적절성				
영아에 적절한 교구장				
영아에 적절한 정리·정돈				
기타				

관 찰 자: 관찰일시: 년 월 일 요일
관찰기관: 어린이집 관찰학급: 반/ 1세 학급

기준 \ 영역	신체	언어	감각·탐색	역할·쌓기	기타
안전					
영역 구분의 유연성					
공간 크기의 적절성					
영아에 적절한 교구장					
영아에 적절한 정리·정돈					
기타					

관 찰 자:				관찰일시:		년	월	일 요일
관찰기관:	어린이집			관찰학급:		반/	2세 학급	

기준 \ 영역	신체	언어	감각·탐색	역할·쌓기	미술	음률	기타
유사 영역과의 인접성							
영역 구분의 유연성							
공간 크기							
필요 설비와의 인접성							
교구장							
소음 방지							
정리·정돈의 용이성							
기타							

참고

- 적절하면 '○(또는 3)', 보통이면 '△(또는 2)', 부적절하면 '×(또는 1)'로 표시하고 특정 기준이 특정 영역에 해당하지 않는다고 생각하면 '－'로 표시한다.
- 안전: 영아의 안전이 보장되는 방식으로 영역이 구성되었는지 본다.
- 영역 구분의 유연성: 영아의 놀이 특성을 반영하여 영역 구분이 유연한지 본다.
- 유사 영역과의 인접성: 조용한 영역끼리 인접해 있고 활동적인 영역끼리 인접해 있는지 본다.
- 영역 구분의 명확성: 가림판, 교구장, 깔개 등으로 다른 영역과 분리되어 있고, 출입구나 통로와 독립되어 있어 통행에 방해되지 않는지를 본다.
- 공간 크기: 같은 영역에서 활동하고 있는 영유아 간의 간격은 충분한지, 갈등이 빈번히 발생하지는 않는지, 영역 밖으로 나와서 노는 영유아가 많은지 등을 본다.
- 필요 설비와의 인접성: 필요한 설비와 가까운 곳에 배치되었는지 살펴본다.
  (예: 미술 영역 – 물, 언어 영역 – 빛)
- 교구장: 교구장의 수, 크기, 견고성, 이동 가능성 등을 본다.
- 소음 방지: 소음이 많이 발생하는 영역은 카펫, 깔개, 교구장 등으로 가리거나 멀리 떨어져 배치되어 있는가를 본다.

- 정리·정돈의 용이성: 정리·정돈할 수 있는 바구니나 밑그림 등이 있는가를 본다.
- 기타: 그 밖의 기준이 있으면 기록한다.

생각해 봅시다

- 모든 기준이 모든 영역에 적용되지 않거나, 어떤 기준은 특정 영역에 적용되지 않는다고 표시했으면 그 이유를 제시해 봅시다.
- 더 추가해야 할 기준이 있다면 그 근거를 제시해 봅시다.
- 영유아의 연령에 따라 달리 적용되는 기준이 있는지 생각해 봅시다.

3 각 영역에 참여할 때 영유아가 지켜야 할 규칙이 있는지 관찰하고 기록하시오.

관 찰 자: 　　　　　　　　　　　　　　관찰일시: 　　년 　월 　일 　요일
관찰기관: 　유치원/어린이집(3, 4, 5세) 　관찰학급: 　반/ 　세 학급

기준 \ 영역	쌓기놀이	역할놀이	언어	수·조작놀이	과학	미술	음률	기타 (컴퓨터, 대근육 등) (영역명 기록하기)
인원수 제한								
시간 제한								
장소 제한								
놀이 순서 (놀이 계획표 붙이기)								
안전								
기타								

관 찰 자: 　　　　　　　　　　　　　　관찰일시: 　　년 　월 　일 　요일
관찰기관: 　어린이집 　관찰학급: 　반/ 0세 학급

기준 \ 영역	신체	언어	감각·탐색	기타
인원수 제한				
시간 제한				
장소 제한				
놀이 순서 (놀이 계획표 붙이기)				
안전				
기타				

관 찰 자:			관찰일시:	년 월 일 요일	
관찰기관:	어린이집		관찰학급:	반/ 1세 학급	
영역 / 기준	신체	언어	감각·탐색	역할·쌓기	기타
인원수 제한					
시간 제한					
장소 제한					
놀이 순서 (놀이 계획표 붙이기)					
안전					
기타					

관 찰 자:				관찰일시:	년 월 일 요일		
관찰기관:	어린이집			관찰학급:	반/ 2세 학급		
영역 / 기준	신체	언어	감각· 탐색	역할· 쌓기	미술	음률	기타
인원수 제한							
시간 제한							
장소 제한							
놀이 순서 (놀이 계획표 붙이기)							
안전							
기타							

참고

- 각 영역에 해당되는 규칙이 있으면 'ㅇ' 표시하고 없으면 '×' 표시한다.

생각해 봅시다

- 각 영역별로 제시된 규칙의 수나 내용이 적절한지 생각해 봅시다.
- 각 영역에 제시된 규칙의 수나 내용이 영유아의 놀이를 항상 지원하는지 비판적으로 생각해 봅시다. 즉, 때로 놀이를 방해하지는 않는지 생각해 봅시다.
- 관찰한 학급 영유아의 연령을 고려할 때 규칙의 유무, 수 또는 내용이 적절한지 생각해 봅시다.
- 관찰한 학급의 특정 영역에 추가되어야 할 규칙이 있다면 제시하고, 그 이유를 설명해 봅시다.
- 0, 1, 2세의 학급에도 영역에 관한 규칙이 있다면, 영아의 발달과 놀이 특성에 비추어 볼 때 적절한지 생각해 봅시다.

4 각 영역에 비치되어 있는 교구, 교재 및 자료를 기술한 후 다음의 사항에 대해 관찰하고 기록하시오.

관 찰 자:		관찰일시:	년	월	일	요일
관찰기관:	유치원/어린이집	관찰학급:	반/	세 학급		
영　 역:	영역					

관찰할 사항 \ 만족도	1 매우 불만족	2 불만족	3 보통	4 만족	5 매우 만족
교구, 교재 및 자료의 제작 방식	1	2	3	4	5
생활 주제와의 연관성	1	2	3	4	5
발달 수준과의 적합성	1	2	3	4	5
안전성	1	2	3	4	5
청결성	1	2	3	4	5
기능성 및 보수/유지	1	2	3	4	5
기타	1	2	3	4	5

참고

- 각 사항을 관찰한 후 만족스러운 정도를 '1'에서 '5'점으로 평가해 본다.
- 교구, 교재 및 자료의 제작 방식: 교사와 영유아가 제작하거나 상업적으로 구입한 것이 고르게 있는지 본다.
- 생활 주제와의 연관성: 제공된 교구, 교재 및 자료가 현재 진행되고 있는 생활 주제와 관련 있는지 본다.
- 발달 수준과의 적합성: 영유아들이 교구, 교재 및 자료를 사용하다가 어려움을 보이거나 교사에게 도움을 빈번히 요청하는지 본다.
- 안전성: 너무 작거나 날카로운 교구, 교재 및 자료가 없는지 살펴본다.
- 청결성: 주기적으로 닦거나 소독하여 교구, 교재 및 자료가 청결하게 유지되고 있는지 본다.
- 기능성 및 보수/유지: 모든 교구, 교재 및 자료가 고장 나거나 파손된 것이 없고, 고장 나거나 파손된 것이 있을 경우 신속히 보수되는지 본다.
- 기타: 그 밖의 관찰할 사항이 있으면 기록한다.

생각해 봅시다

- 영유아가 특별히 몰입하거나 관심을 보이는 교구, 교재 및 자료가 있는지 보고, 그 이유가 무엇인지 생각해 봅시다.
- 모든 교구, 교재 및 자료가 생활 주제와 반드시 연관되어 있어야만 자유선택활동(놀이) 영역이 잘 구성된 것인지 생각해 봅시다.
- 관찰한 학급 영유아의 연령을 고려할 때 교구, 교재 및 자료의 어떤 측면이 가장 중요한지 생각해 봅시다.
- 0, 1, 2세의 영아 학급과 관련해서 추가적으로 관찰할 사항이 있는지 생각해 봅시다.

5 영역의 배치나 교구, 교재 및 자료는 언제 바꾸어 주는지 관찰하고 기록하시오. 관찰할 수 없으면 교사에게 질문하여 기록하시오.

관 찰 자: 관찰일시: 년 월 일 요일
관찰기관: 유치원/어린이집   관찰학급: 반/ 세 학급
영 역: 영역

교체 대상	교체 시기
영역의 배치	
영역의 교구, 교재 및 자료	

참 고

- 매주, 매월, 매학기, 생활 주제가 바뀔 때 등 교체 시기를 교사에게 질문한다.

생각해 봅시다

- 과거의 영역 배치도가 있으면 현재의 것과 비교하고 어떻게 바뀌었는지 알아봅시다.
- 영역의 교구, 교재 및 자료가 주로 언제 교체되는지 알아봅시다.
- 영역이나 교구, 교재 및 자료가 교체되는 시기에 영유아들의 반응이 어땠는지 교사에게 물어보고, 그렇게 반응한 이유를 생각해 봅시다.

6 활동실 전체 또는 각 영역에 붙어 있는 화보/사진, 그림, 작품 등을 관찰하고 기록하시오.

관 찰 자:					관찰일시:	년	월	일	요일
관찰기관:			유치원/어린이집(3, 4, 5세)		관찰학급:	반/	세 학급		

영역 \ 화보/사진, 그림, 작품	생활 주제와 관련		영역 특성과 관련		무관련		기타		없음
	유아 작품	작품 아님	유아 작품	작품 아님	유아 작품	작품 아님	유아 작품	작품 아님	
쌓기놀이									
역할놀이									
언어									
수·조작놀이									
과학									
미술									
음률									
컴퓨터									
기타									
출입구 근처									
화장실 근처									
기타									

관 찰 자:					관찰일시:	년	월	일	요일
관찰기관:			어린이집		관찰학급:	반/	0세 학급		

영역 \ 화보/사진, 그림, 작품	생활 주제와 관련		영역 특성과 관련		무관련		기타		없음
	영아 작품	작품 아님	영아 작품	작품 아님	영아 작품	작품 아님	영아 작품	작품 아님	
신체									
언어									
감각·탐색									
출입구 근처									
화장실 근처									
기타									

관 찰 자:								관찰일시:	년	월	일	요일
관찰기관:	어린이집							관찰학급:	반/	1세 학급		
화보/사진, 그림, 작품 / 영역	생활 주제와 관련		영역 특성과 관련		무관련		기타		없음			
	영아 작품	작품 아님	영아 작품	작품 아님	영아 작품	작품 아님	영아 작품	작품 아님				
신체												
언어												
감각·탐색												
역할·쌓기												
출입구 근처												
화장실 근처												
기타												

관 찰 자:								관찰일시:	년	월	일	요일
관찰기관:	어린이집							관찰학급:	반/	2세 학급		
화보/사진, 그림, 작품 / 영역	생활 주제와 관련		영역 특성과 관련		무관련		기타		없음			
	영아 작품	작품 아님	영아 작품	작품 아님	영아 작품	작품 아님	영아 작품	작품 아님				
신체												
언어												
감각·탐색												
역할·쌓기												
미술												
음률												
출입구 근처												
화장실 근처												
기타												

참고

- 생활 주제와 관련: 생활 주제와 관련된 화보/사진, 그림 또는 영유아 작품이 붙어 있으면 표시한다.
- 영역 특성과 관련: 각 영역의 특성을 반영하는 화보/사진, 그림 또는 영유아 작품이 붙어 있으면 표시(예: 쌓기놀이 영역 – 건축물이나 영유아들이 그린 집 그림; 역할놀이 영역 – 경찰서, 미용실, 가족생활 등 다양한 역할놀이 주제와 관련 있는 그림)한다.
- 무관련: 생활 주제나 영역의 특성과 관련 없는 화보/사진, 그림 또는 영유아 작품이 붙어 있으면 표시한다.
- 기타: 기타 종류의 화보/사진, 그림 또는 영유아 작품이 붙어 있으면 어떤 것인지 기록하고 표시한다.
- 없음: 아무것도 붙어 있지 않을 때 표시한다.
- 영유아 작품: 영유아가 그리거나 만든 것을 붙이거나 사진으로 찍어서 붙인 것일 때 표시한다.
- 작품 아님: 영유아의 작품이 아닌 화보/사진, 그림이 붙어 있으면 표시한다.
- 화보/사진, 그림, 작품의 수와 관계없이 붙어 있으면 표시(✔)한다.

생각해 봅시다

- 전반적으로 적절한 양의 화보/사진, 그림 또는 영유아 작품이 붙어 있는지 생각해 봅시다. 지나치게 많거나 적을 때 어떤 영향을 줄지 생각해 봅시다. 또한 '적절한 양'에 대한 개인적 판단 기준을 제시해 봅시다.
- 각 영역의 특성과 관련 있는 것이 붙어 있을 때(예: 쌓기놀이 영역에 다양한 건축물의 사진을 붙여 주는 것), 영유아의 놀이에 어떤 영향을 줄 수 있을지 생각해 봅시다.

7 활동지 형식의 부적절한 교구, 교재가 비치되어 있는지 관찰하고 기록하시오.

관 찰 자: 관찰일시: 년 월 일 요일
관찰기관: 유치원/어린이집(3, 4, 5세) 관찰학급: 반/ 세 학급

기준 \ 영역		쌓기 놀이	역할 놀이	언어	수·조작 놀이	과학	미술	음률	기타 (컴퓨터, 대근육 등) (영역명 기록하기)
비치된 영역									
비치된 개수									
활동지 분류	신체 관련								
	사회성 관련								
	정서 관련								
	언어 관련								
	수학 관련								
	과학 관련								
	사회과 관련								
	예술/창의성 관련								
	프로젝트 관련								
	기타								

관 찰 자: 관찰일시: 년 월 일 요일
관찰기관: 어린이집 관찰학급: 반/ 1세 학급

기준 \ 영역		신체	언어	감각·탐색	역할·쌓기	기타
비치된 영역						
비치된 개수						
활동지 분류	신체 관련					
	사회성 관련					
	정서 관련					
	언어 관련					
	수학 관련					
	과학 관련					
	사회과 관련					
	예술/창의성 관련					
	프로젝트 관련					
	기타					

관 찰 자:		관찰일시:	년 월 일 요일
관찰기관:	어린이집	관찰학급:	반/ 2세 학급

기준 \ 영역		신체	언어	감각·탐색	역할·쌓기	미술	음률	기타
비치된 영역								
비치된 개수								
활동지 분류	신체 관련							
	사회성 관련							
	정서 관련							
	언어 관련							
	수학 관련							
	과학 관련							
	사회과 관련							
	예술/창의성 관련							
	프로젝트 관련							
	기타							

참고

- 활동지 형식의 부적절한 교구, 교재: 영유아는 다양한 놀잇감과 사물을 직접 조작하고 놀이하면서 학습한다. 활동지 형식의 부적절한 교구, 교재는 영유아가 앉아서 학습지 형식으로 미리 출제된 문제를 풀거나 지시에 따라 수동적으로 수행하는 교구, 교재를 의미한다.
- 0세 학급에서는 활동지를 관찰할 가능성이 매우 낮으므로 제외한다.
- 비치된 영역: 교사가 영유아가 할 활동지를 프린트해서 바구니, 쟁반 또는 상자에 담아 어떤 영역에 비치했는지 살펴본다.
- 비치된 개수: 영역별로 몇 개의 활동지가 비치되어 있는지 살펴본다.
- 신체 관련: 줄긋기, 나선형과 같은 원을 따라 그리기 등 소근육 발달 또는 눈과 손의 협응력 발달과 관련된 활동지인지 살펴본다.
- 사회성 관련: 친사회적 기술(예: 친구가 놀잇감을 빌려 달라고 할 때 나눠 쓰는 것이라고 짝짓기를 하거나 맞는 것에 표시하기 등)과 관련된 활동지인지 살펴본다.

- 정서 관련: 정서 인식, 표현, 조절(예: 화날 때 소리 지르지 않기라고 짝짓기를 하거나 맞는 것에 표시하기 등)과 관련된 활동지인지 살펴본다.
- 언어 관련: 그려진 사물을 보고 단어 쓰기, 문장 완성하기, 자음과 모음을 사용해서 글자 만들기 등과 관련된 활동지인지 살펴본다.
- 수학 관련: 1대1 대응, 숫자 세기, 연산하기 등 수학적 개념과 관련된 활동인지 살펴본다.
- 과학 관련: 동식물의 특징이나 과학적 개념(예: 그려진 사물 중 뜰 것이라고 판단되는 것에 동그라미로 표시하기)과 관련된 활동지인지 살펴본다.
- 사회과 관련: 과거와 현재의 것 줄긋기, 지역사회 기관과 제복 줄긋기 등 사회과 개념과 관련 있는 활동지인지 살펴본다.
- 예술/창의성 관련: 엄마 얼굴 꾸미기, 전통 민화에 추가된 말풍선에 등장인물이 할 것 같은 말 써 넣기 등 미술/창의성과 관련된 활동지인지 살펴본다.
- 프로젝트 관련: 학급에서 진행되는 프로젝트(예: 자동차)와 관련된 여러 분야(예: 수학, 과학, 언어, 사회과)가 복합적으로 포함된 활동지인지 살펴본다.

생각해 봅시다

- 수·조작 놀이 영역에 일부 비치되던 활동지가 영아 학급까지 확대된 이유와 영아의 놀이와 학습에 미치는 부정적 효과에 대해 생각해 봅시다.
- 수·조작 놀이 영역에 일부 비치되던 활동지가 다양한 자유선택활동(놀이) 영역까지 확대된 이유와 영유아의 놀이와 학습에 미치는 부정적 효과에 대해 생각해 봅시다.
- 과거 일부 영역에 적은 수가 비치되던 활동지의 수가 급속히 늘어난 이유와 영유아의 놀이와 학습에 미치는 부정적 효과에 대해 생각해 봅시다.
- 유용한 교수-학습 방법으로 알려진 프로젝트를 미리 정해진 활동지에 기록하는 방식으로 진행하는 것이 영유아의 학습에 미치는 부정적 효과에 대해 생각해 봅시다.
- 영유아가 활동지를 한 결과물을 살펴보고 의미 있는 학습이 이루어졌는지 생각해 봅시다.

▣ 다음에 제시된 관찰 내용은 각 자유선택활동(놀이) 영역에 대한 관찰 내용으로, 해당 영역에서만 관찰할 수 있는 것이다. 관심 있는 영역을 선택하여 다음에 제시된 사항을 관찰한 후 기록하시오.

1) 쌓기놀이 영역(0세는 해당 사항 없음/1~2세는 역할·쌓기)

1 쌓기놀이 영역의 배치도를 자세히 그리시오.

2 배치도를 참고하여 영역 내 공간이 적절한지 관찰하고 기록하시오.

관 찰 자:		관찰일시:	년 월 일 요일
관찰기관:	유치원/어린이집(1, 2, 3, 4, 5세)	관찰학급:	반/ 세 학급

관찰할 사항	관찰한 내용	평가 및 개선을 위한 제언
구성물이 무너지지 않을 정도로 바닥이 평평한가?		
소음 방지를 위한 설비(예: 카펫이나 장판 사용)가 있는가?		
필요시 쌓기놀이 금지 영역 설정이 가능한가?		
필요시 개별 짓기 영역 설정이 가능한가?		
기타		

참 고

- 각 사항에 대해 관찰한 내용을 오른쪽의 '관찰한 내용'란에 자세히 기록한다.
- 개별 짓기 영역: 영유아가 방해받지 않고 구성물을 만들 수 있게 작은 카펫이나 장판 등이 제공되어 있는지 본다.
- 기타: 그 밖의 내용이 관찰되면 기록한다.
- '평가 및 개선을 위한 제언'란에는 관찰한 내용을 근거로 쌓기놀이 영역에 공간이 적절한지 '적절' 또는 '부적절'로 평가한 후 '부적절'하다면 개선 방향을 제시한다.

생각해 봅시다

- 관찰한 학급 영유아의 연령을 고려할 때, 쌓기놀이 영역 내 공간이 어떻게 연령별로 달라져야 할지 생각해 봅시다.
- 쌓기놀이 영역 구성의 각 측면이 영유아의 놀이에 각각 어떤 영향을 주는지 생각해 봅시다.

3 쌓기놀이 영역에 있는 블록의 사진을 찍거나 모양 또는 명칭을 기술한 후 다음의 사항에 대하여 관찰하고 기록하시오.

관 찰 자:		관찰일시: 년 월 일 요일	
관찰기관: 유치원/어린이집(1, 2, 3, 4, 5세)		관찰학급: 반/ 세 학급	
관찰할 사항		관찰한 내용	평가 및 개선을 위한 제언
블록의 종류	끼우기 (연결하기)		
	쌓기		
블록의 수량	끼우기 (연결하기)		
	쌓기		
블록의 진열			

참 고

- 블록의 종류: 크게 끼우기와 쌓기 종류로 나누어 영유아가 관심을 가장 많이 보이는 것을 4개씩 선택하여 기록한다.
- 블록의 수량: 크게 끼우기와 쌓기 종류로 나누어 영유아가 관심을 가장 많이 보이는 것을 4개씩 선택하여, 각 적목 종류별 수량이 충분한지 본다.
- 블록의 진열: 블록의 크기, 모양 등에 따라 한눈에 보이도록 진열되었는지 본다.
- 기타: 그 밖의 내용이 관찰되면 기록한다.
- 각 사항에 대해 관찰한 내용을 오른쪽의 '관찰한 내용'란에 자세히 기록한다.
- '평가 및 개선을 위한 제언'란에는 관찰한 내용을 근거로 블록의 종류와 수량이 충분한지, 블록이 기능적으로 잘 진열되어 있는지를 '적절', '보통' 또는 '부적절'로 평가해 보고, 개선할 사항이 있으면 개선 방향을 제시한다.

생각해 봅시다

- 관찰한 학급 영유아의 연령을 고려할 때 블록의 종류, 수량 및 진열 방법이 적절한지 생각해 봅시다.
- 특정 종류의 블록을 추가해야 한다면 그 종류를 제시하고, 이유를 설명해 봅시다.
- 블록의 종류와 수량이 너무 많거나 너무 부족할 때 영유아의 놀이에 어떤 영향을 미칠지 생각해 봅시다.

4 쌓기놀이 영역에 제공된 소품을 기술한 후 다음의 사항에 대하여 관찰하고 기록하시오.

관 찰 자:		관찰일시: 년 월 일 요일
관찰기관:	유치원/어린이집(1, 2, 3, 4, 5세)	관찰학급: 반/ 세 학급
소품의 종류	**유무 또는 개수**	**평가 및 개선을 위한 제언**
교통기관류		
동식물류		
사람류		
사물류		
기타		

참 고

- 교통기관류: 다양한 종류(예: 육상, 해상, 항공, 우주)의 교통기관으로 다시 분류할 수 있다.
- 동식물류: 다양한 종류의 동물(예: 집짐승, 들짐승)과 식물(예: 나무, 꽃)로 다시 분류할 수 있다.
- 사람류: 연령, 인종, 직업별로 다시 분류할 수 있다.
- 사물류: 건물, 표시판, 기계류, 집기류 등으로 다시 분류할 수 있다.
- 기타: 그 밖의 소품이 관찰되면 기록한다.
- '평가 및 개선을 위한 제언'란에는 관찰한 내용을 근거로 소품의 종류와 수량이 충분한지를 '1점'(전혀 그렇지 않다)에서 '5점'(매우 그렇다)으로 평가한 후, 개선할 사항이 있으면 개선 방향을 제시한다.

생각해 봅시다

- 소품이 진행 중인 생활 주제와 관련 있는지 생각해 봅시다.
- 관찰한 학급 영유아의 연령을 고려할 때, 소품의 종류나 크기가 적절한지 생각해 봅시다.
- 소품의 유무나 종류가 영유아가 구성하는 구성물에 어떤 영향을 미칠지 생각해 봅시다.

5 놀이 중간 혹은 정리·정돈 시간에 영유아가 완성하거나 완성하지 못한 구조물을 처리하는 방법을 관찰하고 기록하시오.

관 찰 자:		관찰일시: 년 월 일 요일
관찰기관: 유치원/어린이집(1, 2, 3, 4, 5세)		관찰학급: 반/ 세 학급
처리 방식	완성된 구조물	미완성된 구조물
부순다.		
집단 모임 시간에 친구들에게 소개한 후 부순다.		
교사나 영유아가 카메라로 구성물을 찍어 기록한다.		
전시한다. (전시 기간: 일)		
다음 날 계속 만들 수 있게 보관하는 장소에 보관한다.		
기타		

참 고

- 직접 관찰이 불가능할 경우 교사나 영유아에게 질문하여 기록한다.
- 다양한 처리 방식이 있을 때는 모두 기록한다.
- 기타: 그 밖의 처리 방식이 관찰되면 기록한다.

생각해 봅시다

- 영유아의 의지와 관련 없이 부술 경우 영유아가 보이는 반응에 대한 의미를 생각해 봅시다.
- 관찰한 학급 영유아의 연령에 따라 처리 방식이 달라지는지 살펴보고, 그 이유를 생각해 봅시다.
- 특히 1세의 경우 보육과정에 역할·쌓기놀이로 영역을 제시한 것의 의미를 생각해 봅시다.

2) 역할놀이 영역(0세는 해당 사항 없음/1~2세는 역할·쌓기)

1 역할놀이 영역의 배치도를 자세히 그리시오.

2 배치도를 참고하여 영역 내 공간이 적절한지 관찰하고 기록하시오.

관 찰 자:		관찰일시: 년 월 일 요일
관찰기관: 유치원/어린이집(1, 2, 3, 4, 5세)		관찰학급: 반/ 세 학급
관찰할 사항	관찰한 내용	평가 및 개선을 위한 제언
다른 영역과의 통합성		
다양한 주제의 역할놀이 가능성		

참고

- 다른 영역과의 통합성: 다른 영역(예: 쌓기놀이)과 놀이가 통합되기에 용이하도록 배치되어 있는지 본다.
- 다양한 주제의 역할놀이 가능성: 두 가지 이상 주제의 역할놀이가 동시에 가능하도록 공간이 준비되어 있는지 본다.
- '평가 및 개선을 위한 제언'란에는 관찰한 내용을 근거로 역할놀이 영역 내 공간이 적절한지를 '적절' 또는 '부적절'로 평가한 후, 개선할 사항이 있으면 개선 방향을 제시한다.

생각해 봅시다

- 관찰한 학급 영유아의 연령에 따라 다른 영역과 통합하게 하는 것 또는 다양한 주제의 역할놀이를 하게 하는 것의 가치가 달라지는지 생각해 봅시다.
- 관찰한 시기에 따라 다른 영역과 통합하게 하는 것 또는 다양한 주제의 역할놀이를 하게 하는 것의 가치가 달라지는지 생각해 봅시다.
- 다른 영역과 통합하게 했을 때 놀이하는 영유아의 성비가 달라지는지 생각해 봅시다.
- 다양한 주제의 역할놀이를 할 수 있게 했을 때 놀이가 더욱 풍성해지는지 생각해 봅시다.
- 특히 1세의 경우 보육과정에 역할·쌓기놀이로 영역을 제시한 것의 의미를 생각해 봅시다.

3 역할놀이 영역에 비치되어 있는 자료와 소품을 기술한 후 다음의 사항에 대하여 관찰하고 기록하시오.

관 찰 자:			관찰일시: 년 월 일 요일	
관찰기관: 유치원/어린이집(1, 2, 3, 4, 5세)			관찰학급: 반/ 세 학급	
자료 및 소품의 종류	유무 또는 개수	극놀이 자극 정도		성역할 고정성의 정도
		실물과의 유사성	매력 정도	
가정용품				
병원용품				
사무용품				
식당용품				
군대용품				
로봇 관련 용품				
기타				

참고

- 각 자료 및 소품의 종류를 다시 세분화하여 관찰한 후 기록할 수 있다.
- 기타: 그 밖의 자료 및 소품이 관찰되면 기록한다.
- 극놀이 자극 정도: 생활에서 실제로 사용되는 물건과의 유사성이 어느 정도인지, 매력적인지 등을 본다.
- 성역할 고정성 정도: 자료 및 소품이 성역할에 대한 고정화된 편견을 내포(예: 간호사 가운은 분홍색)하지 않았는지 본다.
- '극놀이 자극 정도'와 '성역할 고정성 정도'란에는 관찰한 내용을 근거로 '1점'(전혀 그렇지 않다)에서 '5점'(매우 그렇다)으로 평가해 본다.

생각해 봅시다

- 자료 및 소품이 진행 중인 생활 주제와 관련 있는지 생각해 봅시다.
- 관찰한 학급 영유아의 연령에 따라 자료 및 소품의 종류, 극놀이 자극 정도, 성역할 고정성 정도가 다르다면 그 이유를 생각해 봅시다.
- 자료 및 소품이 실제 생활에서 사용되는 자료 및 소품과의 유사성이 너무 높을 경우, 영유아의 놀이에 어떤 영향을 미칠지 생각해 봅시다.

4 역할놀이 영역에 참여할 때 지켜야 할 명시적 또는 묵시적 규칙이 있는지 관찰하고 기록하시오.

관 찰 자:		관찰일시: 년 월 일 요일
관찰기관: 유치원/어린이집(1, 2, 3, 4, 5세)		관찰학급: 반/ 세 학급

규칙 \ 유무	있다	없다
한 번에 놀 수 있는 유아의 수	( ) 명	
한 번에 놀 수 있는 시간	( ) 분	
특정 역할을 맡은 유아 수 (예: 엄마는 1명만 할 수 있다.)		
특정 역할을 맡은 유아의 성 (예: 의사는 남자만 할 수 있다.)		
기타		

참 고

- 직접 관찰이 불가능할 경우, 교사나 영유아에게 질문하여 기록한다.
- 명시적 규칙뿐만 아니라 묵시적 규칙이 있는지도 관찰한다.
- 각 규칙이 있으면 '있다'에, 없으면 '없다'에 표시(✔)하고 어떤 규칙인지 자세히 기록한다.
- 기타: 다른 규칙이 관찰되면 기록한다.

생각해 봅시다

- 각 규칙이 영유아의 놀이를 촉진하는지 또는 저해하는지 생각해 봅시다.
- 관찰한 학급 영유아의 연령에 따라 규칙이 다른지 살펴보고, 다르다면 그 이유를 생각해 봅시다.
- 추가되어야 할 규칙이 있다면 그 이유와 함께 제시해 봅시다.
- 삭제되어야 할 규칙이 있다면 그 이유와 함께 제시해 봅시다.

3) 언어 영역(0~5세)

1 언어 영역 – 듣기/말하기와 읽기/쓰기 영역의 배치도를 자세히 그리시오.

2 배치도를 참고하여 다음의 사항에 대하여 관찰하고 기록하시오.

① 영역의 유무

관 찰 자:		관찰일시: 년 월 일 요일
관찰기관: 유치원/어린이집(0, 1, 2, 3, 4, 5세)		관찰학급: 반/ 세 학급
유무 / 영역	유	무
듣기		
말하기		
읽기		
쓰기		

생각해 봅시다

- 관찰한 학급 영유아의 연령에 따라 듣기, 말하기, 읽기, 쓰기 영역의 유무에 차이가 있는지 살펴보고, 그 이유를 생각해 봅시다.

② 언어 영역의 통합 여부

관 찰 자:		관찰일시: 년 월 일 요일
관찰기관: 유치원/어린이집(0, 1, 2, 3, 4, 5세)		관찰학급: 반/ 세 학급
관찰할 사항	통합됨	분리됨
듣기/말하기와 읽기/쓰기 영역의 통합 여부		
듣기와 말하기 영역의 통합 여부		
읽기와 쓰기 영역의 통합 여부		

생각해 봅시다

- 관찰한 학급 영유아의 연령에 따라 세 가지 측면의 통합에 차이가 있는지 살펴보고, 그 이유를 생각해 봅시다.

■3 듣기 영역의 설비와 자료들을 관찰하고 기록하시오.

관 찰 자:		관찰일시: 년 월 일 요일	
관찰기관:	유치원/어린이집(0, 1, 2, 3, 4, 5세)	관찰학급: 반/ 세 학급	

	자료 및 소품의 종류	없음	있음 (개수)
기본 설비	책상 및 의자 또는 깔개		
	카세트 또는 CD 플레이어		
	녹음된 테이프/CD 또는 빈 테이프		
	헤드폰		
	마이크		
	기타		
자료	그림책		
	노래 또는 음악과 그림		
	각종 소리와 그림		
	유아들이 녹음한 동화, 이야기, 말		
	기타		
사용의 용이성	책상(걸상)과 기계의 위치(예: 여러 명이 함께 기계를 사용할 수 있도록 책상 또는 걸상 배치)		
	기계 단추의 기능 표시(예: 카세트 기능을 색으로 표시)		
	기계의 사용법 안내(예: 틀기, 앞으로 감기, 뒤로 감기, 끄기)		
	기타		

참 고

- 언어 영역이 영아 학급 놀이 영역에 포함되기 때문에 관찰기관의 연령에 0세부터 포함했으나, 해당 사항이 없으므로 관찰하지 않는다.
- 기타: 그 밖의 기본 설비, 자료와 영유아의 듣기 활동을 위한 설비와 자료를 사용하기 쉽게 준비해 준 것이 있으면 기록한다.

생각해 봅시다

- 관찰한 학급 영유아의 연령에 따라 듣기 설비와 자료가 다른지 살펴보고, 다르다면 그 이유를 생각해 봅시다.
- 추가되어야 할 설비와 자료가 있다면 그 이유와 함께 제시해 봅시다.

4 말하기 영역의 설비와 자료들을 관찰한 후 기록하시오.

관 찰 자:		관찰일시:	년 월 일 요일		
관찰기관:	유치원/어린이집(0, 1, 2, 3, 4, 5세)	관찰학급:	반/ 세 학급		
	자료 및 소품의 종류	없음	있음 (개수)	비고	
자료	융판과 융판 자료				
	자석판과 자석 자료				
	각종 인형류				
	막대 자료				
	그림자 자료				
	테이블 자료				
	손인형				
	영유아가 녹음한 동화, 이야기, 말				
	기타				
집단 활동 시 사용했던 자료의 활용	동화				
	동시				
	동극				
	기타				

참 고

- 언어 영역이 영아 학급 놀이 영역에 포함되기 때문에 관찰기관의 연령에 0세부터 포함했으나, 해당 사항이 없으므로 관찰하지 않는다.
- '비고'란에는 자료에 대해 자세히 진술한다.
- 기타: 그 밖의 자료가 관찰되면 기록한다.

생각해 봅시다

- 관찰한 학급 영유아의 연령에 따라 말하기 자료가 다른지 살펴보고, 다르다면 그 이유를 생각해 봅시다.
- 추가되어야 할 자료가 있다면 그 이유와 함께 제시해 봅시다.

5 읽기 영역의 설비와 자료들을 관찰한 후 기록하시오.

① 설비

관 찰 자:		관찰일시: 년 월 일 요일
관찰기관: 유치원/어린이집(0, 1, 2, 3, 4, 5세)		관찰학급: 반/ 세 학급
설비 \ 유무	유	무
책꽂이		
칸막이		
책상		
소파/의자		
쿠션		
카펫		
융판/자석판		
인형(폭신한 것)		
기타		

참 고

- 기타: 그 밖의 설비가 관찰되면 기록한다.

생각해 봅시다

- 관찰한 학급 영유아의 연령에 따라 설비가 다른지 살펴보고, 다르다면 그 이유를 생각해 봅시다.
- 추가되어야 할 설비가 있다면 그 이유와 함께 제시해 봅시다.

② 자료

관 찰 자:		관찰일시: 년 월 일 요일		
관찰기관: 유치원/어린이집(0, 1, 2, 3, 4, 5세)		관찰학급: 반/ 세 학급		
총 자료 수: 개				
자료의 종류		없음	있음 (개수)	비고
자료의 다양성 (Ⅰ)	책			
	신문			
	잡지			
	전단지(광고지)			
	기타			
자료의 다양성 (Ⅱ)	다양한 문화권의 자료 포함			
	집단 활동 시 사용했던 자료(예: 동화, 동시, 동극)			
	유아들이 만든 자료			
	다양한 크기의 자료			
	조작 가능한 자료			
	기타			
장르의 다양성	창작			
	전래			
	정보			
	번역된 것			
	동시/동요			
	기타			
좋은 책의 조건	교육적인 내용			
	가치 있는 주제			
	그림과 내용의 연결			
	그림과 글을 통한 효과적인 내용 전달			
	매력적인 그림			
	구성, 배경, 분위기 등을 보충 설명해 주는 그림			
	영유아의 발달 수준에 맞는 언어, 내용, 문체			
	성, 인종, 문화에 대한 비고정 관념			
	기타			

참 고

- 기타: 그 밖의 자료나 장르가 관찰되면 기록한다.
- '비고'란에는 관찰한 내용을 자세히 기술한다.

생각해 봅시다

- 전반적으로 읽기 자료의 수가 충분한지 생각해 봅시다.
- 읽기 자료의 내용이 진행 중인 생활 주제와 관련 있는지 생각해 봅시다.
- 자료나 장르 측면에서 다양한 읽기 자료가 제시되어 있는지 생각해 봅시다.
- 관찰한 학급 영유아의 연령에 따라 읽기 자료가 다른지 살펴보고, 다르다면 그 이유를 생각해 봅시다.
- 추가되어야 할 자료가 있다면 그 이유와 함께 제시해 봅시다.
- 제시된 책 중 좋은 책의 조건을 갖춘 책이 어느 정도 되는지 생각해 봅시다.

③ 관리

관 찰 자:		관찰일시: 년 월 일 요일
관찰기관: 유치원/어린이집(0, 1, 2, 3, 4, 5세)		관찰학급: 반/ 세 학급
관찰할 사항	관찰한 내용	평가
자료가 교체되는 시기 (교사에게 질문)		
자료가 교체되는 방법 (예: 자료의 일부만 교체 vs. 한 번에 다 교체)		
자료 진열의 흥미 유발 정도 (예: 표지가 보이도록 진열)		
쉽게 찾도록 자료 진열 (예: 겹치지 않게 진열)		
효율적인 책 관리 (예: 신속한 수선)		
읽기에 대한 흥미를 가정과 연결시키는 체제		

참 고

- '평가'란에는 관찰한 내용을 근거로 관리가 잘되고 있는지를 '잘됨', '보통', '잘되지 않음'으로 평가한다.

생각해 봅시다

- 읽기 영역의 관리가 잘될 때, 책을 읽으려는 동기가 왜 촉진되는지 생각해 봅시다.
- 관찰한 학급 영유아의 연령에 따라 관리 방법(특히, 책을 진열하는 방법)이 다른지 살펴보고, 다르다면 그 이유를 생각해 봅시다.

6 쓰기 영역의 도구와 자료들을 관찰한 후 기록하시오.

관 찰 자:		관찰일시: 년 월 일 요일	
관찰기관:	유치원/어린이집(0, 1, 2, 3, 4, 5세)	관찰학급: 반/ 세 학급	
도구와 자료		없음	있음(개수)
도구	필기도구(예: 연필, 사인펜, 지우개)		
	그리기 도구(예: 크레파스, 색연필)		
	자르기 도구(예: 가위)		
	붙이기 도구(예: 풀)		
	각종 크기, 모양, 색의 종이류		
	기타		
자료	단어카드, 내 단어장 또는 단어 그림카드		
	융판 또는 자석판용 한글 자·모음 글자		
	필순카드		
	이름카드		
	글자 은행 상자		
	그림, 사진, 삽화, 잡지 등		
	학습지		
	기타		

참 고

- 언어 영역이 영아 학급 놀이 영역에 포함되기 때문에 관찰기관의 연령에 0세부터 포함했으나, 해당 사항이 없으므로 관찰하지 않는다.
- 기타: 그 밖의 도구나 자료가 관찰되면 기록한다.

생각해 봅시다

- 관찰한 학급 영유아의 연령에 따라 쓰기 도구와 자료가 다른지 살펴보고, 다르다면 그 이유를 생각해 봅시다.
- 쓰기 도구나 자료가 다양하거나 다양하지 못할 때 영유아의 쓰기 행동에 어떤 영향을 미칠지 생각해 봅시다.
- 특정 유형의 도구(예: 연필)나 자료(예: 학습지)만 있다면 영유아의 쓰기 행동에 어떤 영향을 미칠지 생각해 봅시다.
- 제시된 자료가 진행 중인 생활 주제와 관련 있는지 생각해 봅시다.
- 추가되어야 할 도구나 자료가 있다면 그 이유와 함께 제시해 봅시다.

4) 수 · 조작놀이 영역(3~5세)

1 수·조작놀이 영역의 배치도를 자세히 그리시오.

2 배치도를 참고하여 영역 내 공간이 적절한지 관찰하고 기록하시오.

관 찰 자:		관찰일시: 년 월 일 요일
관찰기관: 유치원/어린이집(3, 4, 5세)		관찰학급: 반/ 세 학급
관찰할 사항	관찰한 내용	평가 및 개선을 위한 제언
책·걸상의 구비 여부		
책·걸상이 없을 때, 깔개 및 낮은 책상의 구비 여부		
수·조작을 위한 공간일 경우 적절한 가구의 구비 여부		
교구장과 책·걸상의 인접성		
유아들의 통행이 너무 빈번하지 않는 곳에 위치		
기타		

참 고

- 각 사항에 대해 관찰한 내용을 오른쪽의 '관찰한 내용'란에 자세히 기록한다.
- 교구장과 책·걸상의 인접성: 수·조작놀이 교구가 보관된 교구장과 책·걸상이 너무 멀리 있어 유아들이 교구를 꺼내고 다시 갖다 놓는 데 불편함이 있는지 본다.
- 기타: 그 밖의 관찰할 사항이 있으면 기록한다.
- '평가 및 개선을 위한 제언'란에는 관찰한 내용을 근거로 수·조작놀이 영역 내 공간이 적절한지를 '적절' 또는 '부적절'로 평가한 후, '부적절'하다면 개선 방향을 제시해 본다.

생각해 봅시다

- 관찰한 학급 유아의 연령에 따라 수·조작놀이 영역의 배치가 다른지 살펴보고, 다르다면 그 이유를 생각해 봅시다.
- 책·걸상이나 낮은 책상도 없이 깔개만 있을 경우, 유아의 자세에 어떤 영향을 미칠지 생각해 봅시다.

3 수·조작놀이 영역에 비치된 교구와 교재를 관찰하고 기록하시오.

관 찰 자: 관찰기관: 유치원/어린이집(3, 4, 5세)			관찰일시: 년 월 일 요일 관찰학급: 반/ 세 학급
자료의 유무(개수) 교구/교재의 유형	없다	있다 (개수)	비고
퍼즐			
수 개념 관련 교구/교재			
과학 개념 관련 교구/교재			
언어 개념 관련 교구/교재			
사회/정서 개념 관련 교구/교재			
소근육 관련 교구/교재			
감각·탐색 관련 교구/교재			
기타			

참 고

- 수·조작 영역에 비치된 각종 교구/교재가 반영하는 개념을 중심으로 개수를 기록한다.
- 기타: 그 밖의 종류의 교구/교재 유형이 있으면 기록한다.
- '비고'란에는 관찰된 교구/교재를 자세히 기록한다.

생각해 봅시다

- 관찰한 학급 유아의 연령에 따라 수·조작놀이 영역에 비치된 교구/교재의 자료가 다른지 살펴보고, 다르다면 그 이유를 생각해 봅시다.
- 제시된 교구/교재가 진행 중인 생활 주제와 관련 있는지 생각해 봅시다.
- 수·조작놀이 영역에 참여하는 유아의 성별에 차이가 있는지 생각해 봅시다.
- 유아가 특별히 선호하는 교구/교재의 종류가 무엇인지와 그 이유를 생각해 봅시다.
- 추가되어야 할 교구/교재가 있다면 그 이유와 함께 제시해 봅시다.

4 수·조작놀이 영역에 제시된 교구와 교재의 재질을 관찰하고 기록하시오.

관 찰 자:		관찰일시: 년 월 일 요일	
관찰기관: 유치원/어린이집(3, 4, 5세)		관찰학급: 반/ 세 학급	
자료의 유무(개수) / 재료의 유형	없다	있다 (개수)	평가
종이			
나무			
플라스틱			
천			
비닐			
기타			

참 고

- 기타: 그 밖의 재료 유형이 관찰되면 기록한다.
- '평가'란에는 각 재료의 비율이 어떤지, 다양한 종류의 재료로 만들어진 교구와 교재가 있는지를 기록한다.

생각해 봅시다

- 관찰한 학급 유아의 연령에 따라 수·조작놀이 영역에 비치된 교구와 교재의 재질이 다른지 살펴보고, 다르다면 그 이유를 생각해 봅시다.
- 추가되어야 할 교구와 교재의 재질이 있다면 그 이유와 함께 제시해 봅시다.
- 다양한 재질의 교구와 교재가 제시되는 것이 필요한지 생각해 봅시다. 만약 필요하다고 생각한다면 그 이유를 제시해 봅시다.

5) 과학 영역(3~5세)

1 과학 영역의 배치도를 자세히 그리시오.

2 배치도를 참고하여 영역 내 공간이 적절한지 관찰하고 기록하시오.

관 찰 자:		관찰일시: 년 월 일 요일
관찰기관:	유치원/어린이집(3, 4, 5세)	관찰학급: 반/ 세 학급

관찰할 사항	관찰한 내용
영역의 통합 또는 분산	
기타	

참 고

- 각 사항에 대해 관찰한 내용을 오른쪽의 '관찰한 내용'란에 자세히 기록한다.
- 영역의 통합 또는 분산: 과학 영역이 하나의 영역으로 구성되어 있는지, 아니면 자료의 성격에 따라 활동실 내의 여러 장소에 분산되어 있는지 살펴본다.
- 기타: 그 밖의 관찰한 사항이 있으면 기록한다.

생각해 봅시다

- 관찰한 학급 유아의 연령에 따라 과학 영역이 통합 또는 분산되어 있는지 살펴보고, 다르다면 그 이유를 생각해 봅시다.
- 과학 영역이 어떻게 배치(예: 통합 vs. 분산)되었을 때 유아가 과학 영역에 더 많이 참여하는지 생각해 봅시다.

3 과학 영역에 제시된 활동을 관찰하고 기록하시오.

관 찰 자:		관찰일시:	년	월	일	요일
관찰기관:	유치원/어린이집(3, 4, 5세)	관찰학급:	반/	세 학급		

학습 내용, 기술, 사용 기관 \ 활동명		활동 1	활동 2	활동 3
학습되는 과학적 내용	지구과학			
	생명과학			
	물리과학			
사용된 과학적 기술	관찰			
	분류			
	측정			
	가설 설정			
	실험			
	해석			
	기록			
	기타			
사용된 감각기관	시각			
	후각			
	미각			
	촉각			
	청각			

참 고

- 활동 1~3: 과학 영역에 제시된 활동 중 3개를 선택하여 활동명을 기록한다.
- 학습 내용, 기술, 사용 기관: 각 활동을 하면서 배울 수 있다고 생각되는 학습 내용과 기술, 사용된다고 생각되는 감각기관에 표시(✔)한다.

생각해 봅시다

- 관찰한 학급 유아의 연령에 따라 제시된 활동의 수준이 다른지 살펴보고, 다르다면 그 이유를 생각해 봅시다.
- 관찰한 학급 유아의 연령에 따라 학습할 수 있는 내용, 사용하는 과학적 기술, 사용할 수 있는 감각기관이 다른지 살펴보고, 다르다면 그 이유를 생각해 봅시다.
- 유아에게 적절하지 않은 활동이 제시되었다면 그렇게 생각하는 이유를 근거와 함께 제시해 봅시다.

4 과학 영역에 비치된 자료 및 도구의 유형을 관찰하고 기록하시오.

<table>
<tr><td colspan="2">관 찰 자:</td><td colspan="4">관찰일시: 년 월 일 요일</td></tr>
<tr><td colspan="2">관찰기관: 유치원/어린이집(3, 4, 5세)</td><td colspan="4">관찰학급: 반/ 세 학급</td></tr>
<tr><td colspan="2" rowspan="2">자료 및 도구 유형</td><td colspan="2">자료의 유무</td><td rowspan="2">호기심과 탐색 욕구의 자극 정도</td><td rowspan="2">기능성</td></tr>
<tr><td>없다</td><td>있다 (개수)</td></tr>
<tr><td rowspan="7">자료</td><td>동물류</td><td></td><td></td><td></td><td></td></tr>
<tr><td>식물류</td><td></td><td></td><td></td><td></td></tr>
<tr><td>곤충류</td><td></td><td></td><td></td><td></td></tr>
<tr><td>어류/어패류</td><td></td><td></td><td></td><td></td></tr>
<tr><td>기계류</td><td></td><td></td><td></td><td></td></tr>
<tr><td>도서 및 그림류</td><td></td><td></td><td></td><td></td></tr>
<tr><td>기타</td><td></td><td></td><td></td><td></td></tr>
<tr><td rowspan="5">도구</td><td>측정할 수 있는 도구(예: 자, 저울)</td><td></td><td></td><td></td><td></td></tr>
<tr><td>관찰할 수 있는 도구(예: 현미경, 돋보기)</td><td></td><td></td><td></td><td></td></tr>
<tr><td>분해 또는 합체할 수 있는 도구(예: 나사, 못, 망치, 드라이버)</td><td></td><td></td><td></td><td></td></tr>
<tr><td>자석류</td><td></td><td></td><td></td><td></td></tr>
<tr><td>기타</td><td></td><td></td><td></td><td></td></tr>
</table>

참 고

- 과학 영역에 비치된 자료 및 도구의 유무와 개수를 기록한다.
- 호기심과 탐색 욕구의 자극 정도: 자료 및 도구가 유아들의 호기심과 탐색 욕구를 자극할 정도로 매력적인지 살펴보고 '1'(낮음), '2'(보통), '3'(높음)으로 평가해 본다.
- 기능성: 제시된 자료와 도구가 너무 낡거나 고장 난 것이 있는지의 여부와 측정 도구일 경우 성능이 좋고 정확한지 살펴보고 '1'(낮음), '2'(보통), '3'(높음)으로 평가해 본다.
- 기타: 그 밖의 종류의 자료나 도구 유형이 있으면 기록한다.

생각해 봅시다

- 관찰한 학급 유아의 연령에 따라 제시된 자료와 도구가 다른지 살펴보고, 다르다면 그 이유를 생각해 봅시다.
- 유아에게 적절하지 않은 자료와 도구가 제시되었다면 그렇게 생각하는 이유를 근거와 함께 제시해 봅시다.
- 제시된 자료 및 도구가 진행 중인 생활 주제와 관련 있는지 생각해 봅시다.
- 추가되어야 할 자료와 도구가 있다면 그 근거와 함께 제시해 봅시다.

5 과학 영역에서 관찰의 결과를 기록하는 활동이 있을 경우, 기록되는 방식을 관찰하고 기록하시오.

관 찰 자:			관찰일시: 년 월 일 요일		
관찰기관: 유치원/어린이집(3, 4, 5세)			관찰학급: 반/ 세 학급		
활동명 / 기록 체제			활동 1	활동 2	활동 3
기록 체제 없음					
기록 체제 있음	기록 방식	개인별 기록			
		집단으로 기록			
		기타			
	기록 체제	그림			
		글			
		글+그림			
		기타			

참 고

- 활동 1~3: 활동명을 기록한다.
- 기타: 그 밖의 기록 방식이나 기록 체제 유형이 관찰되면 기록한다.

생각해 봅시다

- 관찰한 학급 유아의 연령에 따라 기록 방식이나 체제가 다른지 살펴보고, 다르다면 그 이유를 생각해 봅시다.
- 사용되는 기록 방식과 체제가 활동의 특성에 적합한지 생각해 보고, 적합하지 않다면 그렇게 생각하는 이유를 근거와 함께 제시해 봅시다.

6) 미술 영역(2~5세)

1 미술 영역의 배치도를 자세히 그리시오.

2 배치도를 참고하여 영역 내 공간이 적절한지 관찰하고 기록하시오.

관 찰 자:		관찰일시: 년 월 일 요일
관찰기관: 유치원/어린이집(2, 3, 4, 5세)		관찰학급: 반/ 세 학급
기본 설비	**관찰한 내용**	**개수**
책·걸상의 모양과 수	원형 또는 타원형(책상 또는 바닥용)	
	사각형(책상 또는 바닥용)	
	반원(책상 또는 바닥용)	
	바닥 깔개	
	기타	
자료 정리장으로 사용되는 모든 설비의 모양과 수		
작품 건조대로 사용되는 모든 설비의 모양과 수		
청소 도구의 종류와 수	빗자루와 쓰레받기	
	걸레 또는 스펀지	
	쓰레기통	
	기타	

참고

- 자료 정리장과 작품 건조대로 사용되는 모든 설비의 모양과 수: 제시된 공란에 그리거나 사진을 찍어 붙인다.

생각해 봅시다

- 관찰한 학급 영유아의 연령에 따라 기본 설비가 다른지 살펴보고, 다르다면 그 이유를 생각해 봅시다.
- 영유아에게 적절하지 않은 기본 설비가 있다면 그렇게 생각하는 이유를 근거와 함께 제시해 봅시다.

3 미술 영역에 있는 모든 자료 및 도구를 관찰한 후 종류별로 묶어 기록하시오.

관 찰 자:		관찰일시:	년 월 일 요일
관찰기관:	유치원/어린이집(2, 3, 4, 5세)	관찰학급:	반/ 세 학급

자료 및 도구	종류		수	평가
종이류	도화지			
	색상지			
	색종이			
	한지			
	기타			
그리기 도구류	크레파스			
	연필			
	사인펜 또는 매직			
	색연필			
	기타			
도구류	자르는 도구(예: 가위, 칼 등)			
	붙이는 도구(예: 풀, 테이프, 본드, 스테이플러 등)			
	뚫는 도구(예: 송곳, 펀치 등)			
	측정하는 도구(예: 자, 줄자 등)			
	기타			
용기 및 장식품류	점토, 칼라믹스 등			
	종이 상자류			
	플라스틱 용기류			
	스티로폼 용기류			
	각종 반짝이, 색 공, 실, 단추 등의 꾸미는 자료			
	기타			
기타				

참고

- 제시된 것 이외의 자료 및 도구가 관찰되면 '기타'란에 기록하거나 칸을 더 만들어 기록한다.
- 기록한 후 도구와 자료의 종류가 다양하고 수가 충분한지를 '1'(불충분), '2'(보통), '3'(충분)으로 평가해 본다.

생각해 봅시다

- 관찰한 학급 영유아의 연령에 따라 자료 및 도구가 다른지 살펴보고, 다르다면 그 이유를 생각해 봅시다.
- 영유아의 연령을 고려할 때, 적절하지 않은 자료 및 도구가 있다면 그렇게 생각하는 이유를 근거와 함께 제시해 봅시다.
- 제시된 자료 및 도구가 진행 중인 생활 주제와 관련 있는지 생각해 봅시다.
- 자료 및 도구가 영유아들이 사용하기 편리하게 정리되거나 제시되었는지 생각해 봅시다.
- 자료 및 도구가 지나치게 많거나 적을 때 영유아의 미술에 어떤 영향을 줄지 생각해 봅시다.
- 교사가 보관하고 있다가 영유아들의 요청에 의해서만 제공되는 자료나 도구가 있다면 그것이 무엇이며, 그렇게 하는 이유가 무엇인지, 꼭 그렇게 해야 하는지 생각해 봅시다.

4 미술 영역의 자료 및 도구 중 영유아들이 사용할 때 위험 요소가 있는 것을 적고, 안전을 고려하여 보관되어 있는지 관찰하고 기록하시오.

관 찰 자:		관찰일시: 년 월 일 요일	
관찰기관: 유치원/어린이집(2, 3, 4, 5세)		관찰학급: 반/ 세 학급	
위험한 도구 및 자료	보관 방법	안전성	
		안전함	위험함
가위			
칼			
송곳			
본드			
기타			

참 고

- 제시된 것 이외에 위험하다고 생각되는 도구 및 자료가 있으면 '기타'란에 기록한다.

생각해 봅시다

- 관찰한 학급 영유아의 연령에 따라 위험한 자료와 도구로 분류되는 기준이 다른지, 보관 방법이 다른지, 안전성 판단 기준이 다른지 살펴보고, 다르다면 그 이유를 생각해 봅시다.
- 위험할 수 있는 자료를 보관하거나 다루는 측면에서 영유아를 과잉보호하거나 지나치게 무관심하게 내버려 두지 않는지 생각해 봅시다.
- 영유아들에게 위험의 소지가 있는 자료를 안전하게 사용할 수 있게 돕는 규칙이나 장치가 있는지 생각해 봅시다.

5 놀이 중간 혹은 정리·정돈 시간에 영유아들이 완성하거나 완성하지 못한 작품을 처리하는 방법을 관찰하고 기록하시오.

관 찰 자:		관찰일시: 년 월 일 요일
관찰기관: 유치원/어린이집(2, 3, 4, 5세)		관찰학급: 반/ 세 학급

처리 방식	완성된 작품	미완성된 작품
버린다.		
교사에게 또는 지정된 장소에 제출한다.		
전시하는 곳에 스스로 전시한다.		
다음 날 계속 만들 수 있도록 보관하는 장소에 보관한다.		
개인장에 보관한다.		
집으로 가지고 간다.		
기타		

생각해 봅시다

- 관찰한 학급 영유아의 연령에 따라 처리하는 방식이 다른지 살펴보고, 다르다면 그 이유를 생각해 봅시다.
- 완성된 작품과 미완성된 작품의 처리 방법이 다른지 또는 같은지 살펴보고 그 이유를 생각해 봅시다.
- 완성된 작품과 미완성된 작품을 처리하는 방법이 합리적인지 생각해 봅시다.

7) 음률 영역(2~5세)

1 음률 영역의 배치도를 자세히 그리시오.

2 배치도를 참고하여 영역 내 공간이 적절한지 관찰하고 기록하시오.

관 찰 자:		관찰일시: 년 월 일 요일
관찰기관:	유치원/어린이집(2, 3, 4, 5세)	관찰학급: 반/ 세 학급

관찰할 사항	관찰한 내용
소음에 대한 고려	
음악 영역과 율동 영역의 분리 여부	

참 고

- 소음에 대한 고려: 소음을 줄이기 위해 다른 영역과의 거리 확보, 인접한 영역의 특성을 고려한 배치, 깔개나 가림판의 확보 등이 되어 있는지 본다.
- 음악 영역과 율동 영역의 분리 여부: 음악 활동을 위한 공간만 있는지, 아니면 신체 표현 활동을 위한 공간도 확보되어 있는지 살펴본다.

생각해 봅시다

- 관찰한 학급 영유아의 연령에 따라 음률 영역의 공간 배치 방식이 다른지 살펴보고, 다르다면 그 이유를 생각해 봅시다.
- 소음에 대한 고려가 꼭 필요한지 생각해 보고, 소음에 대해 고려되지 않았을 때 영유아의 놀이에 어떤 영향을 미칠지 생각해 봅시다.
- 음악 영역과 율동 영역이 통합되거나 통합되지 않았을 때 영유아의 놀이에 각각 어떤 영향을 미칠지 생각해 봅시다.

3 음률 영역에 있는 악기, 자료 및 소품의 모양을 그리고 명칭을 기술한 후 관찰하고 기록하시오.

관 찰 자:			관찰일시:	년 월 일 요일
관찰기관:		유치원/어린이집(2, 3, 4, 5세)	관찰학급:	반/ 세 학급

악기, 자료 및 소품 \ 유무 및 제작자		유무		평가	제작자			평가
		유(개수)	무		교사	유아	상품화된 것	
악기	리듬 악기							
	멜로디 악기							
	반주 악기							
	기타							
자료 및 소품	오디오, 카세트, 테이프, CD							
	그림, 액자, 사진							
	스카프, 리본 등의 소품							
	악보(예: 유아를 위한 음계를 색으로 표시한 악보)							
	기타							

참 고

- 유무의 평가: 악기와 자료 및 소품이 다양하게 준비되어 있는지를 '1'(제한), '2'(보통), '3'(다양)으로 평가해 본다.
- 제작자의 평가: 교사, 유아, 상품화된 악기나 자료 및 소품이 다양하게 준비되어 있는지를 '1'(제한), '2'(보통), '3'(다양)으로 평가해 본다.
- 기타: 그 밖의 악기, 자료 및 소품이 관찰되면 기록한다.

생각해 봅시다

- 관찰한 학급 영유아의 연령에 따라 악기와 자료 및 소품의 종류, 수, 제작 방식이 다른지 살펴보고, 다르다면 그 이유를 생각해 봅시다.
- 제시된 악기와 자료 및 소품이 진행 중인 생활 주제와 관련 있는지 생각해 봅시다.

8) 컴퓨터 영역[1](3~5세)

1 컴퓨터 영역의 배치도를 자세히 그리시오.

1) 컴퓨터 영역은 현재 누리과정 교사용 지도서의 주간교육계획안이나 활동에 포함되지 않으나 교육현장에 컴퓨터 영역이 있는 상황을 반영하고, 시대적 중요성을 고려하여 제3판에 그대로 둠

2 배치도를 참고하여 영역 내 공간이 적절한지 관찰하고 기록하시오.

관 찰 자:		관찰일시:	년 월 일 요일
관찰기관:	유치원/어린이집(3, 4, 5세)	관찰학급:	반/ 세 학급

관찰할 사항	관찰한 내용	평가
배치 장소		
컴퓨터 책상		
모니터 및 키보드		
프린터		
자료 보관 공간		
기타(예: 태블릿 PC 등)		

참 고

- 배치 장소: 컴퓨터가 학급 내 자유선택활동 영역의 일부로 설치되어 있는지 아니면 원내의 특별한 장소에 따로 배치되어 있는가를 관찰한다.
- 컴퓨터 책상: 컴퓨터 전용 책상의 사용 여부를 관찰한다.
- 모니터 및 키보드: 모니터 및 키보드의 높이와 크기가 유아의 신체 크기를 고려할 때 적절한지 본다.
- 프린터: 유아들이 활용하기 편리한 위치에 배치하였는지 살펴본다.
- 자료 보관 공간: 유아에게 개방되지 않는 자료를 보관할 별도의 공간이 있는지 살펴본다.
- 기타: 그 밖의 관찰할 사항이 있으면 기록한다.
- '평가'란에는 관찰한 내용을 근거로 컴퓨터 영역 내 공간이 적절한지 '적절', '보통' 또는 '부적절'로 평가해 본다.

생각해 봅시다

- 관찰한 학급 유아의 연령에 따라 컴퓨터 영역의 유무나 공간 배치 방법이 다른지 살펴보고, 다르다면 그 이유를 생각해 봅시다.
- 영아 학급에서도 컴퓨터 영역을 관찰할 수 있었다면, 영아 학급에 컴퓨터 영역의 설치가 바람직한지 생각해 봅시다.
- 컴퓨터 영역 내 공간의 적절성에 대해 평가한 후, 그렇게 판단한 이유를 제시해 봅시다.

3 유아들 간의 상호작용 촉진을 위한 제반 여건이 마련되어 있는가를 관찰하고 기록하시오.

관 찰 자:		관찰일시: 년 월 일 요일
관찰기관: 유치원/어린이집(3, 4, 5세)		관찰학급: 반/ 세 학급
관찰할 사항	관찰한 내용	평가
컴퓨터의 수		
컴퓨터가 놓인 각도		
여분의 의자와 공간		
프린터의 공유 여부		
확장 가능 기기 여부 (예: 태블릿 PC, 빔프로젝터, 스피커 등)		
기타		

참 고

- 컴퓨터의 수: 한 대 이상인지 본다.
- 컴퓨터가 놓인 각도: 컴퓨터가 두 대 이상 있을 경우, 30° 정도로 마주 보게 놓여 있는지 본다.
- 여분의 의자와 공간: 구경하는 유아를 수용할 수 있는 여분의 의자나 공간이 있는지 본다.
- 프린터의 공유 여부: 프린터를 공유하게 되어 있는지 본다.
- 확장 가능 기기 여부: 빔프로젝터, 스피커 등의 기기가 본체에 연결되어 있는지 본다.
- '평가'란에는 관찰한 내용을 근거로 상호작용 촉진을 위한 여건이 마련되어 있는지를 '1점'(전혀 그렇지 않다)에서 '5점'(매우 그렇다)으로 평가해 본다.

생각해 봅시다

- 관찰한 학급 유아의 연령에 따라 상호작용 촉진을 위한 영역 구성 방식이 다른지 살펴보고, 다르다면 그 이유를 생각해 봅시다.
- 유아 간 상호작용을 촉진하는 방식으로 영역을 구성하는 것이 오히려 유아가 다른 영역에서 놀이할 기회를 제한하는 역효과를 내는 것은 아닌지 생각해 봅시다.

4 원활한 운영을 돕는 환경이 마련되어 있는지 관찰하고 기록하시오.

관 찰 자: 관찰기관: 유치원/어린이집(3, 4, 5세)	관찰일시: 년 월 일 요일 관찰학급: 반/ 세 학급	
원활한 운영을 위한 환경	유	무
시계		
순서표		
컴퓨터 사용법을 안내하는 책자		
필기도구 및 가위		
여분의 프린터 출력 용지		
기타		

참 고

- 시계: 유아가 시간을 측정할 수 있는 시계가 있는지 본다.
- 순서표: 유아가 순서를 정하고 표시할 수 있는 순서표가 있는지 본다.
- 컴퓨터 사용법을 안내하는 책자: 유아들이 컴퓨터를 사용해 보고 발견한 사용 방법, 교사가 글 또는 그림을 사용해 알려 준 사용 방법 등을 기록한 책자가 있는지 본다.
- 필기도구 및 가위: 인쇄를 했을 경우 미술 영역으로 가지러 가지 않고 즉시 사용할 수 있는 가위, 풀, 연필, 색연필, 사인펜, 지우개 등이 비치되어 있는지 본다.
- 여분의 프린터 출력 용지: 필요한 경우 언제든 출력할 수 있도록 여분의 프린터 용지가 비치되어 있는지 본다.
- 기타: 그 밖에 컴퓨터 영역의 원활한 운영을 위한 환경이 관찰되면 기록한다.

생각해 봅시다

- 관찰한 학급 유아의 연령에 따라 원활한 운영을 위한 환경 구성 방식이 다른지 살펴보고, 다르다면 그 이유를 생각해 봅시다.

5 확장 활동을 촉진하는 환경인지 관찰하고 기록하시오.

관 찰 자:		관찰일시: 년 월 일 요일
관찰기관: 유치원/어린이집(3, 4, 5세)		관찰학급: 반/ 세 학급
확장 활동을 촉진하는 환경	유	무
프린터		
책		
도구		
기타		

참고

- 프린터: 다른 곳(예: 교사실)으로 가거나 허락받지 않고 바로 인쇄할 수 있는지 본다.
- 책: 현재 제공되고 있는 소프트웨어와 관련 있는 자료(예: 책이나 잡지)가 비치되어 있는지 본다.
- 도구: 색종이, 이면지, 가위, 풀, 테이프, 각종 필기도구 등이 마련되어 있는지 본다.
- 기타: 그 밖에 컴퓨터 영역의 확장 활동을 촉진하는 환경이 관찰되면 기록한다.

생각해 봅시다

- 관찰한 학급 유아의 연령에 따라 확장 활동을 촉진하기 위해 비치된 자료의 수, 내용, 수준이 다른지 살펴보고, 다르다면 그 이유를 생각해 봅시다.
- 확장 활동을 촉진하는 환경의 유무에 따라 유아의 행동이 어떻게 달라질지 생각해 봅시다.
- 확장 활동을 촉진하기 위한 다른 방안이 있을 경우 그 이유와 함께 제시해 봅시다.

6 컴퓨터 영역에 제공된 설비(하드웨어)를 관찰하고 기록하시오.

관 찰 자:		관찰일시:	년 월 일 요일
관찰기관:	유치원/어린이집(3, 4, 5세)	관찰학급:	반/ 세 학급

설비 종류	관찰한 내용
설비의 종류 (예: 본체 일체형 컴퓨터, 본체 분리형 컴퓨터, 태블릿 PC, 아이패드)	
보안경의 유무	
유아용 키보드나 마우스의 유무	
보조 입력 매체 (예: 조이스틱, 펜마우스, 터치스크린, 터치패드의 유무)	
흑백 또는 컬러 프린터	
음향 시스템 (예: 스피커, 이어폰 등)	

생각해 봅시다

- 관찰한 학급 유아의 연령에 따라 설비의 종류나 수준이 다른지 살펴보고, 다르다면 그 이유를 생각해 봅시다.
- 유아의 컴퓨터 활동 시 사용하는 소프트웨어의 수준을 고려할 때, 어느 정도 수준의 설비가 적절한지 생각해 봅시다.

7 컴퓨터 영역에 제공된 소프트웨어 또는 유아들에게 접속이 허용되는 프로그램과 사이트(또는 앱)들을 관찰하고 다음의 사항에 대하여 기록하시오.

관 찰 자:		관찰일시:	년 월 일 요일
관찰기관:	유치원/어린이집(3, 4, 5세)	관찰학급:	반/ 세 학급

소프트웨어/접속이 허용되는 프로그램과 사이트(또는 앱)	대상 연령	주요 개념	진행 중인 생활 주제와의 관련성	번역 여부
1.				
2.				
3.				
4.				
5.				

참 고

- 주요 개념: CD케이스, 사이트나 앱 설명에 제시되어 있기는 하나, 관찰을 통해서도 알 수 있다.
- 진행 중인 생활 주제와의 관련성: 제목뿐만 아니라 하위 메뉴도 살펴보고 판단한다.
- 번역 여부: 외국에서 개발된 소프트웨어의 경우 번역 여부를 알아본다.
- 소프트웨어 또는 유아가 접속 가능한 프로그램이나 인터넷 사이트가 5개 이상이면 칸을 더 만들어 기록한다.

생각해 봅시다

- 관찰한 소프트웨어의 질에 대해 평가해 봅시다.
- 제시된 소프트웨어가 유아의 수준에 적절한지 생각해 봅시다.
- 접속이 허용되는 프로그램이나 인터넷 사이트의 내용이 유아의 수준에 적절한지 생각해 봅시다.
- 인터넷 접속 시에 유아의 사이버 안전을 위한 조치(유해사이트 차단 프로그램 등)가 취해져 있는지 살펴봅시다.

2 교 사

다음은 영유아를 지도하는 교사를 관찰 대상으로 하여 관찰할 수 있는 내용이다. 다른 장과 마찬가지로 유아교육 전공서에 제시된 일반적인 이론 또는 원칙을 문장으로 제시하지 않고 관찰할 내용에 구체적으로 반영하여 제시하였다. 〈참고〉에는 관찰할 내용에 대한 자세한 설명이나 관찰에 필요한 도움말을 제시하였고, 〈생각해 봅시다〉에는 과제할 때 생각해 볼 수 있는 사항을 제시하였다.

제시된 관찰 기록 양식을 그대로 사용해도 되지만 관찰 목적에 따라 변형하거나 수업 시간에 학습한 내용을 토대로 관찰할 내용을 추가할 수 있다. 또한 〈생각해 봅시다〉는 사용자의 특성에 따라 수준 또는 난이도를 조정할 수 있다.

아래에 제시된 〈공통: 생각해 봅시다〉는 각 관찰 항목의 특성을 반영하여 제시된 〈생각해 봅시다〉 이외에 모든 관찰 항목에 적용하여 생각하거나 논의해 볼 수 있는 내용을 담고 있다.

공통: 생각해 봅시다

- 교사의 경력에 따라 관찰한 내용이 달라지는지 생각해 봅시다.
- 교사의 학력에 따라 관찰한 내용이 달라지는지 생각해 봅시다.
- 유아의 연령에 따라 관찰한 내용이 달라지는지 생각해 봅시다.
- 남아와 여아에 따라 관찰한 내용이 달라지는지 생각해 봅시다.
- 같은 교사가 같은 종류의 대/소집단 활동(예: 노래 지도)을 지도하는 것을 2회 이상 보았다면 수업 방식에 변화가 있는지 살펴봅시다.
  - 변화가 있다면 어떻게 달라졌는지 생각해 봅시다.
  - 변화가 있거나 없는 것이 어떤 의미로 해석될 수 있을지(예: 활동의 내용에 따라 수업 방식이 변하는 교사, 일관성 있는 교사, 변화 없는 단조로운 수업을 하는 교사 등) 생각해 봅시다.
- 같은 교사의 수업을 2명 이상이 관찰했다면 관찰자 간의 의견이 같은지 드는 다른지 살펴봅시다.
  - 의견이 같거나 다른 것이 어떤 의미로 해석될 수 있을지 생각해 봅시다(예: 동일한 시각으로 관찰, 관찰 항목에 대한 해석 차이 등).
- 다른 교사가 같은 종류의 대/소집단 활동(예: 노래 지도)을 지도하는 것을 관찰할 기회가 있었다면 교사 간의 공통점과 차이점은 무엇인지 생각해 봅시다.
  - 공통점 또는 차이점이 교사의 경력 때문인지 생각해 봅시다.
  - 공통점 또는 차이점이 교사의 학력 때문인지 생각해 봅시다.

▣ 다음에 제시된 관찰 내용은 교사의 일반적인 학급 운영과 관련된 것이다. 다음의 사항에 대하여 관찰하고 기록하시오.

1 하루 일과 계획표를 관찰하고 기록하시오.

관 찰 자:		관찰일시:	년 월 일 요일
관찰기관:	유치원/어린이집	관찰학급:	반/ 세 학급

시간	하루 일과
~	등원
~	
~	
~	
~	
~	
~	
~	
~	
~	하원

기 타

- 시간: 각 하루 일과에 할당된 시간을 기록한다.
- 하루 일과: 하루 일과를 기록하고 특정 일과가 대/소집단으로 나뉘어 진행되는 것이라면 괄호 속에 기록한다(예: 간식〈자유간식〉, 노래지도〈대집단〉, 게임〈2집단 소집단〉).

생각해 봅시다

- 영유아의 연령에 맞게 자유선택활동(놀이)과 대/소집단 활동이 적절히 안배되었는지 생각해 봅시다.
- 조용한 활동과 활발한 활동이 적절히 안배되었는지 생각해 봅시다.
- 쉴 수 있는 시간이 충분히 제공되었는지 생각해 봅시다.
- 실내 활동과 실외 활동이 적절히 안배되었는지 생각해 봅시다.

2 학급 전체와 자유선택활동(놀이) 영역에 게시된 규칙을 관찰하고 기록하시오.

관 찰 자:		관찰일시:	년	월	일	요일
관찰기관:	유치원/어린이집	관찰학급:	반/	세	학급	

규칙 유무 / 연령/영역		있음		없음
		개수	내용	
3~5세	쌓기놀이			
	역할놀이			
	언어			
	수·조작놀이			
	과학			
	미술			
	음률			
	컴퓨터			
0세	신체			
	언어			
	감각·탐색			
1세	신체			
	언어			
	감각·탐색			
	역할·쌓기			
2세	신체			
	언어			
	감각·탐색			
	역할·쌓기			
	미술			
	음률			
화장실 사용 관련				
각종 당번 관련				
영유아 간 갈등 관련				
고자질 관련				
기타				

기 타

- 있음: 학급 전체와 자유선택활동(놀이) 영역에 게시된 학급 규칙을 관찰하고, 규칙이 있을 경우 개수와 그 내용을 기록한다.
- 없음: 학급 전체와 자유선택활동(놀이) 영역에 게시된 학급 규칙이 없을 경우 표시(✔)한다.
- 기타: 그 밖의 학급 규칙이 있을 경우 기록한다.

생각해 봅시다

- 학급 전체와 자유선택활동(놀이) 영역의 규칙이 지나치게 많은지 또는 적은지 생각해 봅시다. 지나치게 많거나 적을 경우 영유아의 자율성과 책임감 발달에 어떤 영향을 줄지 생각해 봅시다. '적절한 수'의 규칙에 대한 개인적 기준을 제시해 봅시다.
- 전반적으로 학급 규칙이 잘 지켜지고 있는지 생각해 봅시다.
- 학급 규칙이 잘 지켜지지 않을 때 교사나 영유아가 서로에게 상기시키는지 보고, 자주 상기시키는 것이 좋은지 생각해 봅시다.
- 학급 규칙이 잘 안 지켜질 때 교사나 영유아가 서로에게 상기시키는지 보고, 상기시켜 주지 않는다면 학급 규칙이 어떤 의미를 가질지 생각해 봅시다.
- 학급 전체와 자유선택활동(놀이) 영역별로 제시된 학급 규칙에 공통점 또는 영역별 차이점이 있는지 생각해 봅시다. 즉, 학급 전체로 볼 때 교사와 영유아에게 강조하는 규칙이 무엇인지 생각해 봅시다.
- 영아의 특성을 고려할 때 영아들에게 어떤 규칙을 어느 정도 지키라고 요구하는 것이 바람직한지 생각해 봅시다.

3 학급 전체에 반영되어 있는 의사결정 기회를 관찰하고 기록하시오.

관 찰 자:		관찰일시: 년 월 일 요일
관찰기관:	유치원/어린이집	관찰학급: 반/ 세 학급

의사결정 기회	있음(자세히 기록)
간식 당번 결정판	
물주기 당번 결정판	
출석 확인 당번 결정판	
어떤 활동을 먼저 할 것인지 선택하는 결정판 (예: 교사가 계획한 활동 두세 가지 중 선택할 기회)	
앉을 자리 결정판 (예: 급간식이나 대집단 활동 시)	
교사 돕기 결정판 (예: 그날 교사를 돕는 당번)	
기타	
기타	
기타	
기타	

참 고

- 있음: 영유아가 의사결정할 수 있는 기회가 어느 정도 있는지 관찰하고 그 내용을 자세히 기록한다.
- 기타: 그 밖의 의사결정 기회가 있을 경우 기록한다.

생각해 봅시다

- 의사결정을 할 기회를 제공하는 것이 영유아 발달의 어떤 측면에 도움이 될 것인지 생각해 봅시다.
- 당번을 할 것인지를 결정하는 것 이외에 영유아의 자율성과 의사결정 능력을 향상시키려면 어떤 환경과 기회가 제공되어야 하는지 생각해 봅시다.

4 하루 일과 동안 영유아들이 정해진 자리에 앉아야 하는지의 여부를 관찰하고 기록하시오.

관 찰 자: 관찰기관: 유치원/어린이집	관찰일시: 년 월 일 요일 관찰학급: 반/ 세 학급
지정된 자리	있음(자세히 기록)
책상에 앉을 때 지정된 자리에 앉아야 함	
걸상에 자기 표시가 되어 있어 자기의 의자를 가져가서 앉아야 함	
이동할 때 지정된 자리에 서야 함	
간식이나 급식 먹을 때 정해진 책상 또는 자리에 앉아야 함	
게임할 때 정해진 편이나 영유아들과 함께 앉아야 함	
집단 활동 시 정해진 자리에 앉아야 함	
휴식이나 낮잠 잘 때 정해진 자리에서 자야 함	
기타	
기타	
기타	
기타	
기타	

참고

- 있음: 영유아들이 지정된 자리에 앉아야 하는지 관찰하고 그 내용을 자세히 기록한다.
- 기타: 그 밖의 경우에 지정된 자리에 앉아야 하면 기록한다.

생각해 봅시다

- 영유아들이 앉을 책상이나 의자에 사진이나 이름을 붙여 놓고 항상 같은 자리에 앉게 하는 것이 교사의 학급 운영 편리성과 영유아의 자율성 침해의 측면에서 볼 때 어떤 의미를 가지는지 생각해 봅시다.

▣ 다음에 제시된 관찰 내용은 모든 자유선택활동(놀이) 영역에서 공통적으로 관찰할 수 있는 것이다. 교사 행동을 관찰하고 기록하시오.

1 일정 시간(예: 10분) 동안 교사가 어떤 자유선택활동(놀이) 영역에 들어가는지 관찰하고 기록하시오.

관 찰 자:		관찰일시:	년 월 일 요일
관찰기관:	유치원/어린이집	관찰학급:	반/ 세 학급

연령/영역 (개입 여부 및 횟수)		개입하지 않음	개입: 개입 횟수를 기록할 것
3~5세	쌓기놀이		
	역할놀이		
	언어		
	수·조작놀이		
	과학		
	미술		
	음률		
	컴퓨터		
0세	신체		
	언어		
	감각·탐색		
1세	신체		
	언어		
	감각·탐색		
	역할·쌓기		
2세	신체		
	언어		
	감각·탐색		
	역할·쌓기		
	미술		
	음률		

참 고

• 한 영역에서 영유아와 상호작용을 하다 다른 영역으로 옮겨갈 때까지를 1회 개입으로 처리한다.
• 개입 횟수는 正으로 표시한다.

생각해 봅시다

• 관찰한 학급 영유아의 연령에 따라 교사가 개입하는 경향이 다른지 살펴보고, 다르다면 그 이유를 생각해 봅시다.

2 일정 시간(예: 10분) 동안 교사를 관찰하고 각 자유선택활동(놀이) 영역에서 얼마나 오래 머무르는지를 기록하시오.

관 찰 자: 관찰일시: 년 월 일 요일
관찰기관: 유치원/어린이집 관찰학급: 반/ 세 학급

연령/영역 (머무른 시간)		들어온 시간	나간 시간	머무른 시간: 나간 시간 - 들어온 시간
3~5세	쌓기놀이			
	역할놀이			
	언어			
	수·조작놀이			
	과학			
	미술			
	음률			
	컴퓨터			
0세	신체			
	언어			
	감각·탐색			
1세	신체			
	언어			
	감각·탐색			
	역할·쌓기			
2세	신체			
	언어			
	감각·탐색			
	역할·쌓기			
	미술			
	음률			

참 고

- 처음 그 영역에 들어와서 완전히 다른 영역으로 갈 때까지의 시간을 측정한다.
- 관찰하는 시간 동안 한 영역에 두 번 이상 개입할 경우는 1회, 2회, 3회 등으로 칸을 더 나누어 기록한다.

생각해 봅시다

- 관찰한 학급 영유아의 연령에 따라 교사가 특정 영역에 더 오래 머무르는지 살펴보고, 다르다면 그 이유를 생각해 봅시다.
- 관찰한 학급 영유아의 연령에 관계없이 교사가 특정 영역에 더 오래 머무르는지 살펴보고, 다르다면 그 이유를 생각해 봅시다.
- 특정 영역에 머무른 시간이 길거나 짧다면 그 이유는 무엇인지 생각해 봅시다.

3 교사가 각 자유선택활동(놀이) 영역에서 어떤 역할을 하는지 다음의 정의와 예를 참고로 하여 관찰하고 기록하시오.

① 자유선택활동(놀이) 영역에서의 교사 역할

교사 역할	정의
환경 구성 및 정비	놀이 자료를 첨가해 주거나 놀이 환경을 재구성해 줌
둘러보기	영유아와의 상호작용 없이 영유아들이 놀이하는 것을 둘러보고 감
정보 구하기	현재 무슨 놀이를 누구와 어떻게 하고 있는지에 관한 정보만을 구함
참여 유도	영유아가 해당 영역에서 놀도록 유도함
유지	현재 진행되는 놀이가 계속되도록 놀이를 보조하고 도움
칭찬/격려	영유아가 하는 놀이의 과정이나 행동, 성취에 대해 칭찬하고 격려함
참여	놀이에 영유아와 동등한 수준으로 참여해서 놀아 줌
방향 재지시	놀이가 중단되거나 진전이 없을 때 새로운 요소를 첨가해 활성화되도록 함
시범	교사가 직접 시범을 보임
교수	사실, 개념, 과정 등을 직접 설명하거나 가르침
일상적인 대화	놀이와 직접 관련이 없는 내용의 대화(예: 날씨, 머리)를 함
갈등의 해결	해당 영역에서 일어나는 영유아들 간의 갈등을 해결하도록 도움
정리·정돈	놀이를 마친 후 정리하게 함
기타	위에 제시된 것 이외의 역할 유형이 관찰되면 기록하고 분류함

② 자유선택활동(놀이) 영역에서의 교사 역할의 예

관 찰 자: 심 소 영	관찰일시: 2010년 5월 24일 월요일
관찰기관: ○○○유치원/어린이집	관찰학급: 5세 학급
진행 중인 주제: 동물	교사 경력: 8년

(교사가 쌓기놀이 영역으로 간다.)

유 아: (레고로 만든 것을 보이며) 선생님 이거 보세요, 비행기예요.

교 사: 비행기? 잘 만들었는데! → 칭찬/격려
그런데 날개가 없는데? → 정보 구하기

유 아: (비행기의 옆을 가리키며) 이거예요.

교 사: 그렇구나. 그런데 날개가 더 커야 잘 날 것 같아. → 방향 재지시

(중략)

(교사는 미술 영역으로 간다.)

유 아: 선생님! 어제 슈퍼에서 은호 봤어요.

교 사: 어디서? → 일상적인 대화

유 아: 1단지 앞에서요.

교 사: 누구와 같이 가고 있었니? → 일상적인 대화 계속

(중략)

교 사: 예린아! (가위를 잡아서 보여 주며) 가위는 이렇게 잡고 오려야 잘 오려지지. → 시범

예 린: 이렇게요?

교 사: 맞아! 봐, 더 잘되지? 이제 잘하네. → 칭찬/격려

③ 자유선택활동(놀이) 영역에서의 교사 역할 관찰 양식의 예

관 찰 자:				관찰일시:	년	월	일	요일
관찰기관:		유치원/어린이집(3, 4, 5세)		관찰학급:	반/	세 학급		
영역 역할 유형	쌓기 놀이	역할 놀이	언어	수·조작 놀이	과학	미술	음률	기타(컴퓨터, 대근육 등) (영역명 기록하기)
환경 구성 및 정비								
둘러보기								
정보 구하기								
참여 유도								
유지								
칭찬/격려								
참여								
방향 재지시								
시범								
교수								
일상적인 대화								
갈등의 해결								
정리·정돈								
기타								

관 찰 자:		관찰일시: 년 월 일 요일	
관찰기관:	어린이집(0세)	관찰학급: 반/ 0세 학급	
영역 역할 유형	신체	언어	감각·탐색	기타
환경 구성 및 정비				
둘러보기				
정보 구하기				
참여 유도				
유지				
칭찬/격려				
참여				
방향 재지시				
시범				
교수				
일상적인 대화				
갈등의 해결				
정리·정돈				
기타				

관 찰 자:			관찰일시:	년 월 일 요일
관찰기관:	어린이집(1세)		관찰학급:	반/ 1세 학급

영역 / 역할 유형	신체	언어	감각·탐색	역할·쌓기	기타
환경 구성 및 정비					
둘러보기					
정보 구하기					
참여 유도					
유지					
칭찬/격려					
참여					
방향 재지시					
시범					
교수					
일상적인 대화					
갈등의 해결					
정리·정돈					
기타					

관 찰 자:			관찰일시:	년 월 일 요일
관찰기관:	어린이집(2세)		관찰학급:	반/ 2세 학급

영역 / 역할 유형	신체	언어	감각·탐색	역할·쌓기	미술	음률	기타
환경 구성 및 정비							
둘러보기							
정보 구하기							
참여 유도							
유지							
칭찬/격려							
참여							
방향 재지시							
시범							
교수							
일상적인 대화							
갈등의 해결							
정리·정돈							
기타							

참고

- 일정 시간(예: 10분) 동안 교사가 각 자유선택활동(놀이) 영역에서 어떤 역할 유형을 보이는지 관찰하고 해당 칸에 正으로 표시한다.

생각해 봅시다

- 관찰한 학급 영유아의 연령에 따라 교사의 역할 유형을 살펴보고, 다르다면 그 이유를 생각해 봅시다.
- 관찰한 학급 영유아의 연령에 관계없이 교사가 특정 역할 유형을 더 보이는지 살펴보고, 그렇다면 이유를 생각해 봅시다.
- 특정 역할 유형을 더 많이 하거나 적게 한다면 그 이유는 무엇인지 생각해 봅시다.
- 특정 역할을 특정 자유선택활동(놀이) 영역에서 더 많이 하거나 적게 한다면 그 이유는 무엇인지 생각해 봅시다.

4 자유선택활동(놀이) 영역에 교사가 5회 참여하는 것을 관찰하고 어떻게 참여하게 됐는지를 기록하시오.

관 찰 자: 관찰일시: 년 월 일 요일
관찰기관: 유치원/어린이집(3, 4, 5세) 관찰학급: 반/ 세 학급

참여동기 / 영역	1회		2회		3회		4회		5회	
	자발적으로	유아의 요청에 의해	자발적으로	유아의 요청에 의해	자발적으로	유아의 요청에 의해	자발적으로	유아의 요청에 의해	자발적으로	유아의 요청에 의해
쌓기놀이										
역할놀이										
언어										
수·조작놀이										
과학										
미술										
음률										
컴퓨터										
기타										

관 찰 자: 관찰일시: 년 월 일 요일
관찰기관: 어린이집(0세) 관찰학급: 반/ 0세 학급

참여동기 / 영역	1회		2회		3회		4회		5회	
	자발적으로	영아의 요청에 의해	자발적으로	영아의 요청에 의해	자발적으로	영아의 요청에 의해	자발적으로	영아의 요청에 의해	자발적으로	영아의 요청에 의해
신체										
언어										
감각·탐색										
기타										

관 찰 자: 관찰일시: 년 월 일 요일
관찰기관: 어린이집(1세) 관찰학급: 반/ 1세 학급

참여동기 / 영역	1회		2회		3회		4회		5회	
	자발적으로	영아의 요청에 의해	자발적으로	영아의 요청에 의해	자발적으로	영아의 요청에 의해	자발적으로	영아의 요청에 의해	자발적으로	영아의 요청에 의해
신체										
언어										
감각·탐색										
역할·쌓기										
기타										

관 찰 자:					관찰일시:		년	월	일	요일
관찰기관:		어린이집(2세)			관찰학급:		반/	2세 학급		

참여 동기 / 영역	1회		2회		3회		4회		5회	
	자발적으로	영아의 요청에 의해	자발적으로	영아의 요청에 의해	자발적으로	영아의 요청에 의해	자발적으로	영아의 요청에 의해	자발적으로	영아의 요청에 의해
신체										
언어										
감각·탐색										
역할·쌓기										
미술										
음률										
기타										

참 고

- 1회 개입 시 유아 요청에 의해 과학 영역에 참여했다면 1회의 '유아의 요청에 의해'와 '과학' 영역이 만나는 칸에 표시(/)한다.

생각해 봅시다

- 관찰한 학급 영유아의 연령에 따라 교사가 참여하는 동기를 살펴보고, 다르다면 그 이유를 생각해 봅시다.
- 관찰한 학급 영유아의 연령에 관계없이 교사의 자발적 참여와 요청에 의한 참여 경향이 다른지 살펴보고, 다르다면 그 이유를 생각해 봅시다.
- 영역에 따라 교사의 자발적 참여와 요청에 의한 참여 경향 패턴이 다르다면 그 이유는 무엇인지 생각해 봅시다.

▣ 다음에 제시된 관찰 내용은 특정 자유선택활동(놀이) 영역에서만 관찰할 수 있는 교사의 역할이다. 관심 있는 영역을 선택하여 그 영역에서의 교사 역할을 관찰하고 기록하시오.

1) 쌓기놀이 영역(0세는 해당 사항 없음 / 1~2세는 역할·쌓기)

1 쌓기놀이 영역에서 교사의 놀이 개입 수준을 아래의 정의를 참고하여 관찰한 후 기록하시오.

개입 수준	정의
병행놀이 수준	영유아와의 직접적인 상호작용을 자제하면서 영유아와 비슷한 놀잇감을 가지고 가까이에서 놀이함 예: (밀가루 반죽을 가지고 놀며 혼잣말로) 기찻길을 만들어서 타고 가야지!
함께 놀이 수준	진행되고 있는 놀이에 참여하여 영유아와 함께 활동하나 놀이의 주도권은 영유아에게 있음 예: 나도 기찻길을 같이 만들게 해 줘! 무엇을 할까?
놀이 지도 수준	교사가 새 놀이를 시작하며 놀이의 주도권을 갖고, 놀이를 하면서 필요한 새 기술이나 행동을 알려 줌 예: 우리, 소방대에 넣을 헬리콥터도 만들자. 프로펠러가 돌아가게 하려면 이것을 끼워야 돼.
현실의 대변인 수준	중요한 개념을 가르치는 수단으로 놀이를 이용하며 교사는 주로 놀이 상황 밖에서 개입함 예: (소방차를 가리키며) 이 차가 들어가려면 너희가 만든 주차장의 크기가 어떤 것 같니?

2 쌓기놀이 영역에서의 교사의 놀이 개입 수준 관찰 양식

관 찰 자:		관찰일시: 년 월 일 요일
관찰기관:	유치원/어린이집	관찰학급: 반/ 세 학급
교사 유무:	(유 무)	머무른 시간:

개입 수준	관찰 횟수
병행놀이 수준	
함께 놀이 수준	
놀이 지도 수준	
현실의 대변인 수준	
기타	

참 고

- 교사 유무: 교사가 관찰 시간 동안 쌓기놀이 영역에 오지 않았다면 교사 유무에 기록한다.
- 머무른 시간: 일정 관찰 시간 동안 교사가 쌓기놀이 영역에 머무른 대략의 시간을 기록한다.
- 일정 시간(예: 10분) 동안 교사의 행동을 관찰하고, 각 개입 수준이 관찰되는 횟수를 正으로 표시한다.
- 교사가 위의 개입 수준으로 판단되지 않는 다른 역할(예: 부족한 소품 갖다 주기)을 할 때는 무시하고 기록하지 않는다.

생각해 봅시다

- 관찰한 학급 영유아의 연령에 따라 교사들의 놀이 개입 수준이 다르다면 그 이유를 생각해 봅시다.
- 관찰한 학급 영유아의 연령에 관계없이 교사들의 놀이 개입 수준이 다양하거나 다양하지 않다면 그 이유를 생각해 봅시다.

2) 역할놀이 영역(0세는 해당 사항 없음/1~2세는 역할·쌓기)

1 역할놀이 영역에서 교사의 놀이 개입 수준을 아래의 정의를 참고하여 관찰한 후 기록하시오.

<table>
<tr><th colspan="2">개입 수준</th><th>정의</th></tr>
<tr><td colspan="2">소극적 개입</td><td>영유아의 놀이에 참여하지는 않지만 영유아가 놀이하는 곳 가까이에서 관찰하면서 필요할 때는 놀이의 시범을 보이기도 하고, 영역에 준비된 자료를 영유아들이 잘 사용하지 않을 때는 자료의 사용 방법을 알려 주기도 하며, 영유아들이 도움을 요청할 때 도움을 줌</td></tr>
<tr><td rowspan="7">적극적 개입</td><td>모방적 역할놀이</td><td>교사가 특정한 역할을 맡아 그 역할에 적절한 의상을 입고 행동을 하면서 다른 배역을 맡은 상대와 어떻게 의사소통하는지를 보여 줌</td></tr>
<tr><td>사물의 가작화</td><td>특정 역할을 수행하는 데 요구되는 사물을 사용하는 흉내를 냄
예: 소방수 역할을 한다면 굵은 줄을 잡고 마치 불이 난 집에 소방용 호스를 사용하는 것처럼 보여 주며 “빨리 사람을 구출해야 해.”라고 말함</td></tr>
<tr><td>행동과 상황의 가작화</td><td>극화놀이 시 영유아가 행동과 상황에 대해 가작화할 수 있는 가능성의 예를 제시함
예: “우리, 접시 닦고 있다고 하자.”라고 제안함</td></tr>
<tr><td>상호작용 방법 제시</td><td>진행되고 있는 놀이에 관련된 부수적 역할을 맡아 놀이에 참여하는 방법을 알려 줌
예: 가게놀이 시 교사는 “내가 손님을 해도 되나요?”라고 말하면서 놀이에 참여함</td></tr>
<tr><td>언어적 의사전달 방법 제시</td><td>어떻게 언어적 교환이 이루어질 수 있는지를 제시함
예: “네가 의사라면, 내가 환자를 하면 어떨까?”라고 말함으로써 언어적 교환의 모델을 보임
또한, 주어진 역할에 적절한 가정적 대화의 예를 시범 보일 수도 있음
예: “여보세요, 사탕 한 봉지와 우유 2개만 주세요.”라고 말함으로써 영유아가 손님으로서의 적절한 의사전달 방법을 알게 함</td></tr>
<tr><td>놀이의 확장 방법 제시</td><td>교사가 이야기 내용을 첨가함으로써 놀이가 어떻게 확장될 수 있는지를 시범 보임
예: (소꿉놀이에서 언니 역할을 하고 있는 영유아가 학교에 간다고 하면) “나도 학교에 가는데 같이 갈래?”라고 말함</td></tr>
</table>

2 역할놀이 영역에서의 교사의 놀이 개입 수준 관찰 양식

관 찰 자:		관찰일시: 년 월 일 요일
관찰기관: 유치원/어린이집		관찰학급: 반/ 세 학급
교사 유무: (유 무)		머무른 시간:
개입 수준		관찰 횟수
소극적 개입		
적극적 개입	모방적 역할놀이	
	사물의 가작화	
	행동과 상황의 가작화	
	상호작용 방법 제시	
	언어적 의사전달 방법 제시	
	놀이의 확장 방법 제시	
기타		

참 고

- 교사 유무: 교사가 관찰 시간 동안 역할놀이 영역에 오지 않았다면 교사 유무에 기록한다.
- 머무른 시간: 일정 관찰 시간 동안 교사가 역할놀이 영역에 머무른 대략의 시간을 기록한다.
- 일정 시간(예: 10분) 동안 교사의 행동을 관찰하고, 각 개입 수준이 관찰되는 횟수를 正으로 표시한다.

생각해 봅시다

- 관찰한 학급 영유아의 연령에 따라 교사들의 개입 수준이 다르다면 그 이유를 생각해 봅시다.
- 관찰한 학급 영유아의 연령에 관계없이 교사들의 개입 수준이 다양하거나 다양하지 않다면 그 이유를 생각해 봅시다.

3) 언어 영역(0~5세)

1 언어 영역에서의 교사의 역할을 아래의 정의를 참고하여 관찰한 후 기록하시오.

교사 역할	정의
환경 구성 및 정비	듣기, 말하기, 읽기, 쓰기와 관련된 도구, 재료, 교구/교재 등을 제시하거나 정비하는 것 또는 영유아에게 환경 구성 및 정비(예: 정리·정돈)를 하도록 권유함
놀이상황에 대한 정보 구하기	영유아의 놀이상황을 파악하기 위해 물어보거나 지켜보거나 둘러봄
놀이 권유	현재 언어 영역에서 놀고 있지는 않으나 관심을 보이거나 지켜보는 영유아에게 놀도록 권유함
활동 방법 또는 사용 방법 알려 주기	듣기, 말하기, 읽기, 쓰기 영역에 제시된 교구/교재나 기계 또는 자료의 사용법이나 활동 방법을 알려 줌
관련 개념 지도	단어, 단어의 뜻, 쓰는 방법 또는 활동 과정(예: 책 읽기)에서 알게 되는 다양한 개념 등을 지도함
함께 놀기	영유아와 듣기, 말하기, 읽기, 쓰기와 관련된 활동을 함께 함 예: 듣기 영역에서 관객 역할을 하기, 영유아가 책 읽어 주는 것을 듣기
책 읽어 주기	개인 또는 소집단의 영유아에게 책을 읽어 줌
확장 활동 격려	듣기, 말하기, 읽기, 쓰기 활동 후 관련 활동이나 타 영역으로 확장 활동을 하도록 권유하기/활동의 결과물 처리함
칭찬 및 격려	듣기, 말하기, 읽기, 쓰기와 관련된 능력이나 태도에 대해 칭찬 및 격려함

2 언어 영역에서의 교사의 역할 관찰 양식

관 찰 자: 관찰일시: 년 월 일 요일
관찰기관: 유치원/어린이집(0, 1, 2, 3, 4, 5세) 관찰학급: 반/ 세 학급
관찰한 영역: (듣기, 말하기, 읽기, 쓰기)
교사 유무: (유 무) 머무른 시간:

교사 역할	관찰 횟수
환경 구성 및 정비	
놀이상황에 대한 정보 구하기	
놀이 권유	
활동 방법 또는 사용 방법 알려 주기	
관련 개념 지도	
함께 놀기	
책 읽어 주기	
확장 활동 격려	
칭찬 및 격려	
기타	

참고

- 관찰한 영역: 듣기, 말하기, 읽기, 쓰기 영역 중 관찰한 영역만 표시한다.
- 교사 유무: 교사가 관찰 시간 동안 언어 영역에 오지 않았다면 교사 유무에 기록한다.
- 머무른 시간: 일정 관찰 시간 동안 교사가 언어 영역에 머무른 대략의 시간을 기록한다.
- 일정 시간(예: 10분) 동안 교사의 역할을 관찰하고, 각 역할이 관찰되는 횟수를 正으로 표시한다.
- 동시에 두 가지 이상의 역할을 수행할 때는 모두 표시한다.

생각해 봅시다

- 관찰한 학급 영유아의 연령에 따라 교사의 역할이 다르다면 그 이유를 생각해 봅시다.
- 관찰한 학급 영유아의 연령에 관계없이 교사의 역할이 다양하거나 다양하지 않다면 그 이유를 생각해 봅시다.

4) 수·조작놀이 영역(3~5세)

1 수·조작놀이 영역에서의 교사의 역할을 아래의 정의를 참고하여 관찰한 후 기록하시오.

교사 역할	정의
환경 구성 및 정비	수·조작놀이 영역의 교구/교재를 정리, 수선, 정비하여 유아가 원활히 활동하도록 하거나 유아가 정리·정돈하도록 지도함
놀이 권유	현재 수·조작놀이를 하고 있지 않은 유아에게 참여하도록 권유함
지켜보기	유아가 수·조작놀이 영역의 교구/교재를 사용하는 것을 지켜봄
사용 방법 지도	수·조작놀이 영역에 배치된 교구/교재의 사용법을 알려 줌
함께 놀기	유아와 병행놀이 수준이나 연합, 협동놀이 수준에서 함께 놀이함
다른 놀이로의 전환 격려	수·조작놀이 영역의 교구/교재를 가지고 본래의 목적과 다른 놀이(예: 퍼즐 조각으로 상상놀이하기)를 하도록 격려 및 지원함
관련 개념 지도	교구/교재와 관련된 개념(예: 수학적 개념)을 지도함
칭찬 및 격려	수행 능력이나 태도에 대해 칭찬 및 격려함

2 수·조작놀이 영역에서의 교사의 역할 관찰 양식

관 찰 자:		관찰일시:	년 월 일 요일
관찰기관:	유치원/어린이집(3, 4, 5세)	관찰학급:	반/ 세 학급
교사 유무:	(유 무)	머무른 시간:	

교사 역할	관찰 횟수
환경 구성 및 정비	
놀이 권유	
지켜보기	
사용 방법 지도	
함께 놀기	
다른 놀이로의 전환 격려	
관련 개념 지도	
칭찬 및 격려	
기타	

참 고

- 교사 유무: 교사가 관찰 시간 동안 수·조작놀이 영역에 오지 않았다면 교사 유무에 기록한다.
- 머무른 시간: 일정 관찰 시간 동안 교사가 수·조작놀이 영역에 머무른 대략의 시간을 기록한다.
- 일정 시간(예: 10분) 동안 교사의 역할을 관찰하고, 각 역할이 관찰되는 횟수를 正으로 표시한다.
- 동시에 두 가지 이상의 역할을 수행할 때는 모두 표시한다.

생각해 봅시다

- 관찰한 학급 유아의 연령에 따라 교사의 역할이 다르다면 그 이유를 생각해 봅시다.
- 관찰한 학급 유아의 연령에 관계없이 교사의 역할이 다양하거나 다양하지 않다면 그 이유를 생각해 봅시다.

5) 과학 영역(3~5세)

1 과학 영역에서의 교사의 역할을 아래의 정의를 참고하여 관찰한 후 기록하시오.

교사 역할	정의
환경 구성 및 정비	과학 영역에서 활동하는 데 필요한 재료와 도구를 준비해 주거나 정리함
참여 유도	구경을 하거나 흥미를 보이는 다른 유아에게 참여하도록 권유함
활동 방법 안내	과학 영역에 제시된 활동 방법을 안내함
준비물 및 도구 탐색 격려하기	과학 영역에 제시된 활동을 위한 준비물 및 도구를 탐색해 보도록 격려함
관찰 격려하기	과학 영역에 제시된 활동을 위한 준비물 및 도구를 관찰하거나 유아의 행동이 어떤 결과를 낳는지 관찰해 보도록 격려함
실험 방법 고안하도록 격려하기	실험할 수 있는 활동인 경우, 어떻게 실험할 수 있는지 생각해 보도록 격려함
예측하도록 격려하기	행동의 결과 또는 실험의 결과가 어떨지 예측해 보도록 격려함
측정하도록 격려하기	준비물 및 도구나 과학 활동의 결과로 일어난 변화를 다양한 방법으로 측정하도록 격려함
기록하도록 격려하기	변화의 결과를 다양한 방법으로 기록해 보도록 격려함
설명하도록 격려하기	변화를 설명하도록 격려함
추론하도록 격려하기	변화의 이유를 설명하도록 격려함
칭찬 및 격려	유아의 활동에 대해 칭찬하거나 격려하는 말 또는 행동을 함

2 과학 영역에서의 교사의 역할 관찰 양식

관 찰 자:		관찰일시: 년 월 일 요일
관찰기관:	유치원/어린이집(3, 4, 5세)	관찰학급: 반/ 서 학급
교사 유무:	(유 무)	머무른 시간:

교사 역할	관찰 횟수
환경 구성 및 정비	
참여 유도	
활동 방법 안내	
준비물 및 도구 탐색 격려하기	
관찰 격려하기	
실험 방법 고안하도록 격려하기	
예측하도록 격려하기	
측정하도록 격려하기	
기록하도록 격려하기	
설명하도록 격려하기	
추론하도록 격려하기	
칭찬 및 격려	
기타	

참 고

- 교사 유무: 교사가 관찰 시간 동안 과학 영역에 오지 않았다면 교사 유무에 기록한다.
- 머무른 시간: 일정 관찰 시간 동안 교사가 과학 영역에 머무른 대략의 시간을 기록한다.
- 일정 시간(예: 10분) 동안 교사의 역할을 관찰하고, 각 역할이 관찰되는 횟수를 正으로 표시한다.
- 동시에 두 가지 이상의 역할을 수행할 때는 모두 표시한다.

생각해 봅시다

- 관찰한 학급 유아의 연령에 따라 교사의 역할이 다르다면 그 이유를 생각해 봅시다.
- 관찰한 학급 유아의 연령에 관계없이 교사의 역할이 다양하거나 다양하지 않다면 그 이유를 생각해 봅시다.

6) 미술 영역(2~5세)

1 미술 영역에서의 교사의 역할 관찰 양식

관 찰 자:		관찰일시:	년 월 일 요일
관찰기관:	유치원/어린이집(2, 3, 4, 5세)	관찰학급:	반/ 세 학급
진행 중인 주제:		활 동 명:	
준 비 물:			

교사 역할	관찰 여부	비고
다음번에 미술 활동을 할 영유아에게 순서가 되었음을 알려 주기		
활동 순서를 모르는 영유아에게 순서 알려 주기		
자료 사용 방법을 모르는 영유아에게 알려 주기 (예: 종이는 풀로 붙인다는 것, 밀대는 균등하게 힘을 주고 밀어야 한다는 것)		
자료들을 다루는 데 어려움이 있는 영유아 돕기 (예: 스카치테이프 떼는 것 돕기, 막대기를 바로 붙이는 것 돕기)		
부족한 자료 보충해 주기		
미술 활동 영역의 자료나 환경 정리하기 (예: 책상에 자료 다시 배치하기, 떨어진 물감 치우기 등)		
사용하고 난 자료를 정리하는 방법이나 장소에 대해 알려 주기		
영유아가 미술 활동하는 과정 중 칭찬과 격려하기 (예: 창의적인 표현, 꼼꼼한 작업, 열심히 하는 태도 등)		
미술 활동과 관련된 영유아 간의 갈등 해결 돕기 (예: 서로 같은 자리에 앉거나 자료가 필요하다고 할 때)		
미술 활동 지원 이외의 다른 일을 하기		
기타		
기타		

7) 음률 영역(2~5세)

1 음률 영역에서의 교사의 역할을 아래의 정의를 참고하여 관찰한 후 기록하시오.

교사 역할	정의
환경 구성 및 정비	영유아가 음률 영역에서 활동하는 데 필요한 악기나 소품을 갖다 주거나 입혀 주거나 준비해 주거나 정리함 예: (영아가 나비 옷의 리본을 묶어 달라고 했을 때) "선생님이 나비처럼 묶어 줄게. 음악에 맞춰 움직여 보자."
참여 유도	구경을 하거나 흥미를 보이는 다른 영유아에게 참여하도록 권유함 예: "○○야, 너도 나비처럼 해 볼까?"
반주 및 음악 제공	영유아가 노래나 율동을 할 때 반주해 주거나 음악을 틀어 줌
함께 놀이하기	교사가 영유아와 대등한 입장에서 노래하거나 악기 연주하거나 율동함
함께 놀면서 지도하기	교사가 영유아와 함께 노래, 악기 연주, 율동하면서 비공식적인 방식으로 시범 보임 예: 악기 연주를 하면서 제대로 연주해서 간접적으로 영유아에게 시범 보이기
형식적으로 지도하기	가르친다는 느낌이 들도록 영유아에게 노래, 악기 연주, 율동하는 것을 시범 보임 예: "이 부분에서는 세게 팔을 돌리자!"
음악적 개념 지도	박자, 음정, 강약, 속도 등 음악적 개념에 대해 지도함 예: "여기는 천천히 북을 쳐야 해."
확장을 위한 지원	영유아가 하고 있는 음률 활동을 확장시킬 수 있는 아이디어나 환경을 제공함 예: "음악을 잘 들어 봐. 호랑이처럼 보이려면 어떻게 움직여야 할까?"
칭찬 및 격려	영유아의 활동에 대해 칭찬하거나 격려하는 말 또는 행동을 함 예: 박수 쳐 주기 또는 "○○는 정말 나비처럼 가볍게 움직이고 있네!"
감상 유도 및 지원	다른 영유아가 하는 음률 활동을 듣거나 보게 함으로써 감상할 기회를 제공함 예: "○○가 북 치는 것을 잘 들어 보자."

2 음률 영역에서의 교사의 역할 관찰 양식

관 찰 자:		관찰일시: 년 월 일 요일
관찰기관:	유치원/어린이집(2, 3, 4, 5세)	관찰학급: 반/ 세 학급
교사 유무:	(유 무)	머무른 시간:

교사 역할	관찰 횟수
환경 구성 및 정비	
참여 유도	
반주 및 음악 제공	
함께 놀이하기	
함께 놀면서 지도하기	
형식적으로 지도하기	
음악적 개념 지도	
확장을 위한 지원	
칭찬 및 격려	
감상 유도 및 지원	
기타	

참 고

- 교사 유무: 교사가 관찰 시간 동안 음률 영역에 오지 않았다면 교사 유무에 기록한다.
- 머무른 시간: 일정 관찰 시간 동안 교사가 음률 영역에 머무른 대략의 시간을 기록한다.
- 일정 시간(예: 10분) 동안 교사의 역할을 관찰하고, 각 역할이 관찰되는 횟수를 正으로 표시한다.
- 동시에 두 가지 이상의 역할을 수행할 때는 모두 표시한다.

생각해 봅시다

- 관찰한 학급 영유아의 연령에 따라 교사의 역할이 다르다면 그 이유를 생각해 봅시다.
- 관찰한 학급 영유아의 연령에 관계없이 교사의 역할이 다양하거나 다양하지 않다면 그 이유를 생각해 봅시다.

8) 컴퓨터 영역(3~5세)

1 컴퓨터 영역에서의 교사의 역할을 아래의 정의를 참고하여 관찰한 후 기록하시오.

교사 역할	정의
환경 구성 및 정비	컴퓨터 영역에서 활동하는 데 필요한 기기, 도구, 재료 등을 준비 또는 정리하거나 유아들이 직접 하도록 지도함
갈등 및 영역 관련 규칙 지도	유아 간 갈등 및 컴퓨터 영역 사용과 관련된 규칙 지도함 예: "○○야, 하고 싶으면 대기표에 이름을 쓰자."
사용법 지도 및 도움	컴퓨터 기기, 주변 기기, 소프트웨어 등의 사용법을 설명이나 시범을 통해 알려 주고 지도하거나 도움을 줌
상호작용 격려	컴퓨터 영역에서 활동하거나 보고 있는 또래 유아와의 상호작용을 격려함 (또래끼리 서로 알려 주도록 격려하는 것 포함)
소프트웨어 관련 개념 지도	소프트웨어를 통해 학습할 수 있는 개념을 지도함 예: 수학적 개념 학습과 관련 있는 소프트웨어를 활용할 경우, 관련 개념을 지도함
확장 활동 격려	소프트웨어와 관련된 확장 활동이 활발히 이루어지도록 격려함 예: 그림 그리기 소프트웨어를 사용 후, 이야기책 만들기 격려
칭찬 및 격려	유아가 알아낸 것, 만들어 낸 결과물, 상호작용하는 방법 등에 대해 칭찬하거나 격려하는 말 또는 행동을 함
감상 유도 및 지원	다른 유아가 한 결과물을 보게 함으로써 감상하고, 격려 및 자극을 받을 수 있도록 함
지켜보기	유아가 활동하는 모습을 주의 깊게 살펴봄

2 컴퓨터 영역에서의 교사의 역할 관찰 양식

관 찰 자:		관찰일시: 년 월 일 요일
관찰기관:	유치원/어린이집(3, 4, 5세)	관찰학급: 반/ 세 학급
교사 유무:	(유 무)	머무른 시간:

교사 역할	관찰 횟수
환경 구성 및 정비	
갈등 및 영역 관련 규칙 지도	
사용법 지도 및 도움	
상호작용 격려	
소프트웨어 관련 개념 지도	
확장 활동 격려	
칭찬 및 격려	
감상 유도 및 지원	
지켜보기	
기타	

참 고

- 교사 유무: 교사가 관찰 시간 동안 컴퓨터 영역에 오지 않았다면 교사 유무에 기록한다.
- 머무른 시간: 일정 관찰 시간 동안 교사가 컴퓨터 영역에 머무른 대략의 시간을 기록한다.
- 일정 시간(예: 10분) 동안 교사의 역할을 관찰하고, 각 역할이 관찰되는 횟수를 正으로 표시한다.
- 동시에 두 가지 이상의 역할을 수행할 때는 모두 표시한다.

생각해 봅시다

- 관찰한 학급 유아의 연령에 따라 교사의 역할이 다르다면 그 이유를 생각해 봅시다.
- 관찰한 학급 유아의 연령에 관계없이 교사의 역할이 다양하거나 다양하지 않다면 그 이유를 생각해 봅시다.

9) 신체 영역(0~2세/3~5세의 경우 대근육 활동 또는 바깥놀이 활동)

1 신체 영역에서의 교사의 역할을 아래의 정의를 참고하여 관찰한 후 기록하시오.

교사 역할	정의
환경 구성 및 정비	신체 활동에 필요한 설비나 기구를 설치, 이동, 정비함
참여 유도	구경을 하거나 흥미를 보이는 다른 영유아들이 보거나 참여하도록 권유함 예: "○○가 타는 것을 봐!" "○○야, 씽씽카 타 볼까?"
행동 묘사	영유아가 신체 영역에서 보이는 행동이나 놀잇감(예: 끈 달린 동물)을 사용하는 모습을 행동, 의성어 또는 의태어를 사용해서 묘사함 예: "○○가 휭~ 내려가네.", "오리가 타닥타닥 하며 끌려오네."라고 하며 영유아 옆에서 같이 끈 달린 오리를 끌고 감
안전/갈등/영역 관련 규칙 지도	안전이나 영유아 간 갈등 및 신체 영역 사용과 관련된 규칙을 지도함 예: "○○야, 부딪히지 않게 이리로 돌아가자." "차례대로 줄 서서 타야 하는 거야."
사용법 지도	신체 활동에 필요한 설비나 기구의 사용법을 지도함 예: (자전거 페달을 못 돌리는 영아에게) "발을 이렇게, 이렇게 돌려 봐."
함께 놀면서 간접적으로 지도하기	교사가 영유아와 함께 신체 영역에서 놀이하면서 모델링을 통해 지도함 예: 끈 달린 오리가 쓰러지지 않게 끌고 가는 방법을 함께 놀면서 모범 보이기를 통해 알려 줌
함께 놀이하기	교사가 영유아와 함께 신체 영역에서 놀이함
칭찬 및 격려	영유아의 활동에 대해 칭찬하거나 격려하는 말 또는 행동을 함 예: 박수 쳐 주기 또는 "○○는 정말 빨리 잘 달리네!"
지켜보기	영유아가 노는 모습을 주의 깊게 살펴봄

2 신체 영역에서의 교사의 역할 관찰 양식

관 찰 자: 관찰기관: 유치원/어린이집(0, 1, 2, 3, 4, 5세) 교사 유무: (유 무)	관찰일시: 년 월 일 요일 관찰학급: 반/ 세 학급 머무른 시간:
교사 역할	관찰 횟수
환경 구성 및 정비	
참여 유도	
행동 묘사	
안전/갈등/영역 관련 규칙 지도	
사용법 지도	
함께 놀면서 간접적으로 지도하기	
함께 놀이하기	
칭찬 및 격려	
지켜보기	
기타	

참 고

- 교사 유무: 교사가 관찰 시간 동안 신체 영역에 오지 않았다면 교사 유무에 기록한다.
- 머무른 시간: 일정 관찰 시간 동안 교사가 신체 영역에 머무른 대략의 시간을 기록한다.
- 일정 시간(예: 10분) 동안 교사의 역할을 관찰하고, 각 역할이 관찰되는 횟수를 正으로 표시한다.
- 동시에 두 가지 이상의 역할을 수행할 때는 모두 표시한다.

생각해 봅시다

- 관찰한 학급 영유아의 연령에 따라 교사의 역할이 다르다면 그 이유를 생각해 봅시다.
- 관찰한 학급 영유아의 연령에 관계없이 교사의 역할이 다양하거나 다양하지 않다면 그 이유를 생각해 봅시다.

▣ 다음에 제시된 관찰 내용은 하루 일과 동안 하게 되는 정리·정돈과 공통적으로 관련된 것이다. 다음의 사항에 대하여 관찰하고 기록하시오.

1 하루 일과 동안 정리·정돈하는 것에 대한 기본 지식을 익힌다.

〈정리·정돈에 대한 기본 지식〉

① 정리·정돈: 교육 활동이나 놀이가 끝난 후 영유아가 사용하던 놀잇감이나 교구·교재 및 자료들을 원래의 자리에 정돈하는 것을 말한다. 정리·정돈은 한 가지 활동의 끝맺음이면서 동시에 다음 활동이 순조롭게 이어지도록 준비하는 과정이기도 하다.

② 정리·정돈의 중요성: 영유아교육기관에서 이루어지는 모든 활동은 정리·정돈으로 끝맺음하도록 되어 있다. 교사는 영유아들이 정리·정돈하는 습관을 기르고, 자신의 주변을 항상 깨끗하게 유지하며, 다른 사람과의 생활에서 사회적 책임을 갖는 태도를 지닐 수 있도록 지도해야 한다. 정리·정돈은 청결한 생활 습관의 차원에서 중요할 뿐만 아니라, 영유아들에게 1대1 대응이나 분류하기와 같은 논리·수학적 개념을 형성시킬 수 있는 좋은 기회이기도 하다.

2 교사가 정리·정돈 시간을 운영하는 것을 관찰하고 다음의 사항에 대해 기록하시오.

관 찰 자: 관찰기관: 유치원/어린이집(0, 1, 2, 3, 4, 5세)	관찰일시: 년 월 일 요일 관찰학급: 반/ 세 학급
관찰할 사항	관찰한 내용
정리·정돈의 예고	
정리·정돈 신호	
관련된 규칙	
정리·정돈 후 평가	
효율성	
기타	

참고

- 정리·정돈의 예고: 예고를 하는지 또는 하지 않는지를 'O' 또는 '×'로 표시하고, 어떻게 예고(예: 말로 "5분 있다 치울 거야.", 피아노 신호 보내기 등)했는지 기록한다.
- 정리·정돈 신호: 말, 악기나 노래, 신호(예: 전등 끄기) 등 중에서 어떤 것을 사용해서 신호하는지 기록한다.
- 관련된 규칙: 관찰되는 규칙(예: 밟아서 깨지기 쉬운 작은 놀잇감부터 치운다, 한 영역을 다 치운 영유아는 다른 영역을 돕는다)이 있으면 기록한다.
- 정리·정돈 후 평가: 평가했는지를 'O' 또는 '×'로 표시하고 평가할 경우 어떤 내용(예: 모두 참여했나에 대한 평가, 신속히 정리했나에 대한 평가, 모든 영역이 정리됐나에 대한 평가, 잘 치운 영유아에 대한 평가, 잘 치우지 않은 영유아에 대한 평가)에 대해 평가했는지 기록한다.
- 효율성: 모든 영유아가 참여해서 빠른 시간 내에 잘 치웠는지 살펴본다.

생각해 봅시다

- 관찰한 학급 영유아의 연령에 따라 정리·정돈 시간의 운영 방법이 다른지 살펴보고, 다르다면 그 이유를 생각해 봅시다.
- 관찰한 각각의 사항이 전반적인 정리·정돈 시간의 효율적인 운영에 기여했는지 살펴보고, 개선할 사항이 있다면 근거와 함께 제시해 봅시다.
- 정리·정돈 시간의 운영을 살펴본 후, 교사가 영유아들의 생활 습관 형성뿐만 아니라 개념 형성과 협동심 증진의 기회로도 활용했는지 생각해 봅시다.

3 교사가 정리·정돈 시 어떤 역할을 하고 전략을 사용하는지 관찰하고 기록하시오.

관 찰 자:	관찰일시: 년 월 일 요일	
관찰기관: 유치원/어린이집(0, 1, 2, 3, 4, 5세)	관찰학급: 반/ 세 학급	
교사의 역할 및 전략	관찰함	관찰 못 함
함께 치움		
치우는 모범을 보임		
시간 강조(예: 시간이 오래 걸림/다음 활동을 할 수 없거나 짧아짐)		
정리할 장소를 알려 줌		
치울 놀잇감을 알려 줌		
치울 놀잇감의 개수를 정해 주거나 알려 줌		
잘 치우는 영유아를 격려함		
잘 치우지 않는 영유아를 지도함		
도와주는 영유아를 칭찬함		
놀잇감에 대한 의인화(예: "인형이 '나도 집에 가고 싶어!' 하네.")		
교사의 감정을 드러냄(예: "잘 치워서 참 기뻐.", "화가 나려 해.")		
관습적인 노래나 행동을 함(예: 잘 치우는 아이 누구냐?, 피아노 치기)		
아무것도 하지 않고 지켜봄		
다음 수업 준비를 함		
기타		

생각해 봅시다

- 관찰한 학급 영유아의 연령에 따라 교사의 역할이 다른지 살펴보고, 다르다면 그 이유를 생각해 봅시다.
- 관찰한 교사의 행동이 정리·정돈 시간에 영유아가 잘 치우게 하는 데 기여했는지 살펴보고, 개선할 사항이 있다면 근거와 함께 제시해 봅시다.

3 영유아

다음은 영유아를 대상으로 하여 관찰할 수 있는 내용이다. 다른 장과 마찬가지로 유아교육 전공서에 제시된 일반적인 이론 또는 원칙을 문장으로 제시하지 않고 관찰할 내용에 구체적으로 반영하여 제시하였다. 〈참고〉에는 관찰할 내용에 대한 자세한 설명이나 관찰에 필요한 도움말을 제시하였고, 〈생각해 봅시다〉에는 과제할 때 생각해 볼 수 있는 사항을 제시하였다.

제시된 관찰 기록 양식을 그대로 사용해도 되지만 관찰 목적에 따라 변형하거나 수업 시간에 학습한 내용을 토대로 관찰할 내용을 추가할 수도 있다. 또한 〈생각해 봅시다〉는 사용자의 특성에 따라 수준 또는 난이도를 조정할 수 있다.

아래에 제시된 〈공통: 생각해 봅시다〉는 각 관찰 항목의 특성을 반영하여 제시된 〈생각해 봅시다〉 이외에 모든 관찰 항목에 적용하여 생각하거나 논의해 볼 수 있는 내용을 담고 있다.

공통: 생각해 봅시다

- 영유아의 연령에 따라 관찰한 내용이 달라지는지 생각해 봅시다.
- 남아와 여아에 따라 관찰한 내용이 달라지는지 생각해 봅시다.
- 같은 영유아를 2명 이상이 관찰했다면 관찰자 간의 의견이 같은지 또는 다른지 살펴봅시다.
  - 의견이 같거나 다른 것이 어떤 의미로 해석될 수 있을지 생각해 봅시다(예: 동일한 시각으로 관찰, 관찰 항목에 대한 해석 차이 등).

▣ 다음에 제시한 관찰 내용은 모든 자유선택활동(놀이) 영역에서 공통적으로 관찰할 수 있는 것이다. 영유아들의 행동을 관찰하고 다음의 사항에 대해 기록하시오.

1 현재 또는 일정 기간 동안 자유선택활동(놀이) 영역에서 놀고 있는 영유아의 수를 기록하시오.

관 찰 자: 관찰기관: 유치원/어린이집(3, 4, 5세) 관찰기간: 시 분 ~ 시 분	관찰일시: 년 월 일 요일 관찰학급: 반/ 세 학급
자유선택활동 영역	놀고 있는 유아의 수
쌓기놀이	
역할놀이	
언어	
수·조작놀이	
과학	
미술	
음률	
컴퓨터	
기타	

관 찰 자: 관찰기관: 어린이집 관찰기간: 시 분 ~ 시 분	관찰일시: 년 월 일 요일 관찰학급: 반/ 0세 학급
놀이 영역	놀고 있는 영아의 수
신체	
언어	
감각·탐색	
기타	

관 찰 자: 관찰기관: 어린이집 관찰기간: 시 분 ~ 시 분	관찰일시: 년 월 일 요일 관찰학급: 반/ 1세 학급
놀이 영역	놀고 있는 영아의 수
신체	
언어	
감각·탐색	
역할·쌓기	
기타	

관 찰 자:	관찰일시: 년 월 일 요일
관찰기관: 어린이집	관찰학급: 반/ 2세 학급
관찰기간: 시 분 ~ 시 분	
놀이 영역	**놀고 있는 영아의 수**
신체	
언어	
감각·탐색	
역할·쌓기	
미술	
음률	
기타	

참 고

- 현재 시점에서 해당 영역에서 놀고 있는 영유아의 수를 세서 正으로 표시한다.
- 또는 일정 시간(예: 10분) 동안 해당 영역에서 놀고 있는 영유아의 수를 세서 正으로 표시한다. 이 시간 동안 특정 영역에서 놀다가 나갔다 다시 들어온 영유아는 다시 노는 것으로 센다.
- 모든 영역을 관찰하거나 한 영역을 선택하여 관찰할 수 있다.

생각해 봅시다

- 특정 영역에서 노는 영유아의 수가 다르다면 그 이유를 생각해 봅시다.
- 특정 영역에서 노는 영유아의 수가 성 또는 연령에 따라 다르다면 그 이유를 생각해 봅시다.

2 현재 또는 일정 시간 동안 각 영역에서 노는 영유아 중 남녀 영유아의 수를 기록하시오.

관 찰 자: 관찰일시: 년 월 일 요일
관찰기관: 유치원/어린이집(3, 4, 5세) 관찰학급: 반/ 세 학급
관찰기간: 시 분 ~ 시 분

남녀의 수 / 영역	전체 유아의 수	남아의 수	여아의 수
쌓기놀이			
역할놀이			
언어			
수·조작놀이			
과학			
미술			
음률			
컴퓨터			
기타			

관 찰 자: 관찰일시: 년 월 일 요일
관찰기관: 어린이집 관찰학급: 반/ 0세 학급
관찰기간: 시 분 ~ 시 분

남녀의 수 / 놀이 영역	전체 영아의 수	남아의 수	여아의 수
신체			
언어			
감각·탐색			
기타			

관 찰 자: 관찰일시: 년 월 일 요일
관찰기관: 어린이집 관찰학급: 반/ 1세 학급
관찰기간: 시 분 ~ 시 분

남녀의 수 / 놀이 영역	전체 영아의 수	남아의 수	여아의 수
신체			
언어			
감각·탐색			
역할·쌓기			
기타			

관 찰 자:		관찰일시: 년 월 일 요일	
관찰기관: 어린이집		관찰학급: 반/ 2세 학급	
관찰기간: 시 분 ~ 시 분			
남녀의 수 / 놀이 영역	전체 영아의 수	남아의 수	여아의 수
신체			
언어			
감각·탐색			
역할·쌓기			
미술			
음률			
기타			

참 고

- 현재 시점에서 해당 영역에서 놀고 있는 남녀 영유아의 수를 각각 세서 正으로 표시한다.
- 또는 일정 시간(예: 10분) 동안 해당 영역에서 놀고 있는 남녀 영유아의 수를 각각 세서 正으로 표시한다. 이 시간 동안 특정 영역에서 놀다가 나갔다 다시 들어온 영유아는 다시 노는 것으로 센다.
- 모든 영역을 관찰하거나 한 영역을 선택하여 관찰할 수 있다.

생각해 봅시다

- 특정 영역에서 노는 남녀 영유아의 수가 다르다면 그 이유를 생각해 봅시다.
- 특정 영역에서 노는 남녀 영유아의 수가 성 또는 연령에 따라 다르다면 그 이유를 생각해 봅시다.

3 영유아 5명을 선택하여 그 영역에서 얼마나 오래 노는지를 측정하여 기록하시오.

관 찰 자: 관찰기관: 유치원/어린이집 영 역: 영역			관찰일시: 년 월 일 요일 관찰학급: 반/ 세 학급		
영유아 / 놀이 지속 시간	영유아 1	영유아 2	영유아 3	영유아 4	영유아 5
들어온 시간					
나간 시간					
머무른 시간: 나간 시간-들어온 시간					

참 고

- 처음 그 영역에 들어와서 완전히 다른 영역으로 갈 때까지의 시간을 측정한다.
- 1명의 영유아를 관찰한 후 다음 영유아를 관찰한다.
- 특정한 한 영역을 선택하여 관찰하거나 모든 자유선택활동(놀이) 영역을 관찰할 수 있다.
- 가능하면 비슷한 수의 남아와 여아를 관찰한다.

생각해 봅시다

- 특정 영역에서 머무르는 시간이 다르다면 그 이유를 생각해 봅시다.
- 특정 영역에서 머무르는 시간이 성 또는 연령에 따라 다르다면 그 이유를 생각해 봅시다.

4 영유아 5명을 선택하여 그 영역에서 놀게 된 계기를 관찰하고 기록하시오.

관 찰 자:			관찰일시:	년	월	일	요일
관찰기관:		유치원/어린이집	관찰학급:	반/	세 학급		
영 역:		영역					

계기 \ 영유아		영유아 1	영유아 2	영유아 3	영유아 4	영유아 5
스스로						
타인의 지시 또는 권유	교사					
	친구					
기타						

참 고

- 해당 칸에 표시(✔)한다.
- 기타: 그 밖의 계기가 있으면 어떤 계기인지를 기록한다.
- 특정한 한 영역을 선택하여 관찰하거나 모든 자유선택활동(놀이) 영역을 관찰할 수 있다.
- 가능하면 비슷한 수의 남아와 여아를 관찰한다.

생각해 봅시다

- 놀이를 시작하는 계기가 다르다면 그 이유를 생각해 봅시다.
- 놀이를 시작하는 계기가 성 또는 연령에 따라 다르다면 그 이유를 생각해 봅시다.

5 영유아 5명을 선택하여 그 영역에서 보이는 사회적 행동을 관찰하고 기록하시오.

관 찰 자: 관찰일시: 년 월 일 요일
관찰기관: 유치원/어린이집 관찰학급: 반/ 세 학급
영 역: 영역

영유아 / 사회적 행동	영유아 1	영유아 2	영유아 3	영유아 4	영유아 5
관심 있게 지켜보기					
혼자 놀기					
또래와 함께 놀기					
교사와 놀기					
교사 + 또래와 함께 놀기					
아무것도 하지 않기					
기타					

참 고

- 1명을 10초씩 관찰하여 5명을 관찰한 후 다시 관찰하기를 5회 반복한다. 즉, 1명을 10초씩 5회 관찰하되 한 번에 5회 모두를 관찰하지 말고 1명씩 돌아가며 관찰한다.
- 한 번 관찰할 때마다 영유아가 보이는 사회적 행동을 골라 표시(✔)한다.
- 기타: 그 밖의 사회적 행동이 있다고 생각하면 어떤 행동인지를 기록한다.
- 특정한 한 영역을 선택하여 관찰하거나 모든 자유선택활동(놀이) 영역을 관찰할 수 있다.
- 가능하면 비슷한 수의 남아와 여아를 관찰한다.

생각해 봅시다

- 관찰된 사회적 행동의 패턴 차이가 영유아마다 다르다면 그 이유를 생각해 봅시다.
- 관찰된 사회적 행동의 패턴 차이가 성과 연령에 따라 다르다면 그 이유를 생각해 봅시다.

6 영유아 5명을 선택하여 그 영역에서 어떤 기분으로 놀고 있는지 관찰하고 기록하시오.

관 찰 자:			관찰일시:	년 월 일 요일	
관찰기관:	유치원/어린이집		관찰학급:	반/ 세 학급	
영 역:	영역				
영유아 / 정서	영유아 1	영유아 2	영유아 3	영유아 4	영유아 5
부정적 정서					
무표정					
긍정적 정서					
판단 불가					

참 고

- 1명을 5초씩 관찰하여 5명을 관찰한 후 다시 관찰하기를 5회 반복한다. 즉, 1명을 5초씩 5회 관찰하되 한 번에 5회 모두를 관찰하지 말고 1명씩 돌아가며 관찰한다.
- 한 번 관찰할 때마다 영유아가 보이는 정서에 표시(✔)한다.
- 특정한 한 영역을 선택하여 관찰하거나 모든 자유선택활동(놀이) 영역을 관찰할 수 있다.
- 가능하면 비슷한 수의 남아와 여아를 관찰한다.

생각해 봅시다

- 각 관찰자가 생각한 부정적 정서와 긍정적 정서의 예를 제시하고 왜 그렇게 분류했는지 근거를 제시해 봅시다.
- 영유아별로 관찰된 정서 패턴이 다르다면 그 이유를 생각해 봅시다.
- 영유아별로 관찰된 정서 패턴의 차이가 성과 연령에 따라 다르다면 그 이유를 생각해 봅시다.
- 영유아의 정서를 판단하기 불가능했다면 어떤 경우였는지 그리고 왜 판단하기 어려웠는지에 대해 생각해 봅시다.

7 또래와 대화하면서 놀고 있는 영유아 5명을 선택하여 어떤 내용의 대화를 나누는지 관찰하고 기록하시오.

관 찰 자:			관찰일시: 년 월 일 요일		
관찰기관:	유치원/어린이집		관찰학급: 반/ 세 학급		
영 역:	영역				
영유아 성/ 대화내용	영유아 쌍 1	영유아 쌍 2	영유아 쌍 3	영유아 쌍 4	영유아 쌍 5
성 - 해당 영유아	(남, 여)	(남, 여)	(남, 여)	(남, 여)	(남, 여)
성 - 상대 영유아	(남, 여)	(남, 여)	(남, 여)	(남, 여)	(남, 여)
현재 진행되는 놀이와 관련 있는 대화					
현재 진행되는 놀이와 관련 없는 일상적인 대화 (예: 날씨, 옷)					
기타					

참고

- 대화하고 있는 2명의 영유아를 관찰한다.
- 성: 2명의 성을 표시한다.
- 내용: 대화의 내용을 듣고, 현재 진행되는 놀이와 관련 있는 내용인지 또는 관련 없는 내용인지를 표시(✔)한다.
- 기타: 해당 칸에 대화의 내용을 간략히 기록한다.
- 특정한 한 영역에서의 대화를 관찰하거나 모든 자유선택활동(놀이) 영역에서의 대화를 관찰할 수 있다.

생각해 봅시다

- 동성 영유아 간 대화와 이성 영유아 간 대화의 빈도가 다르다면 그 이유를 생각해 봅시다.
- 동성 영유아 간 대화와 이성 영유아 간 대화의 내용이 다르다면 그 이유를 생각해 봅시다.
- 영유아의 연령에 따라 동성 영유아 간 대화와 이성 영유아 간 대화의 빈도나 내용이 다르다면 그 이유를 생각해 봅시다.
- 특정 영역별로 관찰되는 대화의 빈도와 내용이 다르다면 그 이유를 생각해 봅시다.
- 특정 영역별로 관찰되는 대화의 빈도와 내용이 영유아의 성 또는 연령에 따라 다르다면 그 이유를 생각해 봅시다.

8 또래와 갈등을 하고 있는 영유아 5명을 선택하여 갈등의 원인을 관찰하고 기록하시오.

관 찰 자:			관찰일시:	년 월 일 요일		
관찰기관:		유치원/어린이집	관찰학급:	반/ 세 학급		
영 역:		영역				
영유아 / 갈등 내용		영유아 쌍 1	영유아 쌍 2	영유아 쌍 3	영유아 쌍 4	영유아 쌍 5
성	해당 영유아	(남, 여)	(남, 여)	(남, 여)	(남, 여)	(남, 여)
	상대 영유아	(남, 여)	(남, 여)	(남, 여)	(남, 여)	(남, 여)
현재 진행되는 놀이와 관련 있는 갈등 (예: 놀잇감, 역할)						
현재 진행되는 놀이와 관련 없는 일상적인 갈등						
기타						

참 고

- 각 관찰자가 갈등하고 있다고 판단한 근거(예: 소리 지르는 것을 보고, 우는 것을 보고 등)를 갈등 내용에 제시한다.
- 갈등하고 있는 2명의 영유아를 관찰한다.
- 성: 2명의 성을 표시한다.
- 갈등 내용: 갈등의 내용을 듣고, 현재 진행되는 놀이와 관련 있는 갈등인지 또는 관련 없는 갈등인지를 표시(✔)한다.
- 기타: 해당 칸에 갈등의 내용을 간략히 기록한다.

생각해 봅시다

- 동성 영유아 간 갈등과 이성 영유아 간 갈등의 빈도가 다르다면 그 이유를 생각해 봅시다.
- 동성 영유아 간 갈등과 이성 영유아 간 갈등의 내용이 다르다면 그 이유를 생각해 봅시다.
- 영유아의 연령에 따라 동성 영유아 간 갈등과 이성 영유아 간 갈등의 빈도나 내용이 다르다면 그 이유를 생각해 봅시다.
- 특정 영역별로 관찰되는 갈등의 빈도와 내용이 다르다면 그 이유를 생각해 봅시다.
- 특정 영역별로 관찰되는 갈등의 빈도와 내용이 영유아의 성과 연령에 따라 다르다면 그 이유를 생각해 봅시다.

9 또래와 놀고 있는 영유아 5명을 선택하여 주도적으로 놀고 있는지의 여부를 관찰하고 기록하시오.

관 찰 자:			관찰일시:	년 월 일 요일		
관찰기관:		유치원/어린이집	관찰학급:	반/ 세 학급		
영 역:		영역				
주도성 \ 영유아(성)		영유아 1 (남, 여)	영유아 2 (남, 여)	영유아 3 (남, 여)	영유아 4 (남, 여)	영유아 5 (남, 여)
주도적으로 놀이함	1회					
	2회					
	3회					
	4회					
	5회					
추종적으로 놀이함	1회					
	2회					
	3회					
	4회					
	5회					
기타						

참 고

- 각 관찰자가 주도적 또는 추종적으로 놀이하고 있다고 판단한 근거(예: 놀이 아이디어를 내는 것을 보고, 또래가 시킨 역할을 그대로 수용하는 것을 보고 등)를 제시한다.
- 1명을 10초씩 관찰하여 5명을 관찰한 후 다시 관찰하기를 5회 반복한다. 즉, 1명을 10초씩 5회 관찰하되 한 번에 5회 모두를 관찰하지 말고 1명씩 돌아가며 관찰한다.
- 성: 관찰 대상 영유아의 성을 표시한다.
- 기타: 주도적으로 놀이하는지 추종적으로 놀이하는지 판단이 불가능할 경우 그 이유를 제시한다.
- 가능하면 비슷한 수의 남아와 여아를 관찰한다.

생각해 봅시다

- 각 영유아의 주도성 정도가 다른지 살펴보고, 다르다면 그 이유를 생각해 봅시다.
- 영유아의 주도성이 성 또는 연령에 따라 다른지 살펴보고, 다르다면 그 이유를 생각해 봅시다.

10 문제에 직면한 영유아 5명을 선택하여 어떻게 문제를 해결하는지 관찰하고 기록하시오.

관 찰 자:		관찰일시:	년 월 일 요일
관찰기관:	유치원/어린이집	관찰학급:	반/ 세 학급
영 역:	영역		

문제 해결 \ 영유아		영유아 1	영유아 2	영유아 3	영유아 4	영유아 5
문제						
문제 해결 방식	한 가지 방식만 고집함					
	다양하게 시도해 봄					
	좌절하거나 도움을 청함					
	기타					

참 고

- 문제: 어떤 문제인지 기록한다.
- 문제 해결 방식: 한 가지 이상의 문제 해결 방식을 사용하면 사용한 순서대로 '1', '2', '3'을 표시한다.
- 기타: 그 밖의 문제 해결 방식이 관찰되면 '기타'란에 기록한다.
- 가능하면 비슷한 수의 남아와 여아를 관찰한다.

생각해 봅시다

- 특정 영역별로 나타나는 문제 또는 문제 해결 방식이 다르다면 그 이유를 생각해 봅시다.
- 문제 또는 문제 해결 방식이 성 또는 연령에 따라 다르다면 그 이유를 생각해 봅시다.
- 1명의 영유아를 여러 번(예: 10회) 관찰했다면, 각 영유아가 문제를 해결하는 방식의 패턴을 살펴보고, 다르다면 그 이유를 생각해 봅시다.

11 놀이를 끝낸 영유아 5명을 선택하여 놀이가 어떻게 끝났는지 관찰하고 기록하시오.

관 찰 자:		관찰일시:	년	월	일	요일
관찰기관:	유치원/어린이집	관찰학급:	반/	세 학급		
영 역:	영역					

영유아 / 놀이의 종결	영유아 1	영유아 2	영유아 3	영유아 4	영유아 5
완성하고 끝냄 (예: 놀던 퍼즐, 책, 조작 교구 등을 다하거나 만들던 미술 작품, 블록 쌓기 등을 완성하고 끝내는 것)					
중간에 흐지부지 끝냄					
기타					

참 고

- 완성하고 끝냄: 놀던 놀이를 완성(예: 놀던 퍼즐, 책, 조작 교구 등을 다하거나 만들던 미술 작품, 블록 쌓기 등을 완성하고 끝내는 것)하고 다른 놀이를 시작하는지 본다.
- 기타: 그 밖의 방식으로 놀이를 끝내면 '기타'란에 기록한다.
- 가능하면 비슷한 수의 남아와 여아를 관찰한다.

생각해 봅시다

- 특정 영역별로 놀이를 끝내는 방식이 다르다면 그 이유를 생각해 봅시다.
- 영유아가 놀이를 끝내는 방식이 성 또는 연령에 따라 어떤지 살펴보고, 다르거나 같다면 각각 그 이유를 생각해 봅시다.
- 1명의 영유아를 여러 번(예: 10회) 관찰했다면, 각 영유아가 놀이를 끝내는 경향을 살펴보고, 다르다면 그 이유를 생각해 봅시다.

12 놀이를 중간에 흐지부지 끝낸 영유아 5명을 선택하여 그 원인을 관찰하고 기록하시오.

관 찰 자:			관찰일시:	년 월 일 요일		
관찰기관:	유치원/어린이집		관찰학급:	반/ 세 학급		
영 역:	영역					
중단 이유 \ 영유아		영유아 1	영유아 2	영유아 3	영유아 4	영유아 5
자의에 의해	흥미 부족					
	활동 내용/방법이 어려워					
	기타					
타의에 의해	교사 (예: 정리 시간)					
	또래 (예: 다른 놀이로 전환)					
	기타					

참 고

- 기타: 그 밖의 다른 이유가 관찰되면 기록한다.
- 가능하면 비슷한 수의 남아와 여아를 관찰한다.

생각해 봅시다

- 특정 영역별로 중간에 놀이를 흐지부지 끝낸 이유가 다르다면 그 이유를 생각해 봅시다.
- 영유아가 중간에 놀이를 흐지부지 끝낸 이유가 성 또는 연령에 따라 다르다면 그 이유를 생각해 봅시다.
- 1명의 영유아를 여러 번(예: 10회) 관찰했다면, 각 영유아가 놀이를 중간에 끝내는 경향을 살펴보고, 다르다면 그 이유를 생각해 봅시다.

13 놀이를 끝낸 영유아 5명을 선택하여 놀잇감을 어떻게 정리하는지 관찰하고 기록하시오.

관 찰 자: 관찰일시: 년 월 일 요일
관찰기관: 유치원/어린이집 관찰학급: 반/ 세 학급
영 역: 영역

정리 \ 영유아		영유아 1	영유아 2	영유아 3	영유아 4	영유아 5
정리함	적절하게 정리함					
	부적절하게 정리함					
정리하지 않음						
기타						

참 고

- 적절하게 정리함: 해체해서 제자리에 두거나 학급 규칙에 따라 정해진 곳에 둘 경우 기록한다.
- 부적절하게 정리함: 아무 곳에나 둘 경우 기록한다.
- 기타: 그 밖의 다른 방식으로 정리하거나 정리하지 않는 것이 관찰되면 기록한다.
- 가능하면 비슷한 수의 남아와 여아를 관찰한다.

생각해 봅시다

- 특정 영역별로 놀잇감을 정리하는 방식이 다르다면 그 이유를 생각해 봅시다.
- 놀잇감을 정리하는 방식이 성 또는 연령에 따라 다르다면 그 이유를 생각해 봅시다.
- 1명의 영유아를 여러 번(예: 10회) 관찰했다면, 각 영유아가 놀잇감을 정리하는 방식을 살펴보고, 다르다면 그 이유를 생각해 봅시다.

▣ 다음에 제시된 관찰 내용은 특정 자유선택활동(놀이) 영역에서만 관찰할 수 있는 영유아의 행동이다. 관심 있는 영역을 선택하여 그 영역에서 놀고 있는 영유아의 행동을 관찰하고 기록하시오.

1) 쌓기놀이 영역(0세는 해당 사항 없음/1~2세는 역할·쌓기)

1 영유아 5명을 선택하여 현재 어떤 행동을 하는지 관찰하고 기록하시오.

관 찰 자: 관찰일시: 년 월 일 요일
관찰기관: 유치원/어린이집(1, 2, 3, 4, 5세) 관찰학급: 반/ 세 학급
놀이하는 영역:

영유아 행동	영유아 1	영유아 2	영유아 3	영유아 4	영유아 5
전이					
아무것도 하지 않기					
만들기					
만든 것 가지고 놀기					
지켜보기					
기타					

참 고

- 놀이하는 영역: 쌓기놀이 영역 이외의 영역에서 놀이할 경우 기록한다.
- 전이: 영역에 들어오기나, 정리하고 나가기나, 현재 놀이에 필요한 자료를 찾기 등이 해당된다.
- 1명을 10초씩 관찰하여 5명을 관찰한 후 다시 관찰하기를 5회 반복한다. 즉, 1명을 10초씩 5회 관찰하되 한 번에 5회 모두를 관찰하지 말고 1명씩 돌아가며 관찰한다.
- 기타: 다른 것을 하거나 무엇을 하는지 판단이 불가능할 경우 기록한다.
- 가능하면 비슷한 수의 남아와 여아를 관찰한다.

생각해 봅시다

- 영유아가 하는 행동이 성 또는 연령에 따라 다른지 살펴보고, 다르거나 같다면 각각 그 이유를 생각해 봅시다.
- 1명을 여러 번 관찰한 경우, 각 영유아가 하는 행동의 유형이 다른지 살펴보고, 다르다면 그 이유를 생각해 봅시다.

2 영유아 5명을 선택하여 쌓기 놀잇감을 어떻게 사용하는지 관찰하고 기록하시오(I).

관 찰 자: 관찰기관: 유치원/어린이집(1, 2, 3, 4, 5세)			관찰일시: 년 월 일 요일 관찰학급: 반/ 세 학급		
영유아 놀잇감 사용(I)	영유아 1	영유아 2	영유아 3	영유아 4	영유아 5
주로 한 가지만 가지고 놀기					
다양한 것 가지고 놀기					
기타					

참 고

- 주로 한 가지만 가지고 놀기: 주로 한 가지의 블록을 사용하고 제한된 소품만 사용하는 경우 기록한다.
- 다양한 것 가지고 놀기: 다양한 블록을 사용하고 소품도 다양하게 사용하는 경우 기록한다.
- 1명을 10초씩 관찰하여 5명을 관찰한 후 다시 관찰하기를 5회 반복한다. 즉, 1명을 10초씩 5회 관찰하되 한 번에 5회 모두를 관찰하지 말고 1명씩 돌아가며 관찰한다.
- 기타: 다른 방식으로 놀이할 때 또는 기록하거나 판단하기 불가능할 경우는 이유를 함께 기록한다.
- 가능하면 비슷한 수의 남아와 여아를 관찰한다.

생각해 봅시다

- 영유아가 놀잇감을 사용하는 방식이 성 또는 연령에 따라 다른지 살펴보고, 다르거나 같다면 각각 그 이유를 생각해 봅시다.
- 1명을 여러 번 관찰한 경우, 각 영유아가 놀잇감을 사용하는 방식이 다른지 살펴보고, 다르다면 그 이유를 생각해 봅시다.

3 영유아 5명을 선택하여 놀잇감을 어떻게 사용하는지 관찰하고 기록하시오(Ⅱ).

관 찰 자:			관찰일시: 년 월 일 요일		
관찰기관: 유치원/어린이집(1, 2, 3, 4, 5세)			관찰학급: 반/ 세 학급		
영유아 / 놀잇감 사용(Ⅱ)	영유아 1	영유아 2	영유아 3	영유아 4	영유아 5
목적을 가지고 사용하거나 만드는 구성놀이 (예: 로봇이나 기지 만들기)					
목적 없이 그냥 사용하는 기능놀이 (예: 그냥 쌓기)					
기타					

참고

- 목적의 유무를 판단하기 위해 직접 묻거나 시간을 두고 관찰할 수 있다.
- 1명을 여러 번(예: 10회) 관찰할 경우, 각 영유아가 한 가지 놀이를 끝내고 다른 놀이를 시작하면 다시 관찰한다.
- 기타: 다른 방식으로 놀이할 때 기록하거나 판단이 불가능할 경우는 이유를 함께 기록한다.
- 가능하면 비슷한 수의 남아와 여아를 관찰한다.

생각해 봅시다

- 영유아가 놀잇감을 사용하는 방식이 성 또는 연령에 따라 다른지 살펴보고, 다르거나 같다면 각각 그 이유를 생각해 봅시다.
- 1명을 여러 번 관찰한 경우, 각 영유아가 놀잇감을 사용하는 방식의 패턴을 살펴보고, 다르다면 그 이유를 생각해 봅시다.

4 놀고 있는 영유아 5명을 선택하여 그 주제가 무엇인지 관찰하고 기록하시오.

관 찰 자:		관찰일시:	년 월 일 요일		
관찰기관:	유치원/어린이집(1, 2, 3, 4, 5세)	관찰학급:	반/ 세 학급		
놀이 주제 \ 영유아	영유아 1	영유아 2	영유아 3	영유아 4	영유아 5
놀이 주제					
없음					
모름					

참 고

- 놀이 주제: 제시된 칸에 관찰한 놀이 주제(예: 전쟁놀이, 기차놀이, 로봇놀이)를 기록한다. 놀이 주제를 알기 위해 영유아에게 직접 묻거나 시간을 두고 관찰할 수 있다.
- 없음: 놀이 주제가 없을 때 기록한다.
- 모름: 놀이 주제를 알 수 없을 때 기록한다.
- 1명을 여러 번(예: 10회) 관찰할 경우, 각 영유아가 한 가지 놀이를 끝내고 다른 놀이를 시작하면 다시 관찰한다.
- 가능하면 비슷한 수의 남아와 여아를 관찰한다.

생각해 봅시다

- 영유아의 놀이 주제가 성 또는 연령에 따라 다른지 살펴보고, 다르거나 같다면 각각 그 이유를 생각해 봅시다.
- 1명을 여러 번 관찰한 경우, 각 영유아가 선호하는 놀이 주제가 다른지 살펴보고, 다르다면 그 이유를 생각해 봅시다.

5 영유아 5명을 선택하여 쌓기놀이 영역에서의 놀이가 상상놀이로 진전되는지의 여부를 관찰하고 기록하시오.

관 찰 자:		관찰일시:	년 월 일 요일
관찰기관:	유치원/어린이집(1, 2, 3, 4, 5세)	관찰학급:	반/ 세 학급

영유아 / 상상놀이	영유아 1	영유아 2	영유아 3	영유다 4	영유아 5
상상놀이로 연결됨					
연결되지 않음					
기타					

참 고

- 상상놀이로 연결됨: 만드는 중이거나 다 만들고 난 후 '□□ 하는 흉내'를 내는 놀이일 때 표시한다.
- 연결되지 않음: 행동이나 소리로 '□□ 하는 흉내'를 내는 것을 관찰하지 못했을 때 표시한다.
- 기타: 그 밖의 것이 관찰되면 기록하고 이유를 제시한다.
- 1명을 10초씩 관찰하여 5명을 관찰한 후 다시 관찰하기를 5회 반복한다. 즉, 1명을 10초씩 5회 관찰하되 한 번에 5회 모두를 관찰하지 말고 1명씩 돌아가며 관찰한다.
- 가능하면 비슷한 수의 남아와 여아를 관찰한다.

생각해 봅시다

- 영유아의 놀이가 상상놀이로 진전되는지의 여부가 성 또는 연령에 따라 다른지 살펴보고, 다르거나 같다면 각각 그 이유를 생각해 봅시다.
- 1명을 여러 번 관찰한 경우, 각 영유아가 상상놀이로 진전되는 여부를 살펴보고, 다르다면 그 이유를 생각해 봅시다.

6 5명의 영유아를 선택하여 블록을 어떻게 사용하는지 관찰하고 기록하시오.

관 찰 자:			관찰일시:	년 월 일 요일	
관찰기관:	유치원/어린이집(1, 2, 3, 4, 5세)		관찰학급:	반/ 세 학급	

영유아 사용 방식	영유아 1	영유아 2	영유아 3	영유아 4	영유아 5
블록 이리저리 옮기기					
늘어놓기와 쌓기를 통해 간단한 구조물 만들기					
복잡한 구조물 만들기 (예: 다리 만들기)					
복잡한 구조물 만들기 (예: 장식적 패턴 만들기)					
구조물에 이름 붙이기					
블록을 활용해 표상하기					
기타					

참고

- 기타: 그 밖의 것이 관찰되면 기록하고 이유를 제시한다.
- 1명을 10초씩 관찰하여 5명을 관찰한 후 다시 관찰하기를 5회 반복한다. 즉, 1명을 10초씩 5회 관찰하되 한 번에 5회 모두를 관찰하지 말고 1명씩 돌아가며 관찰한다.
- 가능하면 비슷한 수의 남아와 여아를 관찰한다.

생각해 봅시다

- 영유아가 블록을 사용하는 방식이 성 또는 연령에 따라 다른지 살펴보고, 다르거나 같다면 각각 그 이유를 생각해 봅시다.
- 1명을 여러 번 관찰한 경우, 각 영유아가 블록을 사용하는 방식이 다른지 살펴보고, 다르다면 그 이유를 생각해 봅시다.

2) 역할놀이 영역(0세는 해당 사항 없음/1~2세는 역할·쌓기)

1 영유아 5명을 선택하여 어떤 내용의 대화를 하는지 관찰하여 해당 칸에 간략히 기록하시오.

관 찰 자:			관찰일시:	년 월 일 요일	
관찰기관:	유치원/어린이집(1, 2, 3, 4, 5세)		관찰학급:	반/ 세 학급	
놀이하는 영역:					
영유아 / 대화 내용	영유아 1	영유아 2	영유아 3	영유아 4	영유아 5
역할 인물을 가장한 말					
역할과 관련된 대화					
소품의 사용과 관련된 대화					
진행 중인 놀이와 관련 없는 대화					
기타					

참 고

- 놀이하는 영역: 역할놀이 영역 이외의 영역에서 놀이할 경우 기록한다.
- 기타: 그 밖의 것이 관찰되면 기록하고 이유를 제시한다.
- 1명을 10초씩 관찰하여 5명을 관찰한 후 다시 관찰하기를 5회 반복한다. 즉, 1명을 10초씩 5회 관찰하되 한 번에 5회 모두를 관찰하지 말고 1명씩 돌아가며 관찰한다.
- 가능하면 비슷한 수의 남아와 여아를 관찰한다.

생각해 봅시다

- 영유아의 대화 내용이 성 또는 연령에 따라 다른지 살펴보고, 다르거나 같다면 각각 그 이유를 생각해 봅시다.
- 1명을 여러 번 관찰한 경우, 각 영유아의 대화 내용이 다른지 살펴보고, 다르다면 그 이유를 생각해 봅시다.

2 영유아 5명을 선택하여 상상놀이의 가작화 수준을 관찰하고 기록하시오.

관 찰 자:			관찰일시:	년 월 일 요일	
관찰기관:	유치원/어린이집(1, 2, 3, 4, 5세)		관찰학급:	반/ 세 학급	
가작화 수준 \ 영유아	영유아 1	영유아 2	영유아 3	영유아 4	영유아 5
가작화하지 않음					
자신을 향한 가작화					
대상을 향한 가작화					
대상으로 하여금 행동을 수행하도록 하는 가작화					
기타					

참고

- 가작화하지 않음: 가작화가 일어나지 않을 경우 표시(✔)한다.
- 자신을 향한 가작화: 자신이 어떤 행동을 하는 것을 가작화하는 것(예: 자신이 밥 먹는 흉내 내기, 자신이 머리 빗는 흉내 내기)이 나타나면 표시(✔)한다.
- 대상을 향한 가작화: 자신이 다른 대상에게 어떤 행동을 하는 것을 가작화하는 것(예: 자신이 인형에 밥 먹여 주는 흉내 내기, 자신이 인형 머리 빗기는 흉내 내기)이 나타나면 표시(✔)한다.
- 대상으로 하여금 행동을 수행하도록 하는 가작화: 대상에게 어떤 행동을 수행하도록 가작화하는 것(예: 인형이 스스로 밥 먹는 흉내 내기, 인형이 다른 인형 머리 빗기는 흉내 내기)이 나타나면 표시(✔)한다.
- 기타: 그 밖의 것이 관찰되면 기록하고 이유를 제시한다.
- 1명을 10초씩 관찰하여 5명을 관찰한 후 다시 관찰하기를 5회 반복한다. 즉, 1명을 10초씩 5회 관찰하되 한 번에 5회 모두를 관찰하지 말고 1명씩 돌아가며 관찰한다.
- 가능하면 비슷한 수의 남아와 여아를 관찰한다.

생각해 봅시다

- 영유아의 가작화 수준이 성 또는 연령에 따라 다른지 살펴보고, 다르거나 같다면 각각 그 이유를 생각해 봅시다.
- 1명을 여러 번 관찰한 경우, 각 영유아의 가작화 수준이 다른지 살펴보고, 다르다면 그 이유를 생각해 봅시다.

3 5명의 영유아를 선택하여 상상놀이의 동작에 나타나는 행동의 통합 수준을 관찰하고 기록하시오.

관 찰 자:		관찰일시:	년 월 일 요일		
관찰기관:	유치원/어린이집(1, 2, 3, 4, 5세)	관찰학급:	반/ 세 학급		
영유아 / 행동 통합 수준	영유아 1	영유아 2	영유아 3	영유아 4	영유아 5
한 가지씩의 분리된 행동이 나타남 (예: 밥 먹기, 머리 빗기기)					
두 가지 이상의 행동이 통합되어 나타남 (예: 밥 먹은 후 머리 빗기기)					
기타					

참고

- 행동 통합 수준: 두 가지 행동이 연속적으로 나타나더라도 놀이하는 영유아가 두 가지 행동을 관련 있다고 생각하는 증거를 확보해야 두 가지 이상의 행동이 통합되어 나타났다고 판단할 수 있다. 예를 들면, "아가야, 밥 먹었으니 이제 머리 빗자.", "우리, 머리 빗고 소풍가자.", "밥도 먹고 머리도 빗었으니 이제 나가자." 같은 방식으로 말했다면 두 가지 이상의 행동이 통합되어 나타난 것으로 판단한다. 반면, "아가야, 밥 먹자."라고 말한 후 아무런 연관 없이 "아가야, 머리 빗자."라고 말했다면 한 가지씩의 분리된 행동이 나타난 것으로 판단한다.
- 기타: 가작화라고 할 만한 행동이 나타나지 않거나 판단하기 어려울 경우 표시한 후 상세히 기록한다.
- 1명을 관찰할 때는 시간에 관계없이 최소한 두 가지 행동이 연속적으로 나타날 때까지 기다려 관찰한다.

- 5명을 관찰한 후 다시 관찰하기를 5회 반복한다. 즉, 1명을 5회 관찰하되 한 번에 5회 모두를 관찰하지 말고 1명씩 돌아가며 관찰한다.
- 가능하면 비슷한 수의 남아와 여아를 관찰한다.

생각해 봅시다

- 영유아의 행동 통합 수준이 성 또는 연령에 따라 다른지 살펴보고, 다르거나 같다면 각각 그 이유를 생각해 봅시다.
- 1명을 여러 번 관찰한 경우, 각 영유아의 행동 통합 수준이 다른지 살펴보고, 다르다면 그 이유를 생각해 봅시다.

4 놀고 있는 영유아 5명을 선택하여 그 놀이 주제가 무엇인지 관찰하고 기록하시오.

관 찰 자:		관찰일시:	년 월 일 요일
관찰기관:	유치원/어린이집(1, 2, 3, 4, 5세)	관찰학급:	반/ 세 학급

놀이 주제 \ 영유아	영유아 1	영유아 2	영유아 3	영유아 4	영유아 5
놀이 주제					
없음					
모름					

참 고

- 놀이 주제: 제시된 칸에 관찰한 놀이 주제(예: 엄마놀이, 미용실놀이, 병원놀이)를 기록한다. 놀이 주제를 알기 위해 영유아에게 직접 묻거나 시간을 두고 관찰할 수 있다.
- 없음: 놀이 주제가 없을 때 기록한다.
- 모름: 놀이 주제를 알 수 없을 때 기록한다.
- 1명을 여러 번(예: 10회) 관찰할 경우, 각 영유아가 한 놀이를 끝내고 다른 놀이를 시작하면 다시 관찰한다.
- 가능하면 비슷한 수의 남아와 여아를 관찰한다.

생각해 봅시다

- 영유아의 놀이 주제가 성 또는 연령에 따라 다른지 살펴보고, 다르거나 같다면 각각 그 이유를 생각해 봅시다.
- 1명을 여러 번 관찰한 경우, 각 영유아가 선호하는 놀이 주제가 다른지 살펴보고, 다르다면 그 이유를 생각해 봅시다.

3) 언어 영역(0~5세)

1 영유아 5명을 선택하여 현재 하고 있는 행동을 관찰하고 기록하시오.

관 찰 자: 관찰기관: 유치원/어린이집(0, 1, 2, 3, 4, 5세) 놀이하는 영역:			관찰일시: 년 월 일 요일 관찰학급: 반/ 세 학급		
영유아 / 영유아 행동	영유아 1	영유아 2	영유아 3	영유아 4	영유아 5
책 또는 자료 보기					
쓰기 또는 긁적거리기					
그림사전 또는 책 만들기					
글자카드, 글자게임, 글자퍼즐 등의 문식성 자료를 이용해 놀이하기					
융판 자료, 각종 인형 등의 말하기 자료 이용하기					
녹음기, 테이프, CD 등의 듣기 자료 이용하기					
전이(예: 영역에 들어오기/나가기, 현재 놀이를 위한 자료 찾기/정리하기)					
기타					

참고

- 놀이하는 영역: 언어 영역 이외의 영역에서 놀이할 경우 기록한다.
- 기타: 그 밖의 것이 관찰되면 기록하고 이유를 제시한다.
- 1명을 10초씩 관찰하여 5명을 관찰한 후 다시 관찰하기를 5회 반복한다. 즉, 1명을 10초씩 5회 관찰하되 한 번에 5회 모두를 관찰하지 말고 1명씩 돌아가며 관찰한다.
- 가능하면 비슷한 수의 남아와 여아를 관찰한다.

생각해 봅시다

- 영유아의 행동이 성 또는 연령에 따라 다른지 살펴보고, 다르거나 같다면 각각 그 이유를 생각해 봅시다.
- 1명을 여러 번 관찰한 경우, 각 영유아의 행동 유형이 다른지 살펴보고, 다르다면 그 이유를 생각해 봅시다.

2 읽기 또는 쓰기 활동을 하고 있는 5명의 영유아를 선택하여 어떤 내용의 대화를 하고 있는지 관찰하고 기록하시오.

관 찰 자:		관찰일시:	년 월 일 요일
관찰기관:	유치원/어린이집(0, 1, 2, 3, 4, 5세)	관찰학급:	반/ 세 학급

영유아 / 대화 내용	영유아 1	영유아 2	영유아 3	영유아 4	영유아 5
자·모음					
읽기/쓰기의 기능					
낱말(단어)					
이야기					
읽기/쓰기의 관례					
기타					

참고

- 언어 영역이 영아 학급 놀이 영역에 포함되기 때문에 관찰기관의 연령에 0세부터 포함했으나, 해당 사항이 없으므로 관찰하지 않는다.
- 자·모음: 자음과 모음의 생김새, 발음, 쓰는 법과 관련된 대화가 나타나면 상세히 기록한다.
- 읽기/쓰기의 기능: 읽기와 쓰기를 통해 할 수 있는 일(예: 하고 싶은 말을 할 수 있어, 내 생각을 쓸 수 있어, 편지를 보낼 수 있어 등)과 관련된 대화가 나타나면 상세히 기록한다.
- 낱말(단어): 단어나 낱말의 뜻, 쓰는 법, 발음 등과 관련된 대화가 나타나면 상세히 기록한다.
- 이야기: 읽고 있는 문서(책, 편지, 그림 등)나 쓴 문서의 내용과 관련된 대화가 나타나면 상세히 기록한다.
- 읽기/쓰기의 관례: 책장을 넘기는 방법, 왼쪽에서 오른쪽으로 쓰는 방법 등 읽기와 쓰기의 관례와 관련된 대화가 나타나면 상세히 기록한다.
- 기타: 그 밖의 것(예: 일상적인 대화)이 관찰되면 기록하고 이유를 제시한다.
- 1명을 30초씩 관찰하여 5명을 관찰한 후 다시 관찰하기를 5회 반복한다. 즉, 1명을 30초씩 5회 관찰하되 한 번에 5회 모두를 관찰하지 말고 1명씩 돌아가며 관찰한다.
- 가능하면 비슷한 수의 남아와 여아를 관찰한다.

생각해 봅시다

- 영아는 몇 세가 되어야 위와 같은 내용의 대화를 할 수 있는지 관련 서적을 찾아봅시다.
- 영유아의 대화 내용이 성 또는 연령에 따라 다른지 살펴보고, 다르거나 같다면 각각 그 이유를 생각해 봅시다.
- 1명을 여러 번 관찰한 경우, 각 영유아의 대화 내용이 다른지 살펴보고, 다르다면 그 이유를 생각해 봅시다.

3 읽기와 관련된 자료를 사용하고 있는 영유아 5명을 선택하여 어떤 자료를 사용하는지 관찰하고 사용하는 것을 모두 기록하시오.

관 찰 자: 관찰일시: 년 월 일 요일
관찰기관: 유치원/어린이집(0, 1, 2, 3, 4, 5세) 관찰학급: 반/ 세 학급

영유아 / 읽기 자료	영유아 1	영유아 2	영유아 3	영유아 4	영유아 5
각종 책(예: 글자 없는 그림책, 단어 중심의 그림책, 간단한 문장의 그림책)					
어린이용 잡지					
동요, 동시집					
사전 및 카탈로그 종류					
신문, 잡지, 전화번호부					
교사가 제작한 글자 책					
자석판과 글자					
영유아가 만든 책					
기타					

참 고

- 기타: 그 밖의 것이 관찰되면 기록하고 자료의 종류를 제시한다.
- 한 번의 관찰 기간 동안 한 개 이상의 자료를 사용했다면 모두 기록한다.
- 1명을 30초씩 관찰하여 5명을 관찰한 후 다시 관찰하기를 5회 반복한다. 즉, 1명을 30초씩 5회 관찰하되 한 번에 5회 모두를 관찰하지 말고 1명씩 돌아가며 관찰한다.
- 가능하면 비슷한 수의 남아와 여아를 관찰한다.

생각해 봅시다

- 영유아가 사용하는 읽기 자료가 성 또는 연령에 따라 다른지 살펴보고, 다르거나 같다면 각각 그 이유를 생각해 봅시다.
- 1명을 여러 번 관찰한 경우, 각 영유아가 사용하는 읽기 자료의 유형이 다른지 살펴보고, 다르다면 그 이유를 생각해 봅시다.

4 쓰기 활동을 하고 있는 영유아 5명을 선택하여 어떤 자료를 사용하는지 관찰하고 사용하는 것을 모두 기록하시오.

관 찰 자:			관찰일시:	년 월 일 요일	
관찰기관:	유치원/어린이집(0, 1, 2, 3, 4, 5세)		관찰학급:	반/ 서 학급	
영유아 / 쓰기 자료	영유아 1	영유아 2	영유아 3	영유아 4	영유아 5
각종 색 또는 모양의 종이					
각종 필기도구					
단어 또는 필순카드					
소형 칠판, 분필 또는 마커					
장판글씨, 점자글씨, 다양한 형태의 베끼기 도구 등					
글자 은행 상자(예: 영유아가 궁금해하는 단어 또는 낱말카드 모아 놓은 것)					
타자기 또는 컴퓨터 자판					
학습지 유형의 용지					
기타					

참고

- 언어 영역이 영아 학급 놀이 영역에 포함되기 때문에 관찰기관의 연령에 0세부터 포함했으나, 해당 사항이 없으므로 관찰하지 않는다.
- 기타: 그 밖의 것이 관찰되면 기록하고 자료의 종류를 제시한다.
- 한 번의 관찰 기간 동안 한 개 이상의 자료를 사용했다면 모두 기록한다.
- 1명을 30초씩 관찰하여 5명을 관찰한 후 다시 관찰하기를 5회 반복한다. 즉, 1명을 30초씩 5회 관찰하되 한 번에 5회 모두를 관찰하지 말고 1명씩 돌아가며 관찰한다.
- 가능하면 비슷한 수의 남아와 여아를 관찰한다.

생각해 봅시다

- 영아는 몇 세가 되어야 위와 같은 쓰기 활동을 할 수 있는지 관련 서적을 찾아봅시다.
- 영유아가 사용하는 쓰기 자료가 성 또는 연령에 따라 다른지 살펴보고, 다르거나 같다면 각각 그 이유를 생각해 봅시다.
- 1명을 여러 번 관찰한 경우, 각 영유아가 사용하는 쓰기 자료의 유형이 다른지 살펴보고, 다르다면 그 이유를 생각해 봅시다.

5 말하기 활동을 하는 영유아 5명을 선택하여 어떤 자료를 사용하는지 관찰하고 사용하는 것을 모두 기록하시오.

관 찰 자:		관찰일시:	년	월	일	요일
관찰기관:	유치원/어린이집(0, 1, 2, 3, 4, 5세)	관찰학급:	반/	세 학급		

말하기 자료 \ 영유아	영유아 1	영유아 2	영유아 3	영유아 4	영유아 5
손인형 등의 각종 인형과 인형극 틀					
융판 또는 자석판과 자료					
그림으로 읽는 동화					
그림 순서 카드					
디오라마					
역할놀이용 자료					
동화나 동극 때 사용했던 자료					
영유아들이 만든 자료					
기타					

참 고

- 기타: 그 밖의 것이 관찰되면 기록하고 자료의 종류를 제시한다.
- 한 번의 관찰 시간 동안 한 개 이상의 자료를 사용했다면 모두 기록한다.
- 1명을 30초씩 관찰하여 5명을 관찰한 후 다시 관찰하기를 5회 반복한다. 즉, 1명을 30초씩 5회 관찰하되 한 번에 5회 모두를 관찰하지 말고 1명씩 돌아가며 관찰한다.
- 가능하면 비슷한 수의 남아와 여아를 관찰한다.

생각해 봅시다

- 영아는 몇 세가 되어야 위와 같은 말하기 자료를 사용할 수 있는지 관련 서적을 찾아봅시다.
- 영유아가 사용하는 말하기 자료가 성 또는 연령에 따라 다른지 살펴보고, 다르거나 같다면 각각 그 이유를 생각해 봅시다.
- 1명을 여러 번 관찰한 경우, 각 영유아가 사용하는 말하기 자료의 유형이 다른지 살펴보고, 다르다면 그 이유를 생각해 봅시다.

6 듣기 활동을 하는 영유아 5명을 선택하여 어떤 자료를 사용하는지 관찰하고 사용하는 것을 모두 기록하시오.

관 찰 자:			관찰일시:	년 월 일	요일
관찰기관: 유치원/어린이집(0, 1, 2, 3, 4, 5세)			관찰학급:	반/ 세 학급	
듣기 자료 \ 영유아	영유아 1	영유아 2	영유아 3	영유아 4	영유아 5
녹음기, 오디오, CD 플레이어 등					
컴퓨터					
소리, 노래, 음악, 이야기 등이 녹음된 자료(테이프, CD, DVD 등)					
헤드폰					
라디오					
녹음된 소리, 노래, 음악, 이야기와 관련된 책 또는 그림 자료					
기타					

참 고

- 기타: 그 밖의 것이 관찰되면 기록하고 자료의 종류를 제시한다.
- 한 번의 관찰 시간 동안 한 개 이상의 자료를 사용했다면 모두 기록한다.
- 1명을 30초씩 관찰하여 5명을 관찰한 후 다시 관찰하기를 5회 반복한다. 즉, 1명을 30초씩 5회 관찰하되 한 번에 5회 모두를 관찰하지 말고 1명씩 돌아가며 관찰한다.
- 가능하면 비슷한 수의 남아와 여아를 관찰한다.

생각해 봅시다

- 영유아가 사용하는 듣기 자료가 성 또는 연령에 따라 다른지 살펴보고, 다르거나 같다면 각각 그 이유를 생각해 봅시다.
- 1명을 여러 번 관찰한 경우, 각 영유아가 사용하는 듣기 자료의 유형이 다른지 살펴보고, 다르다면 그 이유를 생각해 봅시다.

7 읽기나 쓰기 활동을 하는 영유아 5명을 선택하여 영유아의 행동이 어떤 기능을 하는지 관찰하고 기록하시오.

관 찰 자:		관찰일시:	년 월 일 요일
관찰기관:	유치원/어린이집(0, 1, 2, 3, 4, 5세)	관찰학급:	반/ 세 학급

영유아 / 행동의 기능	영유아 1	영유아 2	영유아 3	영유아 4	영유아 5
탐색적 기능					
상호작용적 기능					
교류적 기능					
개인적 기능					
확인적 기능					
기타					

참고

- 언어 영역이 영아 학급 놀이 영역에 포함되기 때문에 관찰기관의 연령에 0세부터 포함했으나, 해당 사항이 없으므로 관찰하지 않는다.
- 탐색적 기능: 읽기/쓰기에 관련된 자료나 도구들을 탐색하고 이용하는 행동이 관찰되면 기록한다.
- 상호작용적 기능: 타인과 함께 읽기/쓰기와 관련된 행동이 관찰되면 기록한다.
- 교류적 기능: 사물의 이름을 붙이거나 놀이를 더욱 의미 있게 하기 위한 읽기/쓰기 행동이 관찰되면 기록한다.
- 개인적 기능: 자신이 어떤 것을 소유하고 있음을 밝히거나 기억을 돕기 위한 읽기/쓰기 행동(예: 소유물에 이름 쓰기, 주말에 한 일 쓰기)이 관찰되면 기록한다.
- 확인적 기능: 정보를 확인하려는 읽기/쓰기 행동이 관찰되면 기록한다.
- 기타: 그 밖의 것이 관찰되면 기록하고 기능의 종류를 제시한다.
- 1명을 30초씩 관찰하여 5명을 관찰한 후 다시 관찰하기를 5회 반복한다. 즉, 1명을 30초씩 5회 관찰하되 한 번에 5회 모두를 관찰하지 말고 1명씩 돌아가며 관찰한다.
- 가능하면 비슷한 수의 남아와 여아를 관찰한다.

생각해 봅시다

- 영아의 경우 몇 세가 되어야 위와 같은 읽기나 쓰기와 관련된 행동을 할 수 있는지 관련 서적을 찾아봅시다.
- 영유아가 하는 행동의 기능이 성 또는 연령에 따라 다른지 살펴보고, 다르거나 같다면 각각 그 이유를 생각해 봅시다.
- 1명을 여러 번 관찰한 경우, 각 영유아가 하는 행동의 기능이 다른지 살펴보고, 다르다면 그 이유를 생각해 봅시다.

8 읽기나 쓰기 활동을 하는 영유아 5명을 선택하여 영유아의 행동에 나타난 문식성의 요소를 관찰하고 기록하시오.

관 찰 자:		관찰일시:	년 월 일 요일
관찰기관:	유치원/어린이집(0, 1, 2, 3, 4, 5세)	관찰학급:	반/ 세 학급

문식성 요소 \ 영유아	영유아 1	영유아 2	영유아 3	영유아 4	영유아 5
글의 메시지에 대한 인식					
글자에 대한 인식					
읽기/쓰기의 관례에 대한 이해					
기타					

참 고

- 언어 영역이 영아 학급 놀이 영역에 포함되기 때문에 관찰기관의 연령에 0세부터 포함했으나, 해당 사항이 없으므로 관찰하지 않는다.
- 글의 메시지에 대한 인식: 글자를 손가락으로 가리키거나 그림을 보면서 글의 내용을 말하거나 읽는 흉내를 냄으로써 메시지가 있음을 인식하는 행동이 관찰되면 기록한다.
- 글자에 대한 인식: 자/모음, 단어나 철자에 대한 지식을 나타내는 행동이 관찰되면 기록한다.
- 읽기/쓰기의 관례에 대한 이해: 읽기/쓰기의 방향, 책이나 필기도구를 잡는 법, 책장을 넘기는 방법 등의 읽기/쓰기의 관례에 대한 이해를 나타내는 행동이 관찰되면 기록한다.
- 기타: 그 밖의 것이 관찰되면 기록하고 이유를 제시한다.
- 1명을 30초씩 관찰하여 5명을 관찰한 후 다시 관찰하기를 5회 반복한다. 즉, 1명을 30초씩 5회 관찰하되 한 번에 5회 모두를 관찰하지 말고 1명씩 돌아가며 관찰한다.
- 가능하면 비슷한 수의 남아와 여아를 관찰한다.

생각해 봅시다

- 영아의 경우 몇 세가 되어야 위와 같은 문식성 요소를 행동에서 볼 수 있는지 관련 서적을 찾아봅시다.
- 영유아의 행동에 나타난 문식성의 요소가 성 또는 연령에 따라 다른지 살펴보고, 다르거나 같다면 각각 그 이유를 생각해 봅시다.
- 1명을 여러 번 관찰한 경우, 각 영유아가 하는 행동에 나타난 문식성의 요소가 다른지 살펴보고, 다르다면 그 이유를 생각해 봅시다.

4) 수·조작놀이 영역(3~5세)

1 유아 5명을 선택하여 어떤 종류의 수·조작 놀이를 하고 있는지 관찰하고 기록하시오.

관 찰 자:		관찰일시:	년	월	일	요일
관찰기관:	유치원/어린이집(3, 4, 5세)	관찰학급:	반/	세 학급		
놀이하는 영역:						

유아 / 종류	유아 1	유아 2	유아 3	유다 4	유아 5
퍼즐					
수 개념 관련 교구/교재					
과학 개념 관련 교구/교재					
언어 개념 관련 교구/교재					
사회/정서 개념 관련 교구/교재					
소근육 관련 교구/교재					
감각 관련 교구/교재					
그룹 게임					
기타					

참 고

- 놀이하는 영역: 수·조작놀이 영역 이외의 영역에서 놀이할 경우 기록한다.
- 기타: 그 밖의 것이 관찰되면 기록하고 종류를 제시한다.
- 1명을 여러 번(예: 10회) 관찰할 경우, 각 유아가 한 놀이를 끝내고 다른 놀이를 시작하면 다시 관찰한다.
- 가능하면 비슷한 수의 남아와 여아를 관찰한다.

생각해 봅시다

- 유아가 하는 수·조작 활동의 종류가 성 또는 연령에 따라 다른지 살펴보고, 다르거나 같다면 각각 그 이유를 생각해 봅시다.
- 1명을 여러 번 관찰한 경우, 각 유아가 하는 수·조작 활동의 종류가 다른지 살펴보고, 다르다면 그 이유를 생각해 봅시다.

5) 과학 영역(3~5세)

1 과학 영역에서 놀고 있는 유아 5명을 선택하여 어떤 과학적 기술을 사용하고 있는지 관찰하고 나타나는 행동을 모두 기록하시오.

관 찰 자:		관찰일시:	년 월 일 요일		
관찰기관:	유치원/어린이집(3, 4, 5세)	관찰학급:	반/ 세 학급		
놀이하는 영역:					
과학적 기술 \ 유아	유아 1	유아 2	유아 3	유아 4	유아 5
관찰					
분류					
측정					
가설 설정					
실험					
해석					
기록					
기타					

참 고

- 놀이하는 영역: 과학 영역 이외의 영역에서 놀이할 경우 기록한다.
- 기타: 그 밖의 것이 관찰되면 기록하고 기술의 종류를 제시한다.
- 1명을 30초씩 관찰하여 5명을 관찰한 후 다시 관찰하기를 5회 반복한다. 즉, 1명을 30초씩 5회 관찰하되 한 번에 5회 모두를 관찰하지 말고 1명씩 돌아가며 관찰한다.
- 30초 동안 한 가지 이상의 기술이 관찰될 경우 모두 표시한다.
- 가능하면 비슷한 수의 남아와 여아를 관찰한다.

생각해 봅시다

- 유아가 사용하는 과학적 기술의 종류가 성 또는 연령에 따라 다르다면 그 이유를 생각해 봅시다.
- 1명을 여러 번 관찰한 경우, 각 유아가 사용하는 과학적 기술의 종류가 다른지 살펴보고, 다르다면 그 이유를 생각해 봅시다.

6) 미술 영역(2~5세)

1 점토를 사용하고 있는 영유아 5명을 선택하여 점토를 어떻게 사용하는지 관찰하고 나타나는 행동을 모두 기록하시오.

관 찰 자:			관찰일시:	년 월 일 요일	
관찰기관:	유치원/어린이집(2, 3, 4, 5세)		관찰학급:	반/ 세 학급	
놀이하는 영역:					
영유아 / 점토 사용 방법	영유아 1	영유아 2	영유아 3	영유아 4	영유아 5
두드리기					
밀기					
굴리기					
떼기					
치기					
모양 만들기					
찍기					
찌르기/파기					
붙이기/연결하기					
기타					

참고

- 점토: 점토는 0, 1세 학급에서도 빈번히 제공하는 자료이므로 0, 1세 학급에서도 관찰할 수 있다.
- 놀이하는 영역: 미술 영역 이외의 영역에서 놀이할 경우 기록한다.
- 기타: 그 밖의 것이 관찰되면 기록하고 이유를 제시한다.
- 1명을 15초씩 관찰하여 5명을 관찰한 후 다시 관찰하기를 5회 반복한다. 즉, 1명을 15초씩 5회 관찰하되 한 번에 5회 모두를 관찰하지 말고 1명씩 돌아가며 관찰한다.
- 15초 동안 한 가지 이상의 방법이 관찰될 경우 모두 표시한다.
- 가능하면 비슷한 수의 남아와 여아를 관찰한다.

생각해 봅시다

- 영유아의 점토 사용 방법이 성 또는 연령에 따라 다른지 살펴보고 그 이유를 생각해 봅시다.
- 1명을 여러 번 관찰한 경우, 각 영유아의 점토 사용 방법이 다른지 살펴보고, 다르다면 그 이유를 생각해 봅시다.

2 점토를 사용하고 있는 영유아 5명을 선택하여 어떤 점토 도구를 사용하는지 관찰하고 사용하는 도구를 모두 기록하시오.

관 찰 자:			관찰일시:	년 월 일 요일	
관찰기관:	유치원/어린이집(2, 3, 4, 5세)		관찰학급:	반/ 세 학급	
영유아 / 점토 도구	영유아 1	영유아 2	영유아 3	영유아 4	영유아 5
사용하지 않음					
받침대					
밀대					
각종 찍기 모형					
가위/칼					
필기도구					
기타					

참 고

- 점토: 점토는 0, 1세 학급에서도 빈번히 제공하는 자료이므로 0, 1세 학급에서도 관찰할 수 있다.
- 기타: 그 밖의 것이 관찰되면 기록하고 도구의 종류를 제시한다.
- 1명을 15초씩 관찰하여 5명을 관찰한 후 다시 관찰하기를 5회 반복한다. 즉, 1명을 15초씩 5회 관찰하되 한 번에 5회 모두를 관찰하지 말고 1명씩 돌아가며 관찰한다.
- 15초 동안 한 가지 이상의 방법이 관찰될 경우 모두 표시한다.
- 가능하면 비슷한 수의 남아와 여아를 관찰한다.

생각해 봅시다

- 영유아가 사용하는 점토 도구가 성 또는 연령에 따라 다른지 살펴보고, 그 이유를 생각해 봅시다.
- 1명을 여러 번 관찰한 경우, 각 영유아가 사용하는 점토 도구가 다른지 살펴보고, 다르다면 그 이유를 생각해 봅시다.

3 물감이나 색 필기도구(예: 크레파스, 사인펜, 매직 등)를 사용하고 있는 영유아 5명을 선택하여 어떤 색을 사용하는지 일정 시간 관찰하고 사용하는 색 모두 기록하시오.

관 찰 자:			관찰일시: 년 월 일 요일		
관찰기관: 유치원/어린이집(2, 3, 4, 5세)			관찰학급: 반/ 세 학급		
영유아 / 색의 사용	영유아 1	영유아 2	영유아 3	영유아 4	영유아 5
단색 사용					
다양한 색 사용: 사용한 색을 모두 기록하시오.					

참 고

- 물감/크레파스: 0세 후반기부터 제공하고 1세 학급에서는 빈번히 제공하는 자료이므로 0, 1세 학급에서도 관찰할 수 있다.
- 1명을 15초씩 관찰하여 5명을 관찰한 후 다시 관찰하기를 5회 반복한다. 즉, 1명을 15초씩 5회 관찰하되 한 번에 5회 모두를 관찰하지 말고 1명씩 돌아가며 관찰한다.
- 15초 동안 한 가지 이상의 색을 사용할 경우 모두 기록한다.
- 가능하면 비슷한 수의 남아와 여아를 관찰한다.

생각해 봅시다

- 영유아가 사용하는 색이 성 또는 연령에 따라 다른지 살펴보고 그 이유를 생각해 봅시다.
- 1명을 여러 번 관찰한 경우, 각 영유아가 색을 사용하는 경향이 다른지 살펴보고, 다르다면 그 이유를 생각해 봅시다.

4 물감을 사용하고 있는 영유아 5명을 선택하여 색을 어떻게 혼합하는지 일정 시간(예: 5분) 관찰하고 기록하시오.

관 찰 자:			관찰일시:	년 월 일 요일	
관찰기관:	유치원/어린이집(2, 3, 4, 5세)		관찰학급:	반/ 세 학급	
영유아 색의 혼합	영유아 1	영유아 2	영유아 3	영유아 4	영유아 5
준비된 색만 사용: 준비된 색을 기록하시오.					
준비된 색 이외에 혼합해서도 사용: 혼합한 색을 기록하시오.					

참고

- 물감: 1세 학급에서 간혹 제공하는 자료이므로 1세 학급에서도 관찰할 수 있다.
- 1명을 30초씩 관찰하여 5명을 관찰한 후 다시 관찰하기를 5회 반복한다. 즉, 1명을 30초씩 5회 관찰하되 한 번에 5회 모두를 관찰하지 말고 1명씩 돌아가며 관찰한다.
- 30초 동안 여러 색을 혼합했을 경우 모두 기록한다.
- 가능하면 비슷한 수의 남아와 여아를 관찰한다.

생각해 봅시다

- 영유아가 색을 혼합하는 경향이 성 또는 연령에 따라 다른지 살펴보고, 다르거나 같다면 각각 그 이유를 생각해 봅시다.
- 1명을 여러 번 관찰한 경우, 각 영유아가 색을 혼합하는 경향이 다른지 살펴보고, 다르다면 그 이유를 생각해 봅시다.

5 종이(예: 색종이, 도화지)를 사용하여 작업하고 있는 영유아 5명을 선택하여 종이를 어떻게 활용하는지 일정 시간 관찰하고 기록하시오.

관 찰 자:		관찰일시:	년 월 일 요일		
관찰기관:	유치원/어린이집(2, 3, 4, 5세)	관찰학급:	반/ 세 학급		
영유아 / 종이 사용	영유아 1	영유아 2	영유아 3	영유아 4	영유아 5
전체 활용					
일부분만 활용					
작은 한 부분만 활용					
기타					

참고

- 종이: 0, 1세 학급에서 빈번히 제공하는 자료이므로 0, 1세 학급에서도 관찰할 수 있다.
- 기타: 그 밖의 활용 방법이 관찰되면 기록하고 이유를 제시한다.
- 1명을 여러 번(예: 5회) 관찰할 경우, 각 영유아가 한 가지 작업을 끝내고 다른 작업을 시작하면 다시 관찰한다.
- 가능하면 비슷한 수의 남아와 여아를 관찰한다.

생각해 봅시다

- 영유아가 종이를 활용하는 방법이 성 또는 연령에 따라 다른지 살펴보고 그 이유를 생각해 봅시다.
- 1명을 여러 번 관찰한 경우, 각 영유아가 종이를 활용하는 패턴이 다른지 살펴보고, 다르다면 그 이유를 생각해 봅시다.

6 작업을 끝낸 영유아 5명을 선택하여 작품을 어떻게 처리하는지 관찰하고 기록하시오.

관 찰 자:		관찰일시: 년 월 일 요일				
관찰기관: 유치원/어린이집(2, 3, 4, 5세)		관찰학급: 반/ 세 학급				
작품 처리 \ 영유아		영유아 1	영유아 2	영유아 3	영유아 4	영유아 5
적절히 처리함	교사에게 제출					
	건조대에 걸어 놓음					
	개인장에 보관					
	제출 장소에 제출					
	기타					
적절히 처리하지 않음						

참 고

- 기타: 그 밖의 적절한 처리 방법이 관찰되면 기록하고 방법을 제시한다.
- 적절히 처리하지 않음: 적절히 처리하지 않음이 어떤 의미인지 관찰자의 의견(예: 구겨서 버리기, 학급 규칙으로 제시된 방법 이외의 방법으로 처리하기)을 제시하고 기록한다.
- 가능하면 비슷한 수의 남아와 여아를 관찰한다.

생각해 봅시다

- 영유아가 끝낸 작품을 처리하는 방식이 성 또는 연령에 따라 다른지 살펴보고, 다르거나 같다면 각각 그 이유를 생각해 봅시다.

7) 음률 영역(2~5세)

1 영유아 5명을 선택하여 현재 또는 일정 시간 동안 영유아들이 보이는 행동을 관찰하고 나타나는 행동을 모두 기록하시오.

관 찰 자:			관찰일시:	년 월 일 요일	
관찰기관:	유치원/어린이집(2, 3, 4, 5세)		관찰학급:	반/ 서 학급	
놀이하는 영역:					
영유아 / 행동	영유아 1	영유아 2	영유아 3	영유아 4	영유아 5
악기 탐색					
악기 연주					
율동하기					
노래하기					
소품의 탐색 및 활용					
전이					
지켜보기					
기타					

참 고

- 연령: 음률 영역은 공식적으로 2세 학급부터 있으나 0, 1세 학급에서도 다양한 사물(예: 악기, 딸랑이, 블록)을 악기처럼 사용하므로 0, 1세 학급에서도 관찰할 수 있다.
- 놀이하는 영역: 음률 영역 이외의 영역에서 놀이할 경우 기록한다. 특히 0, 1세 학급에는 음률 영역이 없으므로 사물을 악기처럼 사용하는 경우 기록한다.
- 악기 탐색: 단순히 악기 소리 내 보기 또는 사물을 악기처럼 소리 내 브기 행동이 관찰되면 기록한다.
- 악기 연주: 노래 또는 피아노 반주에 맞추어 악기를 연주하거나 그냥 연주하기 또는 사물을 악기처럼 연주하기 행동이 관찰되면 기록한다.
- 율동하기: 배운 율동을 하거나 창의적으로 율동하기 또는 음악에 맞추어 몸 흔들기 행동이 관찰되면 기록한다.

- 노래하기: 반주 없이 또는 반주(예: 악기, 테이프 또는 피아노)에 맞추어 노래하기 행동이 관찰되면 기록한다.
- 소품의 탐색 및 활용: 스카프, 리본 테이프 등의 준비된 소품을 탐색하거나 활용하기 행동이 관찰되면 기록한다.
- 전이: 영역에 들어오거나 나가기, 필요한 자료 찾기, 준비하기, 정리하기 행동이 관찰되면 기록한다.
- 기타: 그 밖의 행동이 관찰되면 기록한다.
- 1명을 30초씩 관찰하여 5명을 관찰한 후 다시 관찰하기를 5회 반복한다. 즉, 1명을 30초씩 5회 관찰하되 한 번에 5회 모두를 관찰하지 말고 1명씩 돌아가며 관찰한다.
- 30초 동안 여러 가지 행동을 했을 경우 모두 기록한다.
- 가능하면 비슷한 수의 남아와 여아를 관찰한다.

생각해 봅시다

- 영유아가 보이는 행동 경향이 성 또는 연령에 따라 다른지 살펴보고, 그 이유를 생각해 봅시다.
- 1명을 여러 번 관찰한 경우, 각 영유아가 보이는 행동 경향이 다른지 살펴보고, 다르다면 그 이유를 생각해 봅시다.

2 노래, 율동, 악기 연주를 하고 있는 영유아 5명을 선택하여 정확성과 반복의 정도를 관찰하고 기록하시오.

관 찰 자:		관찰일시:	년	월	일	요일
관찰기관:	유치원/어린이집(2, 3, 4, 5세)	관찰학급:	반/	세 학급		

정확성과 반복 \ 영유아		영유아 1	영유아 2	영유아 3	영유아 4	영유아 5
정확성	3					
	2					
	1					
반복의 정도	반복하지 않음					
	반복함: 반복한 횟수를 기록하시오.					

참 고

- 연령: 음률 영역은 공식적으로 2세 학급부터 있으나 0, 1세 학급에서도 다양한 사물(예: 악기, 딸랑이, 블록)을 악기처럼 사용하므로 0, 1세 학급에서도 관찰할 수 있다.
- 정확성: 부르는 노래, 연주하는 곡, 추는 율동의 순서, 가사, 음정, 박자 등의 측면에서 정확한지 보고 대체로 정확하면 '3' 보통이면 '2' 대체로 부정확하면 '1'에 표시(✔)한다.
- 반복의 정도: 부르는 노래, 연주하는 곡, 추는 율동을 한 번에 몇 번 반복하는지 기록한다.
- 1명을 한 곡의 시작부터 끝까지 관찰하여 5명을 관찰한 후 다시 관찰하기를 3회 반복한다.
- 가능하면 비슷한 수의 남아와 여아를 관찰한다.

생각해 봅시다

- 영유아의 정확성과 반복의 정도가 성 또는 연령에 따라 다른지 살펴보고 그 이유를 생각해 봅시다.
- 1명을 여러 번 관찰한 경우, 각 영유아의 정확성과 반복의 정도가 다른지 살펴보고, 다르다면 그 이유를 생각해 봅시다.

8) 컴퓨터 영역[2)](3~5세)

1 5명의 유아를 선택하여 현재 하고 있는 활동의 종류를 관찰하고 기록하시오.

관 찰 자:		관찰일시: 년 월 일 요일				
관찰기관:	유치원/어린이집(3, 4, 5세)	관찰학급: 반/ 세 학급				
활동 종류/출처	유아	유아 1	유아 2	유아 3	유아 4	유아 5
문서기능 사용	컴퓨터 자체					
	소프트웨어					
	인터넷/앱					
인터넷 포털 검색	컴퓨터 자체					
	소프트웨어					
	인터넷/앱					
미술 관련 활동	컴퓨터 자체					
	소프트웨어					
	인터넷/앱					
수학 관련 활동	컴퓨터 자체					
	소프트웨어					
	인터넷/앱					
과학 관련 활동	컴퓨터 자체					
	소프트웨어					
	인터넷/앱					
언어 관련 활동	컴퓨터 자체					
	소프트웨어					
	인터넷/앱					
문학 관련 활동	컴퓨터 자체					
	소프트웨어					
	인터넷/앱					
음악 관련 활동	컴퓨터 자체					
	소프트웨어					
	인터넷/앱					
사회 관련 활동	컴퓨터 자체					
	소프트웨어					
	인터넷/앱					
게임	컴퓨터 자체					
	소프트웨어					
	인터넷/앱					
기타	컴퓨터 자체					
	소프트웨어					
	인터넷/앱					

2) 컴퓨터 영역은 현재 누리과정 교사용 지도서의 주간교육계획안이나 활동에 포함되지 않으나 교육현장에 컴퓨터 영역이 있는 상황을 반영하고, 시대적 중요성을 고려하여 제3판에 그대로 둠

참 고

- 출처: 현재 하고 있는 활동이 컴퓨터 자체의 기능인지, 소프트웨어, 인터넷 사이트 또는 앱에서 제공하는 활동인지 표시한다.
- 1명을 1분씩 관찰하여 5명을 관찰한 후 다시 관찰하기를 5회 반복한다. 즉, 1명을 1분씩 5회 관찰하되 한 번에 5회 모두를 관찰하지 말고 1명씩 돌아가며 관찰한다.
- 가능하면 비슷한 수의 남아와 여아를 관찰한다.

생각해 봅시다

- 유아가 어떤 활동을 주로 하는지 살펴보고, 그 이유를 생각해 봅시다.
- 유아가 하는 활동이 주로 어떤 출처에서 제공되는 것인지 살펴보고, 그 이유를 생각해 봅시다.
- 유아가 하는 활동이나 활동의 출처가 성이나 연령에 따라 다르다면 그 이유를 생각해 봅시다.
- 1명을 여러 번 관찰한 경우, 각 유아의 활동이나 출처 사용 경향이 다른지 살펴보고, 다르다면 그 이유를 생각해 봅시다.

2 유아들이 인터넷을 사용하고 있다면 5명을 선택하여 어떤 활동을 하고 있는지 관찰하고 기록하시오(5명을 관찰하면 관찰 용지를 5장 복사하여 사용함).

관 찰 자:		관찰일시: 년 월 일 요일			
관찰기관: 유치원/어린이집(3, 4, 5세)		관찰학급: 반/ 세 학급			
활동의 종류		관찰 여부	접속 방법		적절성
			교사 허락	임의	
포털 사이트	게시 내용 보기				
	정보 검색하기				
	영상 포털 검색(예: 유튜브)				
	기타				
인터넷 사이트 또는 앱 접속	언어 및 동화 관련 활동하기				
	노래 및 음악 관련 활동하기				
	수학 및 과학 관련 활동하기				
	사회 및 정서 관련 활동하기				
	문제 풀기(학습지 유형)				
	게임하기				
	기타				
	기타				
	기타				

참 고

- 기타: 그 밖의 활동의 종류가 관찰되면 기록한다.
- 관찰 여부: 관찰했으면 '○', 아니면 '×'로 표시한다.
- 접속 방법: 교사가 알려 준 사이트나 허락받아 즐겨 찾기에 넣어 놓은 사이트 접속일 경우 '교사 허락'에, 유아가 임의로 접속한 사이트일 경우 '임의'에 표시한다.
- 적절성: 유아가 하는 활동이 적절한지를 관련 과목에서 학습한 내용을 기준으로 평가해 본다. 판단할 때는 유아의 연령, 유아에게 적절한 소프트웨어나 인터넷 사이트 기준 등을 참고한다. 적절하다고 판단될 때는 '3', 보통이라고 판단될 때는 '2', 부적절하다고 판단될 때는 '1'을 적는다.
- 1명을 1분씩 관찰하여 5명을 관찰한 후 다시 관찰하기를 5회 반복한다. 즉, 1명을 1분씩 5회 관찰하되 한 번에 5회 모두를 관찰하지 말고 1명씩 돌아가며 관찰한다.
- 가능하면 비슷한 수의 남아와 여아를 관찰한다.

생각해 봅시다

- 유아가 인터넷 사이트를 자유롭게 접속하도록 허락하는 것의 장·단점을 생각해 봅시다.
- 유아가 접속하는 인터넷 사이트가 그들의 수준에 적절한지 생각해 봅시다.
- 유아의 인터넷 사이트 사용이 성장과 발달의 어떤 측면에 긍정적 또는 부정적 영향을 주는지 생각해 봅시다.

3 유아 5명을 선택하여 대화 내용을 관찰하고 기록하시오.

관 찰 자:			관찰일시:	년 월 일 요일	
관찰기관:	유치원/어린이집(3, 4, 5세)		관찰학급:	반/ 세 학급	
유아 / 대화 내용	유아 1	유아 2	유아 3	유아 4	유아 5
하드웨어 사용					
소프트웨어 사용					
컴퓨터 영역 운영					
일상적인 대화					
기타					

참고

- 하드웨어 사용: 하드웨어 사용과 관련된 대화(예: 전원 켜고 끄기, 자판 사용하기 등)가 관찰되면 기록한다.
- 소프트웨어 사용: 소프트웨어 사용과 관련된 대화(예: 각 메뉴의 내용, 친구가 하는 활동에 대한 대화 등)가 관찰되면 기록한다.
- 컴퓨터 영역의 운영: 운영 규칙과 관련된 대화(예: 순서표 정하기, 시간, 치우기 등)가 관찰되면 기록한다.
- 일상적인 대화: 컴퓨터 영역과 관련이 없는 일상적인 내용의 대화가 관찰되면 기록한다.
- 1명을 30초씩 관찰하여 5명을 관찰한 후 다시 관찰하기를 5회 반복한다. 즉, 1명을 30초씩 5회 관찰하되 한 번에 5회 모두를 관찰하지 말고 1명씩 돌아가며 관찰한다.
- 가능하면 비슷한 수의 남아와 여아를 관찰한다.

생각해 봅시다

- 유아의 대화 내용이 성 또는 연령에 따라 다른지 살펴보고 그 이유를 생각해 봅시다.
- 1명을 여러 번 관찰한 경우, 각 유아의 대화 내용의 경향이 다른지 살펴보고, 다르다면 그 이유를 생각해 봅시다.

CHAPTER 2

집단 활동

» 제2장 집단 활동은 주의 집중, 전이, 급간식, 귀가 지도 등을 포함한 16개의 집단 활동을 관찰할 수 있도록 구성되어 있다. 각 집단 활동에는 정의와 교육적 의의가 간단히 제시되어 있고, 관찰을 용이하게 할 수 있도록 세 단계를 통해 안내하고 있다. 먼저, 활동을 이해하기 위해서 꼭 관찰해야 할 내용과 관찰 기록 양식을 제시하였고, 다음으로는 실제 관찰을 한 예를 제시하였으며, 마지막으로는 실제 관찰한 예시가 관찰 기록 양식에 어떻게 기록되는지를 보여 주었다.

» 다른 장과 마찬가지로 유아교육 전공서에 제시된 일반적인 이론 또는 원칙을 문장으로 제시하지 않고 관찰할 내용에 구체적으로 제시하였다. 〈참고〉에는 관찰할 내용에 대한 자세한 설명이나 관찰에 필요한 도움말을 제시하였고 〈생각해 봅시다〉에는 과제할 때 생각해 볼 수 있는 사항을 제시하였다.

» 제시된 관찰 기록 양식을 그대로 사용해도 되지만 관찰 목적에 따라 변형하거나 수업 시간에 학습한 내용을 토대로 관찰할 내용을 추가할 수도 있다. 또한 〈생각해 봅시다〉는 사용자의 특성에 따라 수준 또는 난이도를 조정할 수 있다.

아래에 제시된 〈공통: 생각해 봅시다〉는 각 관찰 항목의 특성을 반영하여 제시된 〈생각해 봅시다〉 이외에 모든 관찰 항목에 적용하여 생각하거나 논의해 볼 수 있는 내용을 담고 있다.

공통: 생각해 봅시다

- 교사의 경력에 따라 관찰한 내용이 달라지는지 생각해 봅시다.
- 교사의 학력에 따라 관찰한 내용이 달라지는지 생각해 봅시다.
- 영유아의 연령에 따라 관찰한 내용이 달라지는지 생각해 봅시다.
- 남아와 여아에 따라 관찰한 내용이 달라지는지 생각해 봅시다.
- 같은 교사가 같은 종류의 대/소집단 활동(예: 노래 지도 등)을 지도하는 것을 2회 이상 보았다면 수업 방식에 변화가 있는지 살펴봅시다.
  - 변화가 있다면 어떻게 달라졌는지 생각해 봅시다.
  - 변화가 있거나 없다는 것이 어떤 의미로 해석될 수 있을지(예: 활동의 내용이나 영유아의 반응에 따라 수업 방식이 변하는 교사, 일관성 있는 교사, 변화 없는 단조로운 수업을 하는 교사 등) 생각해 봅시다.
- 같은 교사의 수업을 2명 이상이 관찰했다면 관찰자 간의 의견이 같은지 또는 다른지 살펴봅시다.
  - 의견이 같거나 다른 것이 어떤 의미로 해석될 수 있을지 생각해 봅시다(예: 동일한 시각으로 관찰, 관찰 항목에 대한 해석 차이 등).
- 다른 교사가 같은 종류의 대/소집단 활동(예: 노래 지도 등)을 지도하는 것을 관찰할 기회가 있었다면 교사 간 공통점과 차이점은 무엇 때문인지 생각해 봅시다.
  - 공통점 또는 차이점이 교사의 경력 때문인지 생각해 봅시다.
  - 공통점 또는 차이점이 교사의 학력 때문인지 생각해 봅시다.

1 주의 집중

1 주의 집중에 대한 기초 지식

① 주의 집중: 교사가 계획하여 주도하는 교육 활동에 영유아가 집중할 수 있도록 교사가 사용하는 전략을 말한다. 주의 집중은 주로 활동의 시작 단계에서 많이 사용하지만 활동이 진행되는 동안에도 영유아가 집중하지 않을 때는 언제든지 사용할 수 있다.

② 주의 집중의 중요성: 교육의 효과는 학습자가 진행되는 교육 활동에 집중하여 참여할 때 가장 크고 확실하게 나타난다. 따라서 교사는 영유아가 교육 활동에 집중하여 참여하는 태도와 습관을 가질 수 있도록 해야 한다.

③ 주의 집중 전략 활용 시 주의점

- 가능한 한 현재 진행되고 있는 생활 주제 또는 활동과 관련된 전략이면 좋으나 교사의 교육적 의도(예: 특정 개념 지도)에 따라 관련 없는 전략을 사용할 수도 있다.
- 주의 집중이 되면 활동을 바로 시작하도록 한다(즉, 준비한 주의 집중 전략을 마치기 위해 영유아의 주의가 집중되었는데도 계속하지 않는다).
- 다양한 주의 집중 전략을 사용한다.
- 교육적으로 적합한 방법을 사용한다(예: 협박 사용의 지양 등).

2 관찰 기록 양식

① 사용한 주의 집중 전략과 사용 시기

관 찰 자: 관찰일시: 년 월 일 요일
관찰기관: 유치원/어린이집 관찰학급: 반/ 세 학급
관찰한 활동: 진행 중인 주제:

내용 및 사용 시기 / 주의 집중 전략	관찰한 내용	사용 시기	
		시작할 때	수업 중간
손유희와 챈트			
배운 노래 부르기			
시각적 단서의 활용			
청각적 단서의 활용			
촉각 및 후각적 단서의 활용			
반대 개념의 활용			
수 개념의 활용			
언어의 활용			
교사의 직접적 지시			
의도적인 침묵			
기타			

참고

- 시각적 단서의 활용: 부분을 보고 전체 알아맞히기, 숨은 그림 찾기 등을 의미한다.
- 청각적 단서의 활용: 악기, 자연, 사물, 사람 등의 소리를 듣고 알아맞히기 등을 의미한다.
- 반대 개념의 활용: 높은 곳/낮은 곳 등을 의미한다.

- 수 개념의 활용: 숫자대로 손뼉 치기 등을 의미한다.
- 언어의 활용: 수수께끼, 교사가 "○○반." 하면 영유아들이 "네~, 선생님!" 하는 것을 의미한다.
- 교사의 직접적 지시: "○○야, 조용히 해야지.", "바르게 앉아 있는 사람은 ○○네!" 등을 의미한다.
- 의도적인 침묵: 교사가 영유아들이 조용해질 때까지 말하지 않는 것을 의미한다.
- 기타: 그 밖의 주의 집중 전략이 관찰되면 기록하고 설명한다.
- 관찰한 내용: 구체적으로 어떤 전략을 사용하는지 기록한다.
- 사용 시기: 주의 집중 전략을 사용한 때가 수업을 시작하기 전(또는 초반)인지, 아니면 수업을 진행하는 중에 다시 주의를 집중시키기 위해 사용하는 것인지 기록한다.
- 한 가지 활동을 진행하는 교사의 수업을 처음부터 끝까지 관찰하고 사용하는 모든 주의 집중 전략을 기록한다. 한 가지 전략을 여러 번 사용하면 사용할 때마다 표시(예: 正)한다.

생각해 봅시다

- 특정 유형의 전략을 많이 사용하는지, 다양한 유형의 전략을 골고루 사용하는지 봅시다.
- 특정 유형의 전략 안에서도 같은 전략만 반복(예: 수 개념을 활용할 때는 숫자 세기만 하는 것 등)해서 사용하는지, 다양한 전략(예: 숫자 세기, 더하기, 빠진 숫자 찾기, 숫자 모양 인식하기 등)을 사용하는지 봅시다.
- 주의 집중 전략의 사용이 수업 시작 때만 관찰되는지, 수업 중간에도 관찰되는지 봅시다. 만약 수업 중간에도 빈번히 관찰된다면 무엇을 의미하는지 생각해 봅시다(예: 영유아들이 주의가 산만하다는 의미, 교사의 수업이 능숙하지 못하다는 의미, 교사가 지나치게 높은 수준의 주의 집중을 요구한다는 의미 등)
- '교사의 직접적 지시' 전략의 경우 교사가 긍정적(예: "누가 바르게 앉아 있나 보자." 등) vs. 부정적(예: "○○는 왜 이렇게 떠드니!" 등)인 말 중 어떤 것을 더 많이 사용하는지 봅시다. 부정적인 말이 영유아에게 미칠 영향에 대해 생각해 봅시다.
- 활동의 종류에 따라 특정 주의 집중 전략을 더 많이 사용하는지 생각해 봅시다.

② 교육 주제(또는 학습자의 흥미)와의 관련성과 효율성

관 찰 자: 관찰일시: 년 월 일 요일
관찰기관: 유치원/어린이집 관찰학급: 반/ 세 학급
관찰한 활동: 진행 중인 주제:

관련성 및 효율성 / 주의 집중 전략	교육 주제(영유아의 흥미)와의 관련성		효율성	
	있음	없음	있음	없음
손유희와 챈트				
배운 노래 부르기				
시각적 단서의 활용				
청각적 단서의 활용				
촉각 및 후각적 단서의 활용				
반대 개념의 활용				
수 개념의 활용				
언어의 활용				
교사의 직접적 지시				
의도적인 침묵				
기타				

참고

- 교육 주제(또는 학습자의 흥미)와의 관련성: 교사가 사용하는 전략이 현재 진행 중인 주제 또는 학습자의 흥미와 관련이 있는지 본다.
- 효율성: 교사가 주의 집중 전략을 사용한 후 영유아들의 주의가 집중되었는지 본다.
- 한 가지 활동을 진행하는 교사의 수업을 처음부터 끝까지 관찰하고 사용하는 모든 주의 집중 전략을 기록한다. 한 가지 전략을 여러 번 사용하면 사용할 때마다 표시(예: 正)한다.

생각해 봅시다

- 사용한 전략이 교육 주제(또는 학습자의 흥미)와 관련이 있는지 봅시다.
- 사용한 전략 중 특정 유형의 전략이 교육 주제(또는 학습자의 흥미)와 관련시키기 더 좋은지 생각해 봅시다.
- 주의 집중 전략이 교육 주제(또는 학습자의 흥미)와 연결되는 것이 더 좋은지 또는 반드시 그럴 필요는 없는지 생각해 봅시다.
- 특정 유형의 전략이 영유아를 주의 집중시키는 데 더 효과적인지 봅시다. 만약 그렇다면 왜 그렇게 판단했는지 이유를 제시해 봅시다.
- 주의 집중 전략 사용의 효율성은 어떤 요인에 영향을 받는지 생각해 봅시다.

3 관찰의 실시

① 관찰의 예: 교사가 이야기 나누기를 시작하며 사용한 주의 집중 전략을 관찰하고 기록한 예이다.

관 찰 자: 최 미 랑	관찰일시: 2020년 3월 28일
관찰기관: 소망 유치원/어린이집	관찰학급: 노랑반/ 4세 학급
관찰한 활동: 이야기 나누기	진행 중인 주제: 봄

(자유선택활동 시간이 끝나고 유아들이 학급 정리를 거의 다하자 교사는 의자를 가지고 쌓기 놀이 영역에 앉는다.)

교 사: 얘들아, 자리에 앉아 보자.

(유아들은 바닥에 또는 의자를 가지고 와서 교사 앞에 앉기 시작한다. 교사는 노래를 부르기 시작한다.)

교 사: ♬ 개나리 꽃 피~우려 ♪

(교사는 노래를 부르면서 유아들이 와서 모여 앉는 것을 지켜본다. 유아들은 노래를 부르면서 자리를 찾아 앉는다. 노래가 거의 끝날 때까지도 유아들이 주의를 집중하지 못한다. 교사는 양 손을 펴고 숫자를 10부터 거꾸로 세면서 손가락을 하나씩 접는다.)

교 사: 10, 9, 8, 7, ….

(교사가 마지막 숫자 1을 천천히 센다.)

교 사: 자, 모두 손을 무릎에 놓으세요.

(유아들이 조용해진다.)

교 사: 얘들아, 오늘이 몇 월 며칠일까?

② 관찰의 예에서 제시된 내용을 관찰 양식에 기록하여 보자.

◦ 사용한 주의 집중 전략과 사용 시기

관 찰 자: 최 미 랑　　관찰일시: 2020년 3월 28일
관찰기관: 소망 유치원/어린이집　　관찰학급: 노랑반/ 4세 학급
관찰활동: 이야기 나누기　　진행 중인 주제: 봄

내용 및 사용 시기 / 주의 집중 전략	관찰한 내용	사용 시기	
		시작할 때	수업 중간
손유희와 챈트			
배운 노래 부르기	곡명: 봄	✔	
시각적 단서의 활용			
청각적 단서의 활용			
촉각 및 후각적 단서의 활용			
반대 개념의 활용			
수 개념의 활용	숫자를 10부터 거꾸로 센다.	✔	
언어의 활용			
교사의 직접적 지시			
의도적인 침묵			
기타			

교육 주제와의 관련성과 효율성

관 찰 자: 최 미 랑 / 관찰일시: 2020년 3월 28일
관찰기관: 소망 유치원/어린이집 / 관찰학급: 노랑반/ 4세 학급
관찰활동: 이야기 나누기 / 진행 중인 주제: 봄

관련성 및 효율성 / 주의 집중 전략	교육 주제(유아의 흥미)와의 관련성		효율성	
	있음	없음	있음	없음
손유희				
배운 노래 부르기	✔			✔
시각적 단서의 활용				
청각적 단서의 활용				
촉각 및 후각적 단서의 활용				
반대 개념의 활용				
수 개념의 활용		✔	✔	
언어의 활용				
교사의 직접적 지시				
의도적인 침묵				
기타				

2 전 이

1 전이에 대한 기초 지식

① 전이: 하루의 일과가 진행되는 동안 한 가지 활동이 끝나고 다른 활동을 시작하기까지 이어지는 시간에 이루어지는 활동을 말한다.

② 전이의 중요성: 영유아는 하루의 일과가 진행되는 동안 자신이 어떤 활동을 할지 예측을 할 수 있을 때 안정감을 느낀다. 전이가 정확하게 이루어지면 영유아는 다음에 할 활동이 무엇인지 알고 준비할 수 있기 때문에 학습 효율성이 높아진다. 전이가 빠르고 효율적으로 이루어질수록 영유아가 아무것도 하지 않고 의미 없이 기다리는 시간이 줄어든다. 전이 과정에서 교사의 지시가 정확하게 이루어진다면 영유아가 교사에게 의존하지 않고 다음 활동을 준비할 수 있는 자율성을 기르게 된다.

2 관찰 기록 양식

① 하루 일과 중 일어난 전이, 전이 신호, 전이 전략

관 찰 자:		관찰일시: 년 월 일 요일	
관찰기관:	유치원/어린이집	관찰학급: 반/ 서 학급	
관찰한 활동:		진행 중인 주제:	
하루 일과:			

하루 일과	관찰 결과	전이 신호	전이 전략

참고

- 하루의 일과: 전이가 일어나는 순서대로 기록한다.
- 관찰 결과: 교사가 전이 때 지도하는 과정에 초점을 맞추어 일화를 기록한다.
- 전이 신호: 교사가 사용한 전이 신호를 기록한다.
  - 언어적 지시: "이제 치우고 점심 먹을 준비하자."처럼 말로 전이 시간임을 알리는 방식
  - 빛의 활용: 학급의 불을 껐다 켜는 방식으로 전이 시간임을 알리는 방식
  - 악기나 기타 도구의 사용: 악기나 주방용품 등을 흔들며 전이 시간임을 알리는 방식
  - 음악이나 노래: 음악이나 노래를 틀어 주고 전이 시간임을 알리는 방식
  - 기타: 그 밖의 전이 시간임을 알리는 방식이 관찰되면 기록
- 전이 전략: 교사가 사용한 전이 전략을 기록한다.
  - 한 번에 모두 보내기
  - 앉아 있는 자리에 따라 나누기: 의자에 앉은 사람 먼저 나가기 등
  - 전/후 활동과의 연계: 나팔꽃 심은 사람 먼저 화장실 가기 등
  - 미리 정해진 기준: (교사가 학급 영유아를 색을 기준으로 몇 집단으로 나눈 경우) 빨간 식구 먼저 일어나서 화장실 가기 등
  - 신체적 접촉: 선생님이 어깨 짚어 주는 사람부터 도화지 가지러 가기 등
  - 특정 과제 수행: 간식 당번 먼저 손 씻기 등
  - 개인별로 이름 혹은 번호 부르기 등
  - 활동을 마친 순서대로: 간식을 다 먹은 사람은 조용히 책 읽기 등
  - 기타: 그 밖의 전이 전략이 관찰되면 기록

생각해 봅시다

- 하루 일과 중 전이 횟수가 적절한지 생각해 봅시다. 즉, 꼭 필요한 전이였는지 생각해 봅시다.
- 교사가 특정 유형의 전이 신호나 전략을 선호하는지 생각해 봅시다.
- 교사가 특정 유형의 전이 신호나 전략을 선호할 때 전이 시간의 운영에 어떤 영향을 줄지 생각해 봅시다. 예를 들면, 영유아가 기계적으로 움직이게 되어 전이가 빨라질지 또는 영유아가 생각 없이 수동적으로 움직이게 될지 생각해 봅시다.
- 교사가 특정 유형의 전이 신호나 전략을 사용하는 것과 다양한 전이 신호나 전략을 사용하는 것이 영유아에게 어떻게 영향을 줄지 생각해 봅시다.

② 하루 일과 중 일어난 전이, 전이 소요 시간, 기다린 시간, 지시의 명확성

관 찰 자:　　　　　　　　　　관찰일시:　　년　　월　　일　　요일
관찰기관:　　유치원/어린이집　　관찰학급:　　반/　　세 학급
관찰한 활동:　　　　　　　　　진행 중인 주제:
하루 일과:

하루 일과	관찰 결과	소요 시간	기다린 시간	교사 지시의 명확성

참 고

- 하루 일과: 전이가 일어나는 순서대로 기록한다('3 관찰의 실시', p. 257 참조).
- 관찰 결과: 교사가 지도하는 전이에 초점을 맞추어 일화 기록한다('3 관찰의 실시', p. 257 참조).
- 소요 시간: 전이가 시작되어 다음 활동이 시작되기 전까지 걸린 시간을 '오래 걸림', '보통' 또는 '빨리 진행됨'으로 기록한다.
- 기다린 시간: 먼저 전이가 이루어진 영유아(즉, 다음 활동 준비가 된 영유아)가 얼마나 오래 기다리는지 '오래 기다림', '보통' 또는 '짧게 기다림'으로 기록한다.
- 교사 지시의 명확성: 전이 때 어디로 가서 무엇을 하는지를 명확히 알려 주는지 관찰하고 (예: 실외놀이 가자 vs. 화장실 다녀와서 겉옷 입고 신발 다 신으면 현관에 줄 서서 나갈 준비하자), '명확', '보통' 또는 '불명확'으로 기록한다.

생각해 봅시다

- 소요 시간, 기다린 시간, 교사 지시의 명확성을 판단한 자신의 기준을 적고, 그 기준이 적절한지 생각해 봅시다.
- 교사의 지시가 명확하거나 명확하지 않을 때 전이에 소요되는 시간이나 영유아가 기다리는 시간에 어떤 영향을 주는지 생각해 봅시다. 교사가 특정 유형의 전이 신호나 전략을 선호하는지 생각해 봅시다.

3 관찰의 실시

다음은 위의 관찰 양식에 맞추어 하루 동안 교사가 전이 시간에 한 행동을 관찰하고 기록한 예이다.

◦ 하루 일과 중 일어난 전이의 발생, 전이 신호, 전이 전략

관 찰 자: 권 미 현 관찰일시: 2022년 3월 30일
관찰기관: 별 유치원/어린이집 관찰학급: 나비반/ 5세 학급
진행 중인 주제: 봄
하루 일과: 등원 → 책 보기 → 이야기 나누기 → 간식 → 생일 축하 및 동화 → 실내 자유선택활동 → 정리·정돈 → 귀가

하루 일과	관찰 결과	전이 신호	전이 전략
책 보기 → 이야기 나누기	교사가 종을 치자 유아가 모여들기 시작한다. 교사: 자, 얘들아. 앉아 보자.	신호 악기	활동을 마친 순서대로
이야기 나누기 → 간식	교사: 자, 이제는 간식 먹을 시간이야. 도우미 준비하세요. (도우미들은 손을 씻은 후 간식대에 가서 대기한다.)	언어적 지시	특정한 과제 수행
간식 → 생일 축하 및 동화	교사가 신호 악기인 종을 치자 유아들이 노란색 선 앞에 앉는다.	신호 악기	오는 순서
생일 축하 및 동화 → 실내 자유선택활동	교사: 생일 축하 시간에 수수께끼 낸 사람 먼저 일어나서 가세요.	언어적 지시	전/후 활동과의 연계
실내 자유선택활동 → 정리·정돈	교사는 자유선택활동이 끝날 무렵에 엘가의 '사랑의 인사'를 틀어 놓는다.	음악	활동을 마친 순서대로
정리·정돈 → 귀가	교사가 유아의 어깨를 1명씩 짚어 주면 자기 사물함으로 가서 귀가 준비를 한다.	기타	신체적 접촉

3 이야기 나누기

1 이야기 나누기에 대한 기초 지식

① 이야기 나누기: 교사와 유아가 다양한 주제와 안건에 대하여 의견을 나누는 것을 의미한다.

② 이야기 나누기의 중요성: 이야기 나누기를 통해 유아들은 지식을 확장시킬 수 있을 뿐만 아니라 타인의 의견을 듣는 태도, 자신의 의견을 효과적으로 전달하는 능력, 여러 사람의 의견을 종합하여 공동의 의미를 구성해 나가는 능력 등을 기를 수 있다. 또한 이야기 나누기의 경험을 통해 학급의 구성원에 대해 더 잘 이해하고, 학급의 분위기와 역사를 형성하는 데 기여한다.

2 관찰 기록 양식

① 이야기 나누기의 형식

관 찰 자: 관찰기관: 유치원/어린이집 진행 중인 주제:		관찰일시: 년 월 일 요일 관찰학급: 반/ 세 학급	
범주	내용	관찰 여부	구체적 내용
이야기 나누기의 종류	계획하기		
	경험 발표하기(예: 주말 발표)		
	새 소식		
	가져오거나 보여 줄 물건에 대해 발표하기		
	학습하는 주제와 관련된 주제 (예: 교통 기관의 종류, 집짐승의 특징 등)		
	토의(예: 규칙 정하기)		
	평가하기(예: 놀이 평가하기)		
	기타		
집단의 크기	대집단		명
	소집단		명
	기타		
대형	모두 의자를 가지고 와서 앉음		명
	일부는 바닥에 앉고 일부는 의자에 앉음		명
	모두 바닥에 앉음		명
매체 사용 여부	자료를 사용함		구체적 자료:
	자료를 사용하지 않음		
이야기 나누기에 소요된 시간	10분 미만		분
	10분 이상~20분 미만		분
	20분 이상~30분 미만		분
	30분 이상		분
이야기 나누기에 참여한 유아	일부 유아만 참여		명
	대부분의 유아 참여		명
주도 정도	교사 혼자 거의 이야기 진행		
	유아들이 거의 이야기 진행		
	교사와 유아가 함께 이야기 진행		

참 고

- 관찰 여부: 각 항목에 해당하는 것이 관찰되면 표시(✔)한다.
- 구체적 내용: 구체적으로 어떤 것이 관찰되었는지 기록한다(예: 토의일 때는 어떤 주제로 토의했는지 기록, 대집단으로 모였을 때 몇 명이었는지 기록 등).

생각해 봅시다

- 이야기 나누기 종류, 집단의 크기, 대형, 매체, 소요된 시간이 모두 조화를 이루어 의미 있는 이야기 나누기가 되었는지 생각해 봅시다(예: 학습하는 주제와 관련된 내용으로 이야기 나누기를 하였다면 적절한 집단 크기와 적절한 대형으로 앉아 적절한 매체를 가지고 적절한 시간 동안 진행했는지 생각해 봅시다).
- 이야기 나누기에 사용된 교수 자료가 TV를 통해 보여 주는 멀티미디어 자료였는지 살펴보고, 멀티미디어 자료의 지나친 사용이 이야기 나누기에 미치는 긍정적 또는 부정적 영향에 대해 생각해 봅시다.
- 교사가 대답을 잘 하는 일부 유아만을 대상으로 상호작용하며 이야기 나누기를 진행했다면 이야기 나누기가 어떤 의미가 있는지 생각해 봅시다.
- 교사가 유아들과 이야기를 '나누지' 않고 혼자만 이야기했다면 이야기 나누기가 어떤 의미가 있는지 생각해 봅시다.

② 이야기 나누기의 운영

관 찰 자:		관찰일시: 년 월 일 요일
관찰기관:	유치원/어린이집	관찰학급: 반/ 세 학급
진행 중인 주제:		
범주	**내용**	**관찰 여부**
주제 선정	교사가 미리 계획한 주제	
	유아들의 흥미나 교수 상황에 따라 발현된 주제	
도입	수수께끼	
	동화	
	자료를 설명하거나 보여 주기	
	일어나 사건이나 경험에 대해 이야기하기	
	질문	
	기타	
	기타	
교사의 역할	유아들에게 다양한 반응 유도	
	유아들에게 질문	
	유아들의 질문에 대한 대답	
	유아들의 부적절한 대답이나 행동을 조정	
	유아들의 적절한 대답이나 행동을 격려 혹은 칭찬	
	기타	
	기타	
마무리	이야기 나누기의 종합	
	이야기 나누기 시간의 마무리를 알림	

참 고

- 기타: 그 밖의 도입 방법이나 교사의 역할이 관찰되면 기록한다.

생각해 봅시다

- 이야기 나누기의 주제를 가장 잘 소개할 수 있는 방법으로 교사가 도입을 했는지 생각해 봅시다. 도입이 잘 되었을 때 이야기 나누기 전체 운영에 어떤 영향을 미칠지 생각해 봅시다.
- 교사가 이야기 나누기를 하면서 다양한 역할을 적절한 때 했는지 살펴봅시다. 다양한 역할을 적절한 때 했는지를 어떻게 판단할 수 있는지 근거와 함께 제시해 봅시다.

3 관찰의 실시

① 관찰의 예: 교사가 이야기 나누기를 시작한 부분을 관찰하고 기록한 예이다.

관 찰 자: 이 서 정　　관찰일시: 2024년 9월 8일
관찰기관: 한사랑 유치원/어린이집　　관찰학급: 풀꽃반/ 3세 학급
진행 중인 주제: 가을/우리나라

(유아 8명이 소집단으로 모여 앉아 가을에 나는 과일에 대하여 이야기 나누기를 하고 있다. 유아들은 모두 바닥에 앉아 있다.)

교　사: (사과, 배, 감의 실물을 보여 주며) 여기 선생님이 무엇을 가져왔나 살펴보자.

유아들: (산발적으로) 사과요, 배, 감이요.

교　사: 사과가 무슨 맛인지 말할 수 있는 사람?

유아들: (손을 들며) 저요! 저요!

교　사: 희정이가 이야기해 보자.

희　정: 맛있어요.

교　사: 그래. 사과는 정말 맛있지? 어떻게 맛있는지 이야기해 줄 수 있는 사람? (손을 든 유아를 보며) 이번엔 지호가 이야기해 보자.

지　호: 달아요.

교　사: '저도 사과가 달아요.' 하는 사람 모두 손들어 보자.

유아들: (대부분이 손을 든다.)

교　사: 그래, 모두 사과가 달고 맛있다고 생각하는구나!

(유아와 교사는 가을에 나는 과일에 대하여 약 16분간 이야기 나누기를 한다.)

② 관찰의 예에서 제시된 내용을 관찰 양식에 기록하여 보자.

◦ 이야기 나누기의 형식

관 찰 자: 이 서 정　　관찰일시: 2024년 9월 8일
관찰기관: 한사랑 유치원/어린이집　　관찰학급: 풀꽃반/ 3세 학급
진행 중인 주제: 가을/우리나라

범주	내용	관찰 여부	구체적 내용
이야기 나누기의 종류	계획하기		
	경험 발표하기(예: 주말 발표)		
	새 소식		
	가져오거나 보여 줄 물건에 대해 발표하기		
	학습하는 주제와 관련된 주제 (예: 교통 기관의 종류, 집짐승의 특징 등)	✔	가을에 나는 과일의 특징 (색, 맛, 냄새, 속과 겉)
	토의(예: 규칙 정하기)		
	평가하기(예: 놀이 평가하기)		
	기타		
집단의 크기	대집단		명
	소집단	✔	8명
	기타		
대형	모두 의자를 가지고 와서 앉음		명
	일부는 바닥에 앉고 일부는 의자에 앉음		명
	모두 바닥에 앉음	✔	8명
매체 사용 여부	자료를 사용함	✔	실물 사과, 배, 감
	자료를 사용하지 않음		
이야기 나누기에 소요된 시간	10분 미만		분
	10분 이상~20분 미만	✔	16분
	20분 이상~30분 미만		분
	30분 이상		분
이야기 나누기에 참여한 유아	일부 유아만 참여		명
	대부분의 유아 참여	✔	6명
주도 정도	거의 교사 혼자 이야기 진행		
	유아들이 거의 이야기 진행		
	교사와 유아가 함께 이야기 진행	✔	

◦ 이야기 나누기의 운영

관 찰 자: 이 서 정　　　관찰일시: 2024년 9월 8일
관찰기관: 한사랑 유치원/어린이집　　　관찰학급: 풀꽃반/ 3세 학급
진행 중인 주제: 가을/우리나라

범주	내용	관찰 여부
주제 선정	교사가 미리 계획한 주제	✔
	유아들의 흥미나 교수 상황에 따라 발현된 주제	
도입	수수께끼	
	동화	
	자료를 설명하거나 보여 주기	✔
	일어나 사건이나 경험에 대해 이야기하기	
	질문	
	기타	
	기타	
교사의 역할	유아들에게 다양한 반응 유도	✔
	유아들에게 질문	✔
	유아들의 질문에 대한 대답	
	유아들의 부적절한 대답이나 행동을 조정	
	유아들의 적절한 대답이나 행동을 격려 혹은 칭찬	✔
	기타	
	기타	
마무리	이야기 나누기의 종합	
	이야기 나누기 시간의 마무리를 알림	

4 동화

1 동화에 대한 기초 지식

① 동화: 동화는 영유아를 잠재적 독자로 삼아 만들어진 서사적 성격을 띤 산문 형식의 이야기이다. 동화는 영유아가 직접 읽을 수도 있고 교사나 성인이 읽어 줄 수도 있다. 본서에서는 대/소집단의 영유아를 대상으로 교사가 다양한 매체를 활용하여 이야기를 들려주는 활동을 의미한다.

② 동화 들려주기의 중요성: 영유아는 동화를 읽고 들으면서 상상력을 기르고 경험을 넓히며 사고력 및 창의력을 기를 수 있다. 뿐만 아니라 동화를 통하여 영유아들은 예술적인 심미감을 기르고 동시에 언어 발달이 촉진된다.

2 관찰 기록 양식

① 동화 들려주기에서의 동화 선정, 동화 구연, 주제와의 연계성 및 제작 유형

관 찰 자:		관찰일시:	년	월	일	요일
관찰기관:	유치원/어린이집	관찰학급:	반/	세 학급		
진행 중인 주제:		동화 제목:				

범주	내용	1	2	3
선정된 동화의 적절성	동화의 내용 및 주제가 교육적인가?			
	동화의 내용 및 주제가 흥미로운 것인가?			
	동화의 내용과 그림이 문학적으로 가치가 있는 것인가?			
동화 구연의 적절성	전달 매체가 적절한가?			
	교사가 동화의 내용을 완전히 이해하였는가?			
	시선을 적절하게 두었는가?			
	정확한 발음으로 구연하였는가?			
	구연의 속도는 적절하였는가?			
	등장인물의 성격에 따른 성대모사가 적절하였는가?			
	기타			
동화 구연 과정에서의 질문	교사가 중단하지 않고 처음부터 끝까지 들려줌			
	교사가 가끔씩 중단하고 영유아에게 다양한 질문을 함			
현재 진행 중인 주제와의 연계성	연계됨			
	연계되지 않음			
동화 제작 여부	(교사, 교생, 부모 또는 영유아가) 제작한 것			
	상업적으로 제작된 것			

기 타

- 영아 학급에서도 교사가 동화를 소집단이나 대집단으로 읽어 주므로 0, 1세 학급에서도 관찰할 수 있다.
- 선정된 동화의 적절성과 동화 구연의 적절성: 1 – '전혀 그렇지 않다', 2 – '보통이다', 3 – '매우 그렇다'로 기록한다.
- 기타: 관련 과목 수업시간에 그 이외의 기준을 학습했다면 추가한다.

생각해 봅시다

- 단체, 즉 대집단 또는 소집단의 영유아를 대상으로 동화를 읽어 줄 때의 동화 선정 기준과 자유선택활동 시간에 읽기 영역에서 개별적으로 동화를 읽어 줄 때의 동화 선정 기준이 같아야 하는지 또는 달라야 하는지 생각해 봅시다.
- 상업적으로 제작된 동화가 있음에도 불구하고 교사, 교생, 부모 또는 영유아가 제작한 동화를 활용한다면 어떤 장·단점이 있는지 생각해 봅시다.

② 동화 전달 매체

관 찰 자:		관찰일시: 년 월 일 요일	
관찰기관: 유치원/어린이집		관찰학급: 반/ 세 학급	
진행 중인 주제:		동화 제목:	
종류	해당할 경우 표시	종류	해당할 경우 표시
구연동화		손인형 동화	
그림 동화		손가락 인형 동화	
반입체 그림 동화		줄인형 동화	
TV 동화		그림자 인형 동화	
융판 동화(앞치마 동화)		OHP 동화	
자석 동화		슬라이드 동화	
막대 동화		파워포인트 동화	
테이블 인형 동화		실물 화상기 동화	
인터넷 사이트 동화		테이프/CD 동화	

기 타

- 영아 학급에서도 교사가 동화를 소집단이나 대집단으로 읽어 주므로 0, 1세 학급에서도 관찰할 수 있다.
- 각 동화 전달 매체에 대한 구체적인 설명은 관련 전공 서적을 참고한다.

생각해 봅시다

- 최근 다양한 동화 전달 매체를 활용하기보다는 파워포인트 동화, 인터넷 사이트에 있는 동화 또는 OHP 동화 같은 첨단 매체를 집중적으로 사용하는 경향이 있습니다. 이런 경향에 대한 개인적 견해를 제시해 봅시다.
- 전통적으로 사용되어 온 동화 전달 매체(예: 그림 동화, 막대 동화, 테이블 인형 동화 등) 사용의 장·단점을 생각해 봅시다.

③ 동화 들려주기의 운영

관 찰 자:		관찰일시: 년 월 일 요일
관찰기관: 유치원/어린이집		관찰학급: 반/ 세 학급
진행 중인 주제:		동화 제목:
지도 절차	관찰된 순서	비고
동화의 제목 알아보기(또는 제목 추측하기)		
동화의 지은이 알아보기		
동화의 제목 듣고 내용 추측하기		
동화 들려주기		
동화 회상하기		
동화의 작가나 등장인물에게 하고 싶은 말이나 편지 내용 생각하기		
기타		

기 타

- 영아 학급에서도 교사가 동화를 소집단이나 대집단으로 읽어 주므로 0, 1세 학급에서도 관찰할 수 있다.
- 동화 회상하기: 동화를 회상할 때 장면만 다시 보여 주는지, 장면을 보여 주며 동화 내용이나 등장인물에 대한 질문을 하는지, 영유아가 하는 말에 교사가 적극적으로 상호작용해 주는지 등을 살펴보고 '비고'란에 기록한다.

생각해 봅시다

- 동화를 들려준 후 습관적으로 동화를 회상하는 기회를 가지는 경우가 많은데, 동화 회상하기의 가치에 대해 생각해 봅시다.
- 동화를 들려주는 도중에 학습과 관련된 질문(예: 몇 명? 무슨 색? 크기는?)을 하기 위해서 읽어 주기를 중단하는 경우가 있습니다. 동화를 들려주는 주목적을 고려한 후, 이런 방식의 읽어 주기가 가지는 장·단점을 생각해 봅시다.

3 관찰의 실시

① 관찰의 예: 교사가 동화 들려주는 것을 관찰하고 기록한 예이다.

관 찰 자: 강 미 연	관찰일시: 2026년 4월 16일
관찰기관: 도레미 유치원/어린이집	관찰학급: 꾀꼬리반/ 4세 학급
진행 중인 주제: 동물	동화 제목: 캥거루
동화 전달 매체: 그림 동화(상업용으로 제작됨)	

동화의 줄거리: 주머니가 없는 캥거루가 새끼를 어떻게 데리고 다녀야 할지를 몰라서 숲속 동물들에게 차례로 물어보았지만 생김새가 달라서 따라 할 수가 없었다. 결국 캥거루는 앞치마를 구해서 새끼를 넣어 다닐 수 있게 된다.

교사는 모여 앉은 유아 앞에 의자를 놓고 그림 동화를 무릎 위에 놓는다. 교사는 제목을 말하고는 바로 동화를 읽기 시작한다. 그림 동화는 순서대로 놓여 있어 진행에 차질이 없었다. 교사는 그림 동화의 뒤를 보고 읽으면서 중간 중간에 유아들을 바라보고 반응을 살폈지만, 동화 내용이나 등장인물의 생각에 관련된 질문은 하지 않는다. 마지막 한 문단 정도를 남기고 다음 장으로 넘겨서 연결이 자연스럽게 되었다. 동화의 끝을 잡아 그림을 가리지 않았으며 유아들이 잘 볼 수 있도록 동화를 좌우로 서서히 돌려 주었다. 동화의 구연 속도는 적절하였다. 동물들이 대화하는 내용은 직접화법으로 서로에게 말하는 것 같이 읽었지만, 목소리는 거의 같았다. 구연이 모두 끝나자 다시 한번 처음부터 보여 주며 어떤 내용이었는지 유아들에게 질문한다. 회상이 끝나자 "재미있는 동화 잘 들었어요. 감사합니다."라는 노래를 부르고 끝난다.

② 관찰의 예에서 제시된 내용을 관찰 양식에 기록하여 보자.

◦ 동화 들려주기에서의 동화 선정, 동화 구연, 주제와의 연계성 및 제작 유형

관 찰 자: 강 미 연　　관찰일시: 2026년 4월 16일
관찰기관: 도레미 유치원/어린이집　　관찰학급: 꾀꼬리반/ 4세 학급
진행 중인 주제: 동물　　동화 제목: 캥거루
동화 전달 매체: 그림 동화(상업용으로 제작됨)

범주	내용	1	2	3
선정된 동화의 적절성	동화의 내용 및 주제가 교육적인가?		✔	
	동화의 내용 및 주제가 흥미로운 것인가?		✔	
	동화의 내용과 그림이 문학적으로 가치가 있는 것인가?		✔	
동화 구연의 적절성	전달 매체가 적절한가?		✔	
	교사가 동화의 내용을 완전히 이해하였는가?			✔
	시선을 적절하게 두었는가?			✔
	정확한 발음으로 구연하였는가?			✔
	구연의 속도는 적절하였는가?			✔
	등장인물의 성격에 따른 성대모사가 적절하였는가?	✔		
	기타			
동화 구연 과정에서의 질문	교사가 중단하지 않고 처음부터 끝까지 들려줌		✔	
	교사가 가끔씩 중단하고 유아에게 다양한 질문을 함			
현재 진행 중인 주제와의 연계성	연계됨		✔	
	연계되지 않음			
동화 제작 여부	(교사, 교생, 부모 또는 유아가) 제작한 것			
	상업적으로 제작된 것		✔	

◦ 동화 들려주기의 운영

관 찰 자: 강 미 연 관찰기관: 도레미 유치원/어린이집 진행 중인 주제: 동물 동화 전달 매체: 그림 동화(상업용으로 제작됨)		관찰일시: 2026년 4월 16일 관찰학급: 꾀꼬리반/ 4세 학급 동화 제목: 캥거루
지도 절차	관찰된 순서	비고
동화의 제목 알아보기(또는 제목 추측하기)	①	
동화의 지은이 알아보기		
동화의 제목 듣고 내용 추측하기		
동화 들려주기	②	
동화 회상하기	③	
동화의 작가나 등장인물에게 하고 싶은 말이나 편지 내용 생각하기		
기타		동화를 듣고 난 후 유아들이 감사의 인사를 하였다.

5 동극

1 동극에 대한 기초 지식

① 동극: 교사가 들려준 동화의 내용을 유아들이 극화해 보는 활동으로 극본을 외우거나 연습하는 과정 없이 자연스럽게 활동이 이루어진다. 동극은 진행 과정에서 유아가 연기자, 관객, 무대 장치자, 연출자 등 반드시 한 가지 역할은 하게 되므로 모든 유아가 적극적인 참가자가 되어 다양한 학습을 하게 되는 장점이 있다.

② 동극의 중요성: 동극을 하면서 유아들은 언어로 의사소통할 기회를 가지게 된다. 특히 동극은 대사를 미리 외우는 것이 아니라 교사가 들려주는 내용을 주의 깊게 듣고 이를 극화하는 것이기 때문에 듣기 능력을 향상시킨다. 유아들은 다양한 내용의 동극을 하면서 배역에 따라 다양한 소리를 표현하는 경험을 하게 된다. 동극의 경험이 쌓일수록 유아는 다른 사람 앞에서는 분명한 발음으로 대사를 전달하는 것이 중요하다는 것을 인식하게 된다. 동극은 집단으로 하는 활동이기 때문에 소기의 목적을 달성하기 위해서는 참가자들 간의 협동이 필수적으로 요구된다. 동화의 주제나 내용에 따라서 유아가 사회적 가치에 대해 학습할 수 있고, 창의적 표현 능력과 상상력도 길러진다.

2 관찰 기록 양식

① 동극용 동화, 대본, 동화 구연의 적절성

관 찰 자:		관찰일시: 년 월 일 요일		
관찰기관: 유치원/어린이집		관찰학급: 반/ 세 학급		
진행 중인 주제:		동화 제목:		
동화 전달 매체:				
범주	**내용**	**1**	**2**	**3**
선정된 동화의 적절성	대사가 짧고 반복되는 것인가?			
	유아가 등장인물을 동일시할 수 있는가?			
	동화의 전개 과정이 뚜렷한가?			
	동화의 절정이 단순하면서도 만족스러운가?			
대본의 적절성	설명 부분이 삭제되었는가?			
	간접화법을 직접화법으로 바꾸었는가?			
	대사가 짧고 반복되는가?			
	기타			
동화 구연의 적절성	동화 구연 시 시간의 변화가 잘 드러났는가?			
	동화 구연 시 상황의 변화가 잘 드러났는가?			
	동화 구연 시 장면의 변화가 잘 드러났는가?			
	기타			

기 타

- 선정된 동화, 대본, 동화 구연의 적절성: 1-'전혀 그렇지 않다', 2-'브통이다', 3-'매우 그렇다'로 기록한다.
- 기타: 관련 과목 수업시간에 그 이외의 기준을 학습했다면 추가한다.

생각해 봅시다

- 동화를 동극용 동화를 바꾸는 과정에서 동화의 전체적인 내용이 너무 단순하게 바뀌지는 않았는지 생각해 봅시다.

② 동극의 운영

관 찰 자:		관찰일시: 년 월 일 요일
관찰기관: 유치원/어린이집		관찰학급: 반/ 세 학급
진행 중인 주제:		동화 제목:
동화 전달 매체:		

지도 절차		관찰된 순서	비고
동화 들려주기 후	바로 동극		
	나중에 동극		
소품 만들기/찾기			
회상하기			
무대 꾸미기			
배역 선정			
배역 소개			
자리 정돈			
동극하기			
평가하기			
재공연하기			
자유선택활동 시 활용			
기타			

기 타

- 바로 동극: 동화를 들려준 후 바로 동극을 하는 경우를 의미한다.
- 나중에 동극: 동화를 들려준 후 다른 활동(예: 소품 만들기, 간식)을 하고 나중에 동극을 하는 것을 의미한다.
- 소품 만들기/찾기: 무대를 꾸밀 때는 전체 공간을 어떻게 구분할 것인지를 구상하고 원칙적으로 교실 안에 있는 자료 중에서 동극에 필요한 소품을 찾도록 한다. 적당한 소품이 없는 경우에는 미술 시간을 활용하여 유아가 직접 제작할 수도 있다.
- 회상하기: 동극을 위하여 동화의 내용을 회상할 때는 전체 내용을 다시 들려주는 것이 아니라 이야기의 줄거리와 사건의 순서를 회상하고 대사를 중심으로 묻고 대답하며 간단한 동작 등을 함께 해 본다.
- 자유선택활동 시 활용: 자유선택활동 시간에 원하는 유아가 다시 동극을 해 볼 수 있도록 제시한다.
- 비고: 관찰한 것을 상세히 기록한다.

생각해 봅시다

- 동극을 하는 순서와 절차가 유아의 연령과 흥미 그리고 능력에 맞게 잘 조정되었는지 생각해 봅시다.
- 동극을 하면서 유아가 기계적으로 암기한 것을 재연하지 않았는지 성각해 봅시다.
- 동극을 할 때 교사가 유아를 기계적으로 움직이게 지도하지 않았는지 생각해 봅시다.
- 무대 준비, 소품 준비, 배역 선정, 평가에 너무 많은 시간을 소비하여 유아의 주의 집중 시간을 넘지 않았는지 생각해 봅시다.
- 동극을 하는 유아뿐만 아니라 관람하는 유아도 적극적으로 참여하는 분위기였는지 생각해 봅시다.

3 관찰의 실시

① 관찰의 예: 교사가 동극을 지도하는 과정을 관찰하고 기록한 예이다.

관 찰 자: 김 미 영	관찰일시: 2027년 5월 16일
관찰기관: 색동 유치원/어린이집	관찰학급: 토끼반/ 3세 학급
진행 중인 주제: 봄	동화 제목: 삐약! 우리 엄마세요?
동화 전달 매체: 그림 동화	

※ 다음의 관찰 기록에서 유아의 반응은 생략하고 교사가 한 말만 기록하였다.

(『삐약! 우리 엄마세요?』를 그림 동화로 듣고 나서 바로 동극을 하기 위하여 모여 앉는다.)
(동화를 듣고 나서 대사를 회상해 본다.)
교 사: 알 속에서 어떤 동물이 나타났니? 병아리가 제일 먼저 누구에게 가서 물어보았지?
교 사: 그러니까 고양이가 무엇이라고 했니?

(중략)

(동화의 회상이 끝나자 교사는 유아들과 의논하여 무대를 꾸민다.)
교 사: 농장은 어디로 할까? 고양이는 어디에 있게 할까?
(무대 배치가 끝나고 소품을 정한다.)
교 사: 그럼 각 장면에 나오는 동물들이 가지고 있는 물건들은 무엇으로 할까?
(소품 결정이 끝나고 배역을 정한다.)
교 사: 이 이야기에는 누가 나왔었니? 동극을 하려면 모두 몇 명이 있어야 할까? '저는 엄마 닭을 하겠어요.' 하는 친구는 손을 들어 보자.
(역할이 정해지면 각 등장인물이 앞에 나와 자기소개와 인사를 한다.)
(인사를 하고 나서 의논된 위치로 가서 동극을 할 수 있도록 준비한다.)
(동극을 한다.)
(동극이 끝난 뒤 동극을 한 유아들은 인사를 하고 자기 자리로 돌아간다.)
교 사: 동극에서 재미있었던 것은 무엇이었니? 동극을 보는 사람의 태도는 어땠니? 두 번째로 동극을 할 때는 어떻게 하면 더 재미있을까?
(평가한 것을 생각하며 재공연을 한 후 다시 간단히 평가한다.)
교 사: 오늘은 우리가 두 번 공연을 했지? 혹시 다시 해 보고 싶은 사람이 있니? 그래, 참 많구나! 그럼 자유선택활동 시간에 할 수 있도록 도서 영역에 둘게.

② 관찰의 예에서 제시된 내용을 관찰 양식에 기록하여 보자.

관 찰 자: 김 미 영　　관찰일시: 2027년 5월 16일
관찰기관: 색동 유치원/어린이집　　관찰학급: 토끼반/ 3세 학급
진행 중인 주제: 봄　　동화 제목: 삐약! 우리 엄마세요?
동화 전달 매체: 그림 동화

지도 절차		관찰된 순서	비고
동화 들려주기 후	바로 동극	①	
	나중에 동극		
소품 만들기/찾기		④	
회상하기		②	
무대 꾸미기		③	
배역 선정		⑤	
배역 소개		⑥	
자리 정돈		⑦	
동극하기		⑧	
평가하기		⑨ ⑪	
재공연하기		⑩	
자유선택활동 시 활용		⑫	
기타			

6 동시 - 배우기

1 동시에 대한 기초 지식

① 동시: 어린이를 독자로 하여 어린이의 정서를 읊은 시를 말한다. 유아교육기관에서 동시는 전이, 주의 집중, 다른 활동의 도입 등에 활용될 수도 있으나 여기서는 독립된 활동으로서의 동시 배우기로 한정한다.

② 동시의 중요성: 동시는 어린이가 지닌 감성을 계발하고, 모국어의 아름다움을 느끼게 해 주며, 시의 리듬과 운율을 통해 청각적 즐거움을 경험할 수 있게 해 준다. 또한 사물에 대한 직관력과 상상력을 길러 주고, 어린이들이 자신의 생각과 감정을 창의적으로 표현할 수 있게 해 준다.

2 관찰 기록 양식

① 동시 배우기의 형식

관 찰 자:		관찰일시: 년 월 일 요일
관찰기관: 유치원/어린이집		관찰학급: 반/ 세 학급
진행 중인 주제:		동시 제목:
범주	**내용**	**관찰 여부**
매체의 유형	자료 없음	
	동시만 적은 자료	
	동시와 관련된 그림이 같이 있는 자료	
	글 이외의 자료(예: 손인형, 실물, 사진 등)	
	배경 음악	
	기타	
집단의 크기	대집단	
	소집단	
	개별 유아	
	기타	
현재 진행 중인 주제와의 연계성	연계됨	
	연계되지 않음	
사전 활동의 여부	있었음(구체적으로 기록:)	
	없었음	

참 고

- 매체의 유형: 한 가지 이상의 매체 유형을 사용할 경우 모두 표시한다.

생각해 봅시다

- 동시의 내용을 잘 전달할 수 있는 유형의 매체가 사용되었는지 생각해 봅시다.
- 동시의 내용을 고려할 때 사전 활동이 꼭 필요한지 또는 없어도 무방한지 생각해 봅시다.
- 사전 활동이 있었을 경우, 동시의 내용에 적절한 사전 활동이었는지 생각해 봅시다.

② 동시 배우기의 운영

관 찰 자:		관찰일시: 년 월 일 요일
관찰기관: 유치원/어린이집		관찰학급: 반/ 세 학급
진행 중인 주제:		동시 제목:
지도 절차	**관찰된 순서**	**비고**
사전 활동		
도입		
교사가 혼자 낭송해 주기		
유아의 느낌 듣기		
지은이/제목 이야기하기		
교사와 유아가 나누어 낭송하기		
유아들끼리 또는 혼자 낭송하기		
교사와 유아가 함께 낭송하기		
제목 짓기		
사후 활동		
기타		

참 고

- 기타: 제시된 것 이외의 과정이 관찰되면 기록한다.
- 교사가 동시 배우기를 지도하는 절차를 관찰하고 순서대로 번호를 기록한다. '비고'란에는 필요한 내용을 보충한다.

생각해 봅시다

- 동시의 내용이나 내용의 난이도가 유아에게 적절했는지 생각해 봅시다.
- 동시의 길이나 내용의 난이도를 고려할 때, 지도 절차가 적절했는지 생각해 봅시다.
- 동시 감상이 기계적인 방식으로 진행되어 동시 감상의 원래 목적(언어의 아름다움, 감성 등)을 오히려 해치지는 않았는지 생각해 봅시다.
- 교사와 유아가 나누어서 낭송하는 관습이 동시 감상의 원래 목적을 오히려 해치지는 않았는지 생각해 봅시다.

3 관찰의 실시

① 관찰의 예: 교사가 동시를 가르치는 것을 관찰하고 기록한 예이다.

관 찰 자: 권 희 규	관찰일시: 2023년 10월 15일
관찰기관: 새싹 유치원/어린이집	관찰학급: 무궁화반/ 5세 학급
진행 중인 주제: 가을	동시 제목: 가을이 되면

교 사: 오늘 야외 학습을 가서 무엇을 보았지?

유아들: (산발적으로) 나뭇잎이요, 낙엽이요, 개미요, ….

교 사: 그래, 여러 가지를 보았지? (바구니에 담긴 낙엽을 보여 주며) 어디에서 이것을 가지고 왔지?

유아들: 우리가 주웠어요.

교 사: 나무에서 떨어진 잎을 무엇이라고 한다고 했지?

유아들: 낙엽.

(중략)

교 사: 가을이 되서 나뭇잎이 떨어지는 것을 보고 지은 동시가 있어. 제목은 '가을이 되면'이고 김수란 선생님께서 지으신 거야. 잘 들어 보자.

(교사는 낙엽을 손에 들고 배경 음악을 튼 후 동시를 낭송한다.)

교 사: 잘 들었니? 다시 한번 들려줄게.

(교사는 동시가 적힌 종이를 융판에 붙이고 한 줄씩 낭송한다.)

교 사: 이번에는 선생님이 한 줄을 낭송하면 너희들이 그다음 줄을 낭송해 보자.

(교사와 유아가 번갈아 가며 한 줄씩 낭송한다.)

교 사: 이번에는 우리 모두 다 함께 낭송해 보자.

(교사와 유아가 함께 낭송한다.)

교 사: 오늘 우리가 함께 낭송한 동시를 융판에 붙여 놓을 테니 너희들이 나중에 낭송해 보도록 하자.

② 관찰의 예에서 제시된 내용을 관찰 양식에 기록하여 보자.

◦ 동시 배우기의 형식

관 찰 자: 권 희 규 관찰기관: 새싹 유치원/어린이집 진행 중인 주제: 가을		관찰일시: 2023년 10월 15일 관찰학급: 무궁화반/ 5세 학급 동시 제목: 가을이 되면
범주	내용	관찰 여부
매체의 유형	자료 없음	
	동시만 적은 자료	✔
	동시와 관련된 그림이 같이 있는 자료	
	글 이외의 자료(예: 손인형, 실물, 사진 등)	✔(낙엽)
	배경 음악	✔
	기타	
집단의 크기	대집단	✔
	소집단	
	개별 유아	
	기타	
현재 진행 중인 주제와의 연계성	연계됨	✔
	연계되지 않음	
사전 활동의 여부	있었음(구체적으로 기록: 야외 학습에서 본 것)	✔
	없었음	

◦ 동시 배우기의 운영

관 찰 자: 권 희 규		관찰일시: 2023년 10월 15일
관찰기관: 새싹 유치원/어린이집		관찰학급: 무궁화반/ 5세 학급
진행 중인 주제: 가을		동시 제목: 가을이 되면
지도 절차	**관찰된 순서**	**비고**
사전 활동	①	낙엽을 보기 위하여 야외 학습 감
도입	②	
교사가 혼자 낭송해 주기	④	2회 반복
유아의 느낌 듣기		
지은이/제목 이야기하기	③	김수란의 '가을이 되면'
교사와 유아가 나누어 낭송하기	⑤	
유아들끼리 또는 혼자 낭송하기		
교사와 유아가 함께 낭송하기	⑥	
제목 짓기		
사후 활동	⑦	융판 자료로 내어 줌
기타		

7 동시 - 짓기

1 동시 짓기에 대한 기초 지식

① 동시 짓기: 어린이들이 경험한 것을 토대로 동시를 창작해 보는 활동을 의미한다. 동시 짓기는 크게 기존의 동시를 배운 후 그것을 토대로 수정하는 형식과 어린이들의 경험을 토대로 창작하는 형식으로 구분할 수 있다. 많은 교사가 순수한 창작보다는 이미 감상한 동시를 어린이에게 개작해 보게 하는 활동을 많이 한다. 그러나 타인의 창작물을 허가 없이 개작하는 것은 현대사회에서 중시하는 저작권의 중요성에 대해 어린이가 배우지 못하는 결과를 낳을 수 있으므로 유의한다.

② 동시 짓기의 중요성: 어린이가 경험한 것을 언어로 표현하는 과정에서 표상하는 능력, 가장 적절한 어휘를 선택하는 능력, 함축적으로 표현하는 능력, 창의적으로 표현하는 능력을 기를 수 있다.

2 관찰 기록 양식

① 동시 짓기 운영

관 찰 자:		관찰일시: 년 월 일 요일
관찰기관:	유치원/어린이집	관찰학급: 반/ 세 학급
진행 중인 주제:		동시 제목:

범주	내용	관찰 여부
형식	기존의 동시를 활용하여 부분적으로 수정	
	기존의 동시를 활용하여 전면적으로 수정	
	새로운 동시를 창작함	
집단의 크기	개인별로 자신의 동시를 지음	
	소집단을 구성하여 각 유아가 낸 의견을 모아 한 편의 동시를 지음	
	학급의 전체 유아가 각자 낸 의견을 모아 한 편의 동시를 지음	
현재 진행 중인 주제와의 연계성	연계됨	
	연계되지 않음	
사전 활동의 여부	있었음(구체적으로 기술:)	
	없었음	
유아들의 의견 및 표현 존중	유아들의 의견을 존중하여 교사가 수정하지 않음	
	유아들의 의견을 교사가 수정함	
기록 1	지은 동시를 각자 기록하기	
	지은 동시를 여러 명이 함께 기록하기	
기록 2	글로 기록하기	
	그림으로 기록하기	
	글과 그림으로 기록하기	
사후 활동의 종류	확장된 동시 짓기	
	그림으로 그리기	
	교사가 기록한 동시에 그림 그려 넣기	
	동시의 내용을 동작으로 표현하기	
	동시의 내용을 노래로 불러 보기	
	기타	

생각해 봅시다

- 전반적인 동시 짓기 운영 과정이 유아들의 창의성 및 심미감 향상에 기여하는지, 아니면 기계적인 개작이나 창작에 그치는지 생각해 봅시다.

3 관찰의 실시

① 관찰의 예: 교사와 유아가 동시 짓기를 하는 것을 관찰하고 기록한 예이다.

관 찰 자: 이 미 경	관찰일시: 2023년 10월 15일
관찰기관: 새싹 유치원/어린이집	관찰학급: 무궁화반/ 5세 학급
진행 중인 주제: 가을	동시 제목: 산 같은 낙엽에서 논다면

교사는 유아들과 함께 유치원/어린이집 마당에 떨어진 낙엽이 많이 모인 것을 관찰하고 있다. 낙엽을 관찰하는 동안 교사는 유아들에게 낙엽의 모양, 냄새, 색깔 등에 관하여 질문한다. 유아들은 낙엽을 관찰하고 저마다 자기 생각을 이야기하였으며, 교사는 이를 모두 모아 다음과 같은 동시를 만들었다. 각 유아의 생각이 담긴 동시를 전체 유아에게 읽어 준 후 유아들이 제목을 정하였다. 그후 교사가 큰 종이를 준비해 주고 원하는 유아에게 자유선택활동 시간에 동시를 적고 그림을 그려 넣어 꾸미도록 하였다. 다음 날 창작 율동 시간에 도입으로 동시를 한 번 더 낭송해 준 후 창작 율동을 하도록 하였다.

산 같은 낙엽에서 논다면

산 같은 낙엽에서 놀면 어떤 느낌일까?

낙타 혹에 올라타기
안 마른 빨래 더미
푹신한 침대에서 뛰어 놀기
울퉁불퉁한 미끄럼틀
한라산 올라가기! 헥헥

저기 저 산 같은 낙엽에서 놀면 신나는 놀이터!

② 관찰의 예에서 제시된 내용을 관찰 양식에 기록해 보자.

관 찰 자: 이 미 경 관찰기관: 새싹 유치원/어린이집 진행 중인 주제: 가을	관찰일시: 2023년 10월 15일 관찰학급: 무궁화반/ 5세 학급 동시 제목: 산 같은 낙엽에서 논다면	
범주	내용	관찰 여부
형식	기존의 동시를 활용하여 부분적으로 수정	
	기존의 동시를 활용하여 전면적으로 수정	
	새로운 동시를 창작함	✔
집단의 크기	개인별로 자신의 동시를 지음	
	소집단을 구성하여 각 유아가 낸 의견을 모아 한 편의 동시를 지음	
	학급의 전체 유아가 각자 낸 의견을 모아 한 편의 동시를 지음	✔
현재 진행 중인 주제와의 연계성	연계됨	✔
	연계되지 않음	
사전 활동의 여부	있었음(구체적으로 기술: 낙엽 더미에서 놀이하기)	✔
	없었음	
유아들의 의견 및 표현 존중	유아들의 의견을 존중하여 교사가 수정하지 않음	✔
	유아들의 의견을 교사가 수정함	
기록 1	지은 동시를 각자 기록하기	
	지은 동시를 여러 명이 함께 기록하기	✔
기록 2	글로 기록하기	
	그림으로 기록하기	
	글과 그림으로 기록하기	✔
사후 활동의 종류	글로 쓰기	
	그림으로 그리기	
	교사가 기록한 동시에 그림 그려 넣기	
	동시의 내용을 동작으로 표현하기	✔
	동시의 내용을 노래로 불러 보기	
	기타	

8 음악(노래 및 음악 감상)

1 새 노래 지도 및 노래 부르기에 대한 기본 지식

① 새 노래 지도: 영유아들이 모른다고 판단하거나 알더라도 다 같이 새로 배울 가치가 있다고 생각하는 노래를 개인 또는 대/소집단으로 지도하는 활동을 의미한다.

② 노래 부르기: 넓은 의미로 볼 때 새 노래 배우기도 포함되나 여기서는 이미 배웠던 노래나 영유아가 익히 아는 노래를 다른 교육 활동을 진행하면서 다양한 목적(예: 주의 집중, 배운 노래 복습, 다른 활동의 도입 등)으로 부르는 것을 의미한다.

③ 노래 부르기의 중요성: 영유아는 태어나기 전부터 음악을 접하며, 일생을 살아가면서 다양한 상황에서 자신의 감정을 표현하는 도구로 음악을 사용한다. 특히, 영유아기의 음악 경험은 총체적 발달에 기여하는 역할(예: 정서적 표현, 심미감, 즐거움, 의사 전달, 상징적 표상, 신체적 움직임 유발, 사회적 규율의 전달, 문화의 계승)을 한다. 따라서 새 노래를 배운 이후에는 하루 일과 중 다양한 맥락에서 노래 부를 기회를 주는 것이 바람직하다.

2 관찰 기록 양식

① 새 노래 배우기의 형식

관 찰 자:		관찰일시: 년 월 일 요일
관찰기관: 유치원/어린이집		관찰학급: 반/ 세 학급
진행 중인 주제:		노래 제목:
범주	**내용**	**관찰 여부**
새 노래 배우기	일상생활에서 여러 번 불러 익히게 함(특히, 영아의 경우)	
	형식적인 새 노래 배우기 시간을 통해 배움	
집단 크기	대집단(형식적)의 영유아	
	소집단(형식적)의 영유아	
	자유선택활동 시간에 관심 있는 영유아	
교사의 위치	영유아들 앞에 앉아 마주보고 있음	
	악기(예: 피아노)나 기계(예: 컴퓨터) 뒤나 옆에 앉아 있지만 영유아가 잘 보이는 곳에 앉음	
	영유아를 등지거나 보이지 않는 곳에 앉음	
	기타	
배우는 노래의 적절성	진행 중인 주제와 연계되는 노래	
	영유아들의 경험과 연계되는 노래	
	영유아에게 음역이 적절한 노래	
	영유아에게 길이가 적절한 노래	
	노래의 가사나 리듬이 반복적이어서 배우기에 적절한 노래	
	기타	
매체의 종류	자료를 사용하지 않음	
	손인형, 융판 자료같이 노랫말이나 악보 형식 이외의 자료	
	노랫말만 적은 자료	
	노랫말을 적고 적절한 단어를 그림으로 표시한 자료	
	악보 형식의 자료	
	컴퓨터 사이트나 CD에 담겨 있는 자료	
	기타	
사용하는 음악	없음	
	피아노를 포함한 건반악기	
	현악기	
	타악기	
	카세트나 CD에 녹음된 음악	
	컴퓨터 사이트에 올려진 음악	
	기타	

참 고

- 영아 학급에서도 다양한 맥락에서 노래 배우기를 하므로 0, 1세 학급에서도 관찰할 수 있다.
- 배우는 노래의 적절성: 적절성에 대한 구체적 기준은 관련 도서(예: 영유아 음악교육)를 참조한다.
- 기타: 각 관찰 항목에 제시되지 않은 것이 관찰되면 자세히 기록한다.

생각해 봅시다

- 새 노래는 형식적인 대/소집단 활동을 통해 배우고, 배운 노래는 일상생활을 통해 반복하는 것이 항상 바람직한지 생각해 봅시다.
- 영유아와 마주 보며 반주하는 것이 불가능할 경우, 영유아를 보지 못하는 상황에서 반주하는 것과 반주를 못 하더라도 영유아와 마주 보며 지도하는 것 중 어느 것이 더 중요한지 생각해 봅시다.
- 항상 노랫말이 적힌 자료를 제시하는 것이 새 노래를 배우는 데 바람직한지 생각해 봅시다.
- 노랫말이 적힌 자료를 사용하는 것이 아직 글자를 읽을 수 없는 영유아에게 미치는 부정적인 영향에 대해 생각해 봅시다.
- 인터넷 사이트에 있는 반주나 컴퓨터에 넣어 사용하는 CD의 반주에 맞춰 노래를 배우는 것이 문제는 없는지 생각해 봅시다.

② 새 노래 지도의 운영

관 찰 자: 관찰일시: 년 월 일 요일
관찰기관: 유치원/어린이집 관찰학급: 반/ 세 학급
진행 중인 주제: 노래 제목:
교수 매체: 교사의 위치:
총 소요 시간:

지도 절차	관찰된 순서	반복 횟수	비고
도입			
교사가 노래 불러 주기(반주 없이)			
교사가 노래 불러 주기(반주와 함께)			
아는 유아에게 불러 보게 하기			
반주 없이 멜로디만 들려주기			
노랫말 읽어 보기(교사, 유아 또는 모두 함께)			
'라라라' 등으로 멜로디만 다 함께 부르기			
교사와 유아가 노래의 일부분씩 나누어 부르기			
노래 전체를 다 함께 부르기			
확장(예: 노랫말 바꾸어 부르기)			
유아가 리듬악기를 연주하며 부르기			
율동하며 부르기			
1명 또는 여러 명의 유아가 앞에 나와 부르기			
기타			
기타			

참고

- 도입: 어떤 방법으로 도입(예: 수수께끼, 동화, 과거 경험과의 연계 등)하는지 '비고'란에 기록한다.
- 기타: 그 밖의 지도 절차가 관찰되면 자세히 기록한다.
- 반복 횟수: 동일한 지도 절차를 여러 번 반복할 경우, 반복한 횟수를 기록한다.

생각해 봅시다

- 전반적으로 새 노래 지도 절차가 적절했는지 생각해 봅시다.
- 위에 제시된 지도 절차 중 새 노래를 지도할 때 불필요한 절차가 있는지 또는 꼭 필요한 절차가 생략되었는지 생각해 봅시다.
- 새 노래 지도에 소요된 시간이 적절했는지 생각해 봅시다.
- 배울 노래를 이미 알고 있는 유아가 많을 경우, 어떤 절차를 생략해도 좋은지 생각해 봅시다.
- 성인이 새로운 노래를 익히는 방법(즉, 반복해서 듣는 것)과 비교할 때, 유아가 새로운 노래를 배우는 방법(즉, 멜로디 들려주기, 가사 들려주기, 한 가지 소리로 불러 보기, 조금씩 나눠서 불러 보기)이 적절한지 생각해 봅시다.

③ 노래 부르기

관 찰 자: 관찰일시: 년 월 일 요일
관찰기관: 유치원/어린이집 관찰학급: 반/ 세 학급
진행 중인 주제:

상황		노래 개수	영유아의 호응 정도		
			교사만 부름	일부 영유아만 부름	대부분의 영유아가 부름
실내외 자유선택활동 중 자연스럽게					
급간식 시간 중 자연스럽게					
휴식/낮잠 시간 중 자연스럽게					
지시의 표시	정리·정돈 시간				
	교사 앞에 모이는 시간				
	귀가 시간				
	기타				
	기타				
	기타				
다른 활동의 도입으로 활용					
다른 활동의 전개 시 활용					
다른 활동의 마무리로 활용					
주의 집중으로 활용					
부적절한 행동 지도를 위해 활용					
생일 축하 등의 행사 시 활용					
기타					
기타					

참 고

- 영아 학급에서도 다양한 맥락에서 노래 부르기를 하므로 0, 1세 학급에서도 관찰할 수 있다.
- 상황: 새 노래 지도나 동작(신체)을 제외하고 하루 일과 동안 교사가 어떤 상황에서 노래를 부르는지 관찰한다.
- 노래 개수: 교사가 부른 노래의 개수를 기록한다.
- 지시의 표시: 같은 상황에서 특정한 노래를 활용할 경우(예: 정리·정돈 시간의 표시로 특정한 노래를 할 경우) 기록한다.
- 영유아의 호응 정도: 지시의 표시로 노래를 부를 경우, 노래의 지시에 따라 영유아가 기대되는 행동을 하는지 기록한다(즉, 교사만 부름 – 기대되는 행동을 거의 하지 않음; 일부 영유아만 부름 – 일부분만 기대되는 행동을 함; 대부분의 영유아가 부름 – 대부분 기대되는 행동을 함).

생각해 봅시다

- 지시의 표시로 부르는 노래가 많은 경우, 영유아를 기계처럼 반응하게 하는 것은 아닌지 생각해 봅시다.
- 교사가 하루 일과 중 다양한 노래를 부를 때 영유아의 정서에 어떤 영향을 미칠지 생각해 봅시다.
- 교사가 대/소집단 활동을 하면서 다양한 노래를 적절히 활용했는지 생각해 봅시다. 즉, 노래를 활용하는 것이 교사가 효과적으로 활동을 지도하는 데 도움이 되었는지 생각해 봅시다.

3 관찰의 실시

① 관찰의 예: 교사가 새 노래를 지도하는 것을 관찰하고 기록한 예이다.

관 찰 자: 김 영 미	관찰일시: 2024년 4월 19일
관찰기관: 꽃동산 유치원/어린이집	관찰학급: 5세 학급
진행 중인 주제: 봄	노래 제목: 봄
교수 매체: 가사만 기록한 종이	교사의 위치: 유아를 등지고 피아노 앞
총 소요 시간: 23분	

(전체 유아의 반은 의자에, 나머지 반은 바닥에 앉아 있고, 교사는 피아노 앞에 앉아 유아를 돌아보며 지도하고 있다.)

교 사: 얘들아, 오늘은 선생님이 새 노래를 가르쳐 줄 거야. 먼저 어떤 내용의 노래인지 내용을 읽어 볼 테니까 잘 들어 보자.

(교사가 음정 없이 노래 가사를 읽는다.)

교 사: 이번에는 새 노래를 불러 볼 테니까 잘 들어 보자.

(교사는 반주 없이 노래를 처음부터 끝까지 부른다.)

교 사: (피아노로 멜로디만 쳐 준다.) 이번에는 멜로디만 들려줄게.

교 사: 처음에는 너무 어려우니까 쉬운 소리로 한 번 해 보자.

(교사가 피아노로 멜로디만 쳐 준다.)

유아들: (산발적으로) 랄랄랄, 짝짝짝, 우우우.

교 사: 이번에는 다 같이 '우우우' 소리를 내면서 멜로디만 따라 해 보자.

(교사가 피아노로 멜로디만 쳐 준다.)

유아들: (허밍처럼 '우우우' 소리로 멜로디를 부른다.)

('가가가', '두두두'로 바꿔 두 번 더 부른다.)

교 사: 이번에는 처음 두 줄은 선생님이 부르고, 다음 두 줄은 너희들이 불러 보자.

(교사가 반주를 넣어 쳐 준다.)

(유아들끼리 다양한 방식으로 노래를 나누어 두 번 더 불러 본다.)

교 사: 이제는 처음부터 끝까지 다 함께 한 번 불러 보자.
모두들 잘 불러 주었구나.

② 관찰의 예에서 제시된 내용을 관찰 기록 양식에 기록하여 보자.

◦ 새 노래 배우기의 형식

관 찰 자: 김 영 미	관찰일시: 2024년 4월 19일
관찰기관: 꽃동산 유치원/어린이집	관찰학급: 5세 학급
진행 중인 주제: 봄	노래 제목: 봄
교수 매체: 가사만 기록한 종이	교사의 위치: 유아를 등지고 피아노 앞
총 소요 시간: 23분	

범주	내용	관찰 여부
새 노래 배우기 시간	일상생활에서 여러 번 불러 익히게 함(특히 영아의 경우)	
	형식적인 새 노래 배우기 시간을 통해 배움	✔
집단 크기	대집단(형식적)의 영유아	✔
	소집단(형식적)의 영유아	
	자유선택활동 시간에 관심 있는 영유아는 누구나	
교사의 위치	영유아들 앞에 앉아 마주보고 있음	
	악기(예: 피아노)나 기계(예: 컴퓨터) 뒤나 옆에 앉아 있지만 영유아가 잘 보이는 곳에 앉음	
	영유아를 등지거나 보이지 않는 곳에 앉음	✔
	기타	
배우는 노래의 적절성	진행 중인 주제와 연계되는 노래	✔
	영유아들의 경험과 연계되는 노래	판단 불가
	음역이 영유아에게 적절한 노래	✔
	길이가 영유아에게 적절한 노래	✔
	노래의 가사나 리듬이 반복적이어서 적절한 노래	✔
	기타	
매체의 종류	자료를 사용하지 않음	
	손인형, 융판 자료같이 노랫말이나 악보 형식 이외의 자료	
	노랫말만 적은 자료	✔
	노랫말을 적고 적절한 단어를 그림으로 표시한 자료	
	악보 형식의 자료	
	컴퓨터 사이트에 올려진 자료	
	기타	
사용하는 음악	없음	
	피아노를 포함한 건반악기	✔
	현악기	
	타악기	
	카세트나 CD에 녹음된 음악	
	컴퓨터 사이트에 올려진 음악	
	기타	

◎ 새 노래 지도의 운영

관 찰 자: 김 영 미
관찰일시: 2024년 4월 19일
관찰기관: 꽃동산 유치원/어린이집
관찰학급: 5세 학급
진행 중인 주제: 봄
노래 제목: 봄
교수 매체: 가사만 기록한 종이
교사의 위치: 유아를 등지고 피아노 앞
총 소요 시간: 23분

지도 절차	관찰된 순서	반복 횟수	비고
도입			
교사가 노래 불러 주기(반주 없이)	②	1	
교사가 노래 불러 주기(반주와 함께)			
아는 유아에게 불러 보게 하기			
반주 없이 멜로디만 들려주기	③	1	
노랫말 읽어 보기(교사, 유아 또는 모두 함께)	①	1	
‘라라라’ 등으로 멜로디만 다 함께 부르기	④	3	
교사와 유아가 노래의 일부분씩 나누어 부르기	⑤	1	
유아끼리 노래의 일부분씩 나누어 부르기	⑥	2	
노래 전체를 다 함께 부르기	⑦	1	
확장(예: 노랫말 바꾸어 부르기)			
유아가 리듬악기를 연주하며 부르기			
율동하며 부르기			
1명 또는 여러 명의 유아가 앞에 나와 부르기			
기타			
기타			

9 율동/동작 활동

1 율동(동작 활동)에 대한 기초 지식

① 율동(동작 활동): 자신의 생각, 감정, 느낌을 신체를 통해 표현하는 활동으로 대부분의 경우 음악이나 리듬에 맞추어 표현하는 활동을 의미한다. 율동(동작 활동)은 기본 율동, 창의적 율동, 다른 사람에 의해 만들어진 정형화된 율동 등으로 크게 구분할 수 있다.

② 율동(동작 활동)의 중요성: 선사시대부터 율동(동작 활동)은 자신을 표현하고 의사소통을 하는 도구로 사용되어 왔다. 유아들도 태어나는 순간부터 몸을 움직이며 자신을 표현하고, 주변의 세계를 탐색하고, 능력을 개발한다. 특히, 유아기의 율동(동작 활동)은 총체적 발달에 기여하는 역할－예를 들면, 정서적 표현, 심미감, 즐거움, 의사 전달, 상징적 표상, 사회적 규율의 전달, 문화의 계승－을 한다.

2 관찰 기록 양식

① 율동(동작 활동) 지도의 형식

관 찰 자:		관찰일시: 년 월 일 요일
관찰기관:	유치원/어린이집	관찰학급: 반/ 세 학급
진행 중인 주제:		율동 제목:
교수 매체:		

범주	내용	관찰 여부
율동 종류	기본 율동	
	정형화된 율동	
	창작 율동	
	기타	
집단 크기	대집단(형식적)의 유아	
	소집단(형식적)의 유아	
	자유선택활동 시간에 관심 있는 유아	
장소	교실	
	유희실, 강당, 체육실 등의 넓은 공간	
	놀이터, 마당 등의 실외 공간	
공간 확보	현재 하고자 하는 율동을 할 수 있는 충분한 공간	
안전	위험할 수 있는 물건(예: 책걸상, 가구)을 치워 놓음	
	율동하는 도중 방향, 속도, 앞 유아와의 거리 등에 주의를 기울이도록 해서 유아의 안전을 고려함	
매체 사용	율동의 진행 순서를 설명하기 위해 매체를 사용함	
음악 사용	실제 악기(예: 피아노, 리듬악기)	
	녹음된 음악	
	음악을 사용하지 않음	
개인차 고려	율동에 참여하고 싶어 하지 않는 유아들에 대한 배려가 있음	
사전 활동의 유무	새로 배우려는 율동과 관련된 사전 활동 있었음	

참 고

- 율동 종류: 관찰한 구체적인 율동 제목을 적는다(예: 기본 율동 – 걷기, 달리기, 스키핑).
- 정형화된 율동: 노랫말과 음악에 맞춰 정해진 동작을 하는 율동을 의미한다.

생각해 봅시다

- 일정 시간 동안 실시된 율동의 종류를 살펴보았을 때 교사가 특정한 종류의 율동만 한다면, 유아에게 어떤 영향을 미칠지 생각해 봅시다.
- 관찰한 율동이 위에서 관찰한 각 범주 측면에서 적절한지 생각해 봅시다.
- 어떤 경우에 실제 악기 또는 녹음된 음악을 사용하는 것이 효율적인지 생각해 봅시다.

② 율동 지도의 운영

관 찰 자:		관찰일시:	년 월 일 요일
관찰기관:	유치원/어린이집	관찰학급:	반/ 세 학급
진행 중인 주제:		율동 제목:	
교수 매체:			

지도 절차	관찰된 순서	반복 횟수	비고
도입			
음악 듣기/감상하기/느낌을 언어로 표현하기			
듣거나 감상한 음악에 대한 느낌을 몸으로 표현하기			
음악에 동작을 알려 주는 노랫말이 있을 경우 노래 배우기			
음악에 동작을 알려 주는 노랫말이 있을 경우 동작으로 표현해 보기			
음악이나 동작과 관련된 정보 주기(예: 제목, 작곡자, 율동의 유래 등)			
율동에 나오는 동작 중 따라 할 수 있는 부분이 있을 경우 앉아서 (또는 서서) 동작해 보기			
유아 혹은 교사가 시범 보이기			
유아가 하는 동작 중 틀린 부분 수정해 주기			
소집단(또는 반집단)으로 나누어 해 보기			
전체 집단이 함께 해 보기			
평가하기			
기타			
기타			

참고

- 도입: 어떤 방법으로 도입(예: 수수께끼, 동화, 과거 경험과의 연계 등)하는지 '비고'란에 기록한다.
- 기타: 그 밖의 지도 절차가 관찰되면 자세히 기록한다.
- 반복 횟수: 동일한 지도 절차를 여러 번 반복할 경우, 반복한 횟수를 기록한다.

3 관찰의 실시

① 관찰의 예: 교사가 율동 지도하는 과정을 관찰하고 기록한 예이다.

관 찰 자: 이 하 늬 관찰일시: 2025년 10월 4일
관찰기관: 한산 유치원/어린이집 관찰학급: 송아지반/ 4세 학급
진행 중인 주제: 우리나라 율동 제목: 떡 만들기(정형화된 율동)
교수 매체: 녹음된 음악, 비디오, 절구와 절굿공이

(교사와 유아가 떡 만드는 모습에 대한 비디오를 시청하였다.)
교 사: 조금 전에 무엇에 대한 비디오를 보았지?
유 아: 떡 만드는 거요.
교 사: 그래, 떡 만들 때 사용하는 도구의 이름을 무엇이라고 했는지 생각나니? ○○야.
○ ○: 방망이.
교 사: 그래, 방망이처럼 생겼는데, 이름은 절….
○ ○: 절굿공이.
교 사: (준비한 절굿공이를 보여 주며) 맞았어. ○○가 잘 기억하고 있구나. 그럼 떡 만들 떡살을 넣고 찧는 것의 이름이 무엇이더라?
유아들: 절구!
교 사: (절구를 보여 주며) 아까 비디오에서 어떻게 떡을 찧었니?
유아들: (흉내를 내며) 이렇게요.
(유아들이 함께 절굿공이를 들고 절구에다 찧는 흉내를 낸다.)
교 사: 떡을 만드는 모습을 보고 만든 음악이 있는데 들어 봐.
(교사는 테이프에 녹음된 음악을 들려준다.)
교 사: 음악을 들어 보니 어떤 느낌이 드니?
유아들: 신나요, 떡을 찧는 것 같아요.
교 사: 누가 나와서 음악에 맞춰서 떡 찧는 것처럼 움직여 볼 수 있을까?
(유아 3명이 앞으로 나와서 절굿공이를 들고 음악에 맞추어 절구에 떡 찧는 흉내를 낸다.)
교 사: 이 음악에 맞추어 떡 만드는 과정을 율동으로 만든 것이 있는데 배워 보자.
(교사가 시범을 보인다.)
교 사: 이제 남자아이들만 나와서 해 보자. 여자아이들은 앉아서 할 수 있는 동작을 해 보자.
(남아와 여아로 나누어서 두 번에 걸쳐 동작을 익힌다.)
교 사: 잘했는데 "쿵더 쿵" 하는 데서 팔은 뒤로 넘기고 발은 이렇게(동작을 시범 보이며) 들어야 해. 누가 나와서 제대로 하는 것을 보여 줄 수 있을까? 그래 △△가 보여 주자.
△ △: (나와서 시범을 보인다.)
교 사: 그래, 정확히 잘 보여 주었어. 이제 다 같이 할 수 있을까?
(학급 전체가 음악에 맞추어 동작을 3회 해 본다.)
교 사: 모두들 잘해 주었구나.

② 관찰의 예에서 제시된 내용을 관찰 기록 양식에 기록하여 보자.

관 찰 자: 이 하 늬
관찰일시: 2025년 10월 4일
관찰기관: 한산 유치원/어린이집
관찰학급: 송아지반/ 4세 학급
진행 중인 주제: 우리나라
율동 제목: 떡 만들기(정형화된 율동)
교수 매체: 녹음된 음악, 비디오, 절구와 절굿공이

지도 절차	관찰된 순서	반복 횟수	비고
도입	①		떡 만드는 모습을 담은 비디오 시청
음악 듣기/감상하기/느낌을 언어로 표현하기	②		
듣거나 감상한 음악에 대한 느낌을 몸으로 표현하기	③		
음악에 동작을 알려 주는 노랫말이 있을 경우 노래 배우기			
음악에 동작을 알려 주는 노랫말이 있을 경우 동작으로 표현해 보기			
음악이나 동작과 관련된 정보 주기(예: 제목, 작곡자, 율동의 유래 등)			
율동에 나오는 동작 중 따라 할 수 있는 부분이 있을 경우 앉아서(또는 서서) 동작해 보기	④		
유아 혹은 교사가 시범 보이기	⑤ ⑧		
유아가 하는 동작 중 틀린 부분 수정해 주기	⑦		
소집단(또는 반집단)으로 나누어 해 보기	⑥	2	
전체 집단이 함께 해 보기	⑨	3	
평가하기	⑩		
기타			
기타			

10 게 임

1 게임에 대한 기초 지식

① 게임: 2인 이상이 달성해야 할 목표를 가지고 정해진 규칙에 따라 경쟁하는 활동을 말한다. 진정한 의미의 게임이 되기 위해서는 상호 의존성(즉, 게임의 결과가 내가 어떻게 했느냐 뿐만 아니라 상대가 어떻게 했느냐에 따라 상호적으로 결정되는 것), 규칙 그리고 경쟁(승패에 초점을 둔 것이 아님)의 요소가 필수적으로 포함되어야 한다.

② 게임의 중요성: 2인 이상이 개별적으로 또는 팀이 되어서 게임을 하는 동안 유아들은 게임의 방법, 도구, 규칙 등을 생각해 내고, 타인에게 전달하고, 효율적으로 목표를 달성하는 방법을 고안하고, 협동해서 목표를 향해 노력하는 경험을 하게 되어 신체, 언어, 인지, 사회, 정서 발달이 촉진된다.

2 관찰 기록 양식

① 게임 지도의 형식

관 찰 자:		관찰일시: 년 월 일 요일
관찰기관: 유치원/어린이집		관찰학급: 반/ 세 학급
진행 중인 주제:		게 임 명:
교수 매체:		
범주	**내용**	**관찰 여부**
게임의 종류	목적물 맞히기	
	경주하기	
	쫓기	
	숨기기와 찾기	
	오감각을 활용하여 알아맞히기	
	언어적 지시 게임	
	기타	
게임의 대형	원 대형	
	자유 대형(얼음땡을 할 때와 같은 대형)	
	편 대형 Ⅰ(개인과 개인의 경쟁)	
	편 대형 Ⅱ(개인 점수를 합산하여 팀 점수로 환산)	
	편 대형 Ⅲ(릴레이)	
환경의 적절성	게임을 할 수 있는 공간이 충분하다.	
	게임에 필요한 도구가 양편에 공정하게 준비되었다.	
게임의 적절성	게임의 내용이 생활 주제와 연계된다.	
	게임의 내용 및 방법이 유아의 발달에 적합하다.	
	게임의 내용이 교육적으로 적절하다.	

참 고

- 목적물 맞히기: 던지기, 밀기, 굴리기, 불기, 떨어뜨리기 등의 다양한 방법을 사용해서 목적물을 맞히는 게임을 의미한다.
- 경주하기: 구르기, 넘기, 북 치기 등의 다양한 방법을 사용해서 목적지까지 빨리 가는 게임을 의미한다.

생각해 봅시다

- 게임을 거의 하지 않거나 특정 종류 또는 유형의 게임만 하는 교사가 있을 경우, 유아의 발달에 어떤 영향을 미칠지 생각해 봅시다.
- 유아의 발달 특성을 고려할 때 각 연령에 따라 어떤 종류 또는 대형의 게임을 할 수 있을지(예: 모든 연령의 유아는 원 대형 게임할 수 있음) 또는 없을지(예: 만 3세는 편 대형 릴레이 게임을 하기 어려움)를 생각해 봅시다.
- 게임의 종류에 따라 어떤 게임 대형이 적절한지 생각해 봅시다.
- 게임의 내용과 방법이 유아의 연령에 맞지 않을 경우 어떤 결과를 낳을지 생각해 봅시다.

② 게임의 운영

관 찰 자:		관찰일시: 년 월 일 요일
관찰기관: 유치원/어린이집		관찰학급: 반/ 세 학급
진행 중인 주제:		게 임 명:
교수 매체:		전체 소요 시간:

지도 절차	관찰된 순서	비고
게임 대형으로 앉기(서기)		
도입		
수 세기(편 게임일 경우)		
게임에 사용할 도구 배치하기		
게임에 사용할 도구 가져오기(유아가 도구를 결정할 경우)		
게임 방법에 대한 소개(또는 추측)하기		
시범 보이기(유아 혹은 교사)		
게임에 필요한 규칙 정하기		
편 이름 정하기		
게임의 실시		
게임의 결과 알아보기		
평가		
게임의 반복		
게임에 사용된 도구 치우기		
기타		

참 고

- 게임의 반복: 첫 게임 이후 게임을 다시 할 경우 '비고'란에 몇 회 반복하는지 기록한다.
- 평가: 전체 게임을 하는 도중 평가를 1회 이상 하는 경우 '비고'란에 몇 회 반복하는지 기록한다.

생각해 봅시다

- 게임을 지도하는 절차가 유아의 연령에 적절한지 생각해 봅시다.
- 게임을 지도하는 절차가 게임의 특성을 고려할 때 적절한지 생각해 봅시다.
- 게임에 소요되는 시간이 지나치게 길지 않았는지 생각해 봅시다.

③ 게임의 평가 방법

관 찰 자:　　　　　　　　　　　　관찰일시:　　년　　월　　일　　요일
관찰기관:　　유치원/어린이집　　관찰학급:　　반/　　세 학급
진행 중인 주제:　　　　　　　　게 임 명:
교수 매체:

범주	관찰 여부	비고
평가하지 않음		
속도만 고려함 (먼저 들어온 유아 또는 팀이 이김)		
규칙 준수만 고려함 (규칙을 잘 지킨 유아 또는 팀이 이김)		
속도와 규칙 준수를 고려함 (규칙을 잘 지키면서 먼저 들어온 유아 또는 팀이 이김)		
속도와 관전 태도를 고려함 (먼저 들어오면서 관전 태도가 좋은 팀이 이김)		
규칙과 관전 태도를 고려함 (규칙을 잘 지키면서 관전 태도가 좋은 팀이 이김)		
속도, 규칙 준수, 관전 태도를 고려 (규칙을 잘 지키면서 먼저 들어온 팀에게 점수를 주고, 응원 태도가 좋았던 팀에게도 점수를 줌)		

생각해 봅시다

- 게임을 할 때 필수적인 게임 규칙만 정했는지 생각해 봅시다.
- 관전 태도를 너무 엄격히 요구해 게임의 흥이 반감되지는 않았는지 생각해 봅시다.

3 관찰의 실시

① 관찰의 예: 다음은 교사가 게임을 지도하는 과정을 관찰하고 기록한 예이다.

관 찰 자: 이 소 라　　관찰일시: 2026년 9월 17일
관찰기관: 바다 유치원/어린이집　　관찰학급: 거북반/ 5세 학급
진행 중인 주제: 즐거웠던 여름 방학　　게 임 명: 조개껍질 찾기
교수 매체: 바구니 2개, 쟁반에 모래를 담고 그 속에 조개껍질의 개수를 유아 수만큼 숨긴 것
소요 시간: 55분

(체육실로 교사와 유아들이 들어온다.)

교　사: 각자 의자를 가져와서 게임할 수 있게 앉아 보자. 어떻게 앉아야 하는지 알지?

(유아들이 앉는 동안 교사는 여름에 관한 노래를 부르며 주의 집중을 하거나 자리를 잘 못 잡는 유아를 말로 도와준다. 대략 유아들이 앉는다.)

교　사: 여름에 바닷가에 다녀온 어린이가 있니?

유아들: (여러 명이 손을 들거나 다녀왔다고 큰 목소리로 말한다.)

교　사: 그래, 많이 다녀왔구나. 혹시 바닷가에서 조개껍질을 보았거나 주웠던 어린이도 있니?

유아들: (여러 명이 손을 들거나 보았다고 말한다.)

교　사: (준비물을 보여 주며) 오늘 선생님이 준비한 것을 보자. 무엇이 있니?

유아들: (산발적으로) 모래요, 바구니요, 조개껍질이요!

교　사: 오늘 준비한 것으로 게임을 할 건데, 어떤 게임일 것 같니?

유아 1: 쟁반에 모래를 담고 그 안에 조개껍질을 넣어요.

교　사: 그다음엔?

유아 2: 우리가 가져와요.

교　사: 어디서?

유아 3: 저기에다 놓고 우리가 뛰어가서 하나씩 가져와요.

교　사: 어쩌면 선생님 생각하고 똑같은 생각을 했니? 저기 반환점에 쟁반을 놓으면 양편에서 1명씩 바구니를 들고 뛰어가서 쟁반의 모래 속에 숨겨진 조개껍질 하나를 찾아서 바구니에 넣어 돌아오는 거야. 바구니에서 껍질을 꺼내 선생님을 주고 다음 사람에게 바구니를 주면, 다음 사람이 가는 릴레이 게임이야.

교　사: 누가 나와서 어떻게 하는지 보여 줄 수 있니?

(양편에서 2명씩 나와서 릴레이로 게임을 하는 시범을 보이게 한다.)

교 사: 잘 보여 주었어. 그런데 게임을 하려면 양편의 수가 어때야 할까?
유아들: 같아야 해요. 1명씩 나와 악수해 봐요.

(중략: 그 사이 수가 같은지 알아보고 팀 이름도 정한다.)

(중략: 그 사이에 규칙을 정하고, 게임에 필요한 도구를 배치한 후 게임을 한 번 실시한다.)

(게임이 끝나고 마지막 유아가 교사와 악수한다.)

교 사: 재미있었니? 이제 어느 편이 이겼는지 알아보자. 마지막에 한 ☆☆와 ♤♤ 중에서 누가 약속도 잘 지키면서 먼저 들어왔니?
유아들: ☆☆요.
교 사: 그럼, ☆☆팀에게 1점을 더 줄게.
(☆☆이 속한 팀의 유아들: 환호성을 지른다.)
교 사: 자, 이번에는 어느 팀이 응원하는 태도가 좋았는지 알아보자.
☆☆팀은 3명이 발을 내밀거나 의자 위에 올라가서 응원을 했고, ♤♤팀은 1명이 약속을 안 지켰구나. 그러면 어느 팀이 태도가 좋았을까?
♤♤팀: 우리요!
교 사: 태도 점수는 ♤♤팀에게 줄게. 그러면 오늘 게임은?
유아들: 1대1 동점이요!

(중략: 그 게임을 한 번 더 한 후, 게임의 결과를 알아보고 전체 평가를 한다.)

(마지막으로 게임에 사용된 준비물과 의자를 유아들에게 치우게 하고 정리를 마친 후 학급으로 이동한다.)

② 관찰의 예에서 제시된 내용을 관찰 기록 양식에 기록하여 보자.

◦ 게임 지도의 형식

관 찰 자: 이 소 라		관찰일시: 2026년 9월 17일
관찰기관: 바다 유치원/어린이집		관찰학급: 거북반/ 5세 학급
진행 중인 주제: 즐거웠던 여름 방학		게 임 명: 조개껍질 찾기
교수 매체: 바구니 2개, 쟁반에 모래를 담고 그 속에 조개껍질의 개수를 유아 수만큼 숨긴 것		
소요 시간: 55분		
범주	**내용**	**관찰 여부**
게임의 종류	목적물 맞히기	
	경주하기	✔
	쫓기	
	숨기기와 찾기	✔
	오감각을 활용하여 알아맞히기	
	언어적 지시 게임	
	기타	
게임의 대형	원 대형	
	자유 대형(얼음땡을 할 때와 같은 대형)	
	편 대형 Ⅰ(개인과 개인의 경쟁)	
	편 대형 Ⅱ(개인 점수를 합산하여 팀 점수로 환산)	
	편 대형 Ⅲ(릴레이)	✔
환경의 적절성	게임을 할 수 있는 공간이 충분하다.	✔
	게임에 필요한 도구가 양편에 공정하게 준비되었다.	✔
게임의 적절성	게임의 내용이 생활 주제와 연계된다.	✔
	게임의 내용 및 방법이 유아의 발달에 적합하다.	✔
	게임의 내용이 교육적으로 적절하다.	✔

◦ 게임의 운영

관 찰 자: 이 소 라　　　　관찰일시: 2026년 9월 17일
관찰기관: 바다 유치원/어린이집　　　　관찰학급: 거북반/ 5세 학급
진행 중인 주제: 즐거웠던 여름 방학　　　　게 임 명: 조개껍질 찾기
교수 매체: 바구니 2개, 쟁반에 모래를 담고 그 속에 조개껍질의 개수를 유아 수만큼 숨긴 것
소요 시간: 55분

지도 절차	관찰된 순서	비고
게임 대형으로 앉기(서기)	①	
도입	②	
수 세기(편 게임일 경우)	⑤	
게임에 사용할 도구 배치하기	⑧	
게임에 사용할 도구 가져오기(유아가 도구를 결정할 경우)		
게임 방법에 대한 소개(또는 추측)하기	③	
시범 보이기(유아 혹은 교사)	④	
게임에 필요한 규칙 정하기	⑦	
편 이름 정하기	⑥	
게임의 실시	⑨	
게임의 결과 알아보기	⑩	
평가	⑫	
게임의 반복	⑪	1회
게임에 사용된 도구 치우기	⑬	
기타: 게임 소요 시간	55분	너무 김

게임의 평가 방법

관 찰 자: 이 소 라 | 관찰일시: 2026년 9월 17일
관찰기관: 바다 유치원/어린이집 | 관찰학급: 거북반/ 5세 학급
진행 중인 주제: 즐거웠던 여름 방학 | 게 임 명: 조개껍질 찾기
교수 매체: 바구니 2개, 쟁반에 모래를 담고 그 속에 조개껍질의 개수를 유아 수만큼 숨긴 것
소요 시간: 55분

범주	관찰 여부	비고
평가하지 않음		
속도만 고려함 (먼저 들어온 유아 또는 팀이 이김)		
규칙 준수만 고려함 (규칙을 잘 지킨 유아 또는 팀이 이김)		
속도와 규칙 준수를 고려함 (규칙을 잘 지키면서 먼저 들어온 유아 또는 팀이 이김)		
속도와 관전 태도를 고려함 (먼저 들어오면서 관전 태도가 좋은 팀이 이김)		
규칙과 관전 태도를 고려함 (규칙을 잘 지키면서 관전 태도가 좋은 팀이 이김)		
속도, 규칙 준수, 관전 태도를 고려 (규칙을 잘 지키면서 먼저 들어온 팀에게 점수를 주고, 응원 태도가 좋았던 팀에게도 점수를 줌)	✔	

11 미술

1 미술에 대한 기초 지식

① 미술: 영유아들이 다양한 매체를 사용해서 자신의 경험과 느낌, 생각 등을 그리기, 만들기, 꾸미기, 빚기 등을 통해서 표현하는 활동을 말한다. 영유아들이 교육기관에서 실시하는 미술은 크게 두 가지로 나누어 볼 수 있다. 첫째는 자발적으로 동기유발된 영유아가 미술 영역에 개방된 자료를 사용하여 미술을 하는 경우로 주로 자유선택활동(놀이) 시간에 기회가 주어진다. 둘째는 교사가 미술 활동을 계획해서 영유아들에게 정해진 작업을 하게 하는 경우로 자유선택활동(놀이) 시간 또는 집단 활동 시간에 이루어진다. 여기서는 교사 주도하에 이루어지는 미술 활동에 초점을 맞춘다.

② 미술의 중요성: 영유아가 자신의 생각과 느낌을 다양한 매체를 사용하여 표현하는 동안 정서적 안정감과 심미감을 기를 수 있고, 눈과 손의 협응력, 대·소근육의 발달이 이루어지며, 조직적으로 생각·계획하고, 창의적으로 표현하고, 문제를 해결하는 능력을 기르게 된다.

2 관찰 기록 양식

① 미술의 형식

관 찰 자:		관찰일시: 년 월 일 요일
관찰기관:	유치원/어린이집	관찰학급: 반/ 세 학급
진행 중인 주제:		활 동 명:
준 비 물:		

범주	내용	관찰 여부
미술 활동의 종류 1	그리기	
	만들기	
	꾸미기	
	빚기	
	기타	
미술 활동의 종류 2	개별 작업	
	협동 작업	
미술 활동의 소개 방식 1	설명하지 않음	
	말로만 설명	
	작업 순서도를 활용한 설명	
	실물을 활용한 설명	
미술 활동의 소개 방식 2	개별적으로 설명	
	소집단으로 설명	
	대집단으로 설명	
작품에 대한 평가	평가하지 않음	
	개별적으로 평가	
	집단으로 평가	
작품의 처리	집으로 가지고 가게 함	
	사물함에 보관하게 함	
	교사에게 제출함	
	전시함	
	기타	
전시	원하는 영유아만 전시(원하지 않을 경우 자신의 작품을 전시하지 않는 것이 허용됨)	
	교사가 잘했다고 판단한 영유아의 작품만 전시	
	모든 영유아의 작품 전시(돌아가면서 전시하는 경우 포함)	
전시 방법 1	영유아 작품을 그대로 전시	
	영유아 작품에 교사가 배지를 대거나 꾸며서 전시	
전시 방법 2	개별 영유아 작품으로 전시	
	개별 영유아의 작품을 활용하여 공동작품처럼 만들어 전시	
생활 주제와의 연관성	생활 주제와 연관됨	
	생활 주제와 연관되지 않음	

참 고

- 영아는 집단 활동으로 미술을 하지 않으나, 자유 놀이 시간에 미술을 하므로 0, 1세 학급에서도 관찰할 수 있다.
- 관찰된 구체적인 사항(예: 그리기 활동일 경우 어떤 재료를 활용하여 그리는지)은 개별적으로 기록한다.

생각해 봅시다

- 각 범주에서 관찰된 결과가 영유아의 연령 또는 교육에 적절한지 생각해 봅시다.
- 영유아의 작품에 배지를 대서 돋보이게 하거나 영유아의 작품을 그대로 사용하지 않고 변형시켜 공동작품화해서 전시하는 것에 대한 개인적 견해는 무엇인지 생각해 봅시다.
- 영유아가 자신의 작품을 전시할 장소와 전시 여부를 선택할 수 있는 권리를 갖는다는 것이 어떤 의미일지 생각해 봅시다.
- 미술의 본질이 자유로운 표현임을 고려할 때, 만드는 방법, 자료, 순서를 교사가 정해서 알려 주는 것이 어떤 의미일지 생각해 봅시다.

② 미술 지도를 위한 환경 준비

관 찰 자:		관찰일시: 년 월 일 요일		
관찰기관: 유치원/어린이집		관찰학급: 반/ 세 학급		
진행 중인 주제:		활 동 명:		
준 비 물:				

내용	매우 그렇지 않다	보통이다	매우 그렇다	판단 불가
필요한 자료가 모두 준비되었는가?				
교사가 제시한 자료 이외의 다른 자료를 영유아가 마음대로 가져다 쓸 수 있는가?				
미술을 하는 영유아가 사용할 수 있는 충분한 양과 수의 자료가 준비되었는가?				
영유아가 가져다 쓸 수 있도록 필요한 자료들이 적절히 배치되었는가?				
영유아가 영감을 얻도록 음악, 다른 미술 작품, 그림 등이 제시되어 있는가?				
작업 후 건조, 보관, 제출 또는 전시할 장소가 마련되어 있는가?				

생각해 봅시다

- 영유아가 자유롭게 미술 활동을 할 수 있는 환경이 제공되지 않을 때 영유아의 미술에 어떤 영향을 줄지 생각해 봅시다.

③ 미술의 지도 절차

관 찰 자:		관찰일시:	년 월 일 요일
관찰기관:	유치원/어린이집	관찰학급:	반/ 세 학급
진행 중인 주제:		활 동 명:	
준 비 물:			

지도 절차	관찰된 순서	비고
도입		
미술에 필요한 자료 보여 주기		
미술에 필요한 자료 사용 방법 알려 주기		
순서도 등을 이용해 작업 순서 알려 주기		
작업이 끝난 후 작품 처리 방법 알려 주기		
영유아가 작업할 순서(예: 다 함께 실시, 일부 영유아가 끝난 후 다른 일부의 영유아가 실시) 알려 주기		
평가하기		
기타		

참 고

- 도입: 동화, 사전 경험의 활용, 이야기 나누기, 준비된 자료 보여 주기 등을 이용하여 작업할 내용에 대한 동기를 부여한다.

생각해 봅시다

- 교사가 제시한 미술의 대부분은 같은 자료, 같은 순서, 같은 방식으로 만드는 활동(예: 부채 만들기의 경우 종이를 접거나 자르는 본을 주어 자르게 하고, 손잡이를 붙이는 법을 알려 주고, 꾸미기 재료를 주어 꾸미게 함)입니다. 미술 활동의 본질을 고려할 때 바람직한지 생각해 봅시다.

④ 미술 활동 시 교사의 역할

관 찰 자:		관찰일시:	년 월 일 요일
관찰기관:	유치원/어린이집	관찰학급:	반/ 세 학급
진행 중인 주제:		활 동 명:	
준 비 물:			

교사 역할	관찰 여부	비고
다음번에 미술 활동을 할 영유아에게 순서가 되었음을 알려 주기		
작업 순서를 모르는 영유아에게 순서 알려 주기		
자료 사용 방법을 모르는 영유아에게 알려 주기 (예: 종이는 풀로 붙인다는 것, 밀대는 균등하게 힘을 주고 밀어야 한다는 것)		
자료를 다루는 데 어려움이 있는 영유아 돕기 (예: 스카치테이프 떼는 것 돕기, 막대기를 바로 붙이는 것 돕기)		
부족한 자료 보충해 주기		
미술 영역의 자료나 환경 정리하기 (예: 책상에 자료 다시 배치하기, 떨어진 물감 치우기 등)		
사용하고 난 자료를 정리하는 방법이나 장소에 대해 알려 주기		
영유아가 미술을 하는 과정 중에 칭찬과 격려하기 (예: 창의적인 표현, 꼼꼼한 작업, 열심히 하는 태도 등)		
미술과 관련된 유아 간의 갈등 해결 돕기 (예: 서로 같은 자리에 앉거나 같은 자료가 필요하다고 할 때)		
미술 활동 지원 이외의 다른 일을 하기		
기타		
기타		

참 고

- 영아는 집단 활동으로 미술을 하지 않으나, 자유 놀이 시간에 미술을 하므로 0, 1세 학급에서도 관찰할 수 있다.
- 기타: 그 밖의 교사의 역할이 관찰되면 기록한다.

생각해 봅시다

- 미술 활동 고유의 특성을 고려할 때, 위에 제시된 다양한 역할 중 어떤 역할이 가장 중요한지 생각해 봅시다.

3 관찰의 실시

① 관찰의 예: 교사가 미술을 지도하는 것을 관찰하고 기록한 예이다.

관 찰 자: 김 동 건 관찰일시: 2020년 11월 20일
관찰기관: 미아 유치원/어린이집 관찰학급: 천사반/ 4세 학급
진행 중인 주제: 가을 활 동 명: 나뭇잎에 물감 묻혀 찍기
준 비 물: 나뭇잎, 종이, 각종 색깔의 물감

(자유선택활동 시간 전 계획 시간에 미술 영역에 준비된 활동을 소개하고 있다.)

교 사: (나뭇잎, 물감 접시, 종이를 보여 주며) 선생님이 미술 책상에 여기 있는 나뭇잎, 물감 접시, 종이를 준비해 놓았어. 이 나뭇잎은 어디서 난 것일까?

유아들: 우리가 어제 마당에서 주웠던 거예요.

교 사: 그래, 맞아. 오늘은 이 나뭇잎을 물감에 찍어서 종이에 찍어 보는 것을 할 거야. 그런데 이 나뭇잎 좀 봐. (앞과 뒤를 만져 보며) 여기와 여기 중 어디가 더 울퉁불퉁할까?

유아들: (뒤를 가리키며) 여기요!

교 사: 그럼 물감을 어디에 묻혀야 잘 찍힐까?

유아들: 뒤요!

교 사: 그래 정말 잘 알고 있구나! 물감은 몇 가지 색이 있니?

유아들: 세 가지요!

교 사: 빨강, 노랑, 고동색 중에서 각자 원하는 색의 물감을 묻혀서 종이에 찍으면 돼. 그런데 찍은 다음에 바로 가위로 오리면 어떻게 될까?

유아들: 잘 안 돼요.

교 사: 그래, 찢어질 수 있으니 건조대 위에 두었다가 마르면 오려서 (바구니를 보여 주며) 여기다 둘 수 있니? 너희들이 오려 놓은 나뭇잎으로 (교실 벽면을 가리키며) 저기에다 다 함께 가을 나무를 만들자. 어때?

유아들: 좋아요!

(자유선택활동 시간에 유아들이 나뭇잎 물감 묻혀 찍기를 할 수 있도록 미술 영역의 책상에 세 가지 물감 2세트, 종이 2세트, 다양한 나뭇잎 2세트를 준비해 놓는다.)

(자유선택활동 시 다른 영역도 지도하면서 미술 영역을 자주 들러 지도한다.)

(활동하는 유아 중 잘 모르는 유아가 있으면 교사가 개인적으로 다시 설명해 준다.)

(중략)

교 사: ○○야, 빨갛게 물든 플라타너스 잎이 됐네. 잎맥도 잘 드러나고! 물감이 마르게 건조대에 갖다 두고, 손을 닦고, 작업복을 벗어 놔.

유아 1: (교사가 시키는 대로 한다.)

교 사: 물감이 다 마르면 오려서 천사반 친구들이 찍은 잎이랑 같이 붙여서 나무를 만들자.

유아 2: (창의적인 방법으로 찍기를 하고 있다.)

교 사: 어머! 얘들아, 여기 좀 봐. (유아 2를 지칭하며) 나뭇잎을 연결해서 찍었네. 정말 새로운 생각이지!

(후략)

② 관찰의 예에서 제시된 내용을 관찰 기록 양식에 기록하여 보자.

- 미술의 형식

관 찰 자: 김 동 건
관찰기관: 미아 유치원/어린이집
진행 중인 주제: 가을
준 비 물: 나뭇잎, 종이, 각종 색깔의 물감

관찰일시: 2020년 11월 20일
관찰학급: 천사반/ 4세 학급
활 동 명: 나뭇잎에 물감 묻혀 찍기

범주	내용	관찰 여부
미술의 종류 1	그리기	
	만들기	
	꾸미기	
	빚기	
	기타: 찍기	✔
미술의 종류 2	개별 작업	✔
	협동 작업	
미술의 소개 방식 1	설명하지 않음	
	말로만 설명	
	작업 순서도를 활용한 설명	
	실물을 활용한 설명	✔
미술의 소개 방식 2	개별적으로 설명	✔
	소집단으로 설명	
	대집단으로 설명	✔
작품에 대한 평가	평가하지 않음	
	개별적으로 평가	✔
	집단으로 평가	
작품의 처리	집으로 가지고 가게 함	
	사물함에 보관하게 함	
	교사에게 제출함	
	전시함	
	기타: 건조한 후 잘라서 교사에게 제출하면 전시함	✔
전시	원하는 유아만 전시(원하지 않을 경우 자신의 작품을 전시하지 않는 것이 허용됨)	
	교사가 잘했다고 판단한 유아의 작품만 전시	
	모든 유아의 작품 전시	✔
전시 방법 1	유아 작품을 그대로 전시	
	유아 작품에 교사가 배지를 대거나 꾸며서 전시	
전시 방법 2	개별 유아 작품으로 전시	
	개별 유아의 작품을 활용하여 공동작품처럼 만들어 전시	✔
생활 주제와의 연관성	생활 주제와 연관됨	✔
	생활 주제와 연관되지 않음	

◦ 미술 지도를 위한 환경 준비

관 찰 자: 김 동 건　　관찰일시: 2020년 11월 20일
관찰기관: 미아 유치원/어린이집　　관찰학급: 천사반/ 4세 학급
진행 중인 주제: 가을　　활 동 명: 나뭇잎에 물감 묻혀 찍기
준 비 물: 나뭇잎, 종이, 각종 색깔의 물감

내용	매우 그렇지 않다	보통 이다	매우 그렇다	판단 불가
필요한 자료가 모두 준비되었는가?	✔			
교사가 제시한 자료 이외의 다른 자료를 유아가 마음대로 가져다 쓸 수 있는가?				✔
미술을 하는 유아가 사용할 수 있는 충분한 양과 수의 자료가 준비되었는가?	✔			
유아가 가져다 쓸 수 있도록 필요한 자료들이 적절히 배치되었는가?	✔			
유아가 영감을 얻도록 음악, 다른 미술 작품, 그림 등이 제시되어 있는가?				✔
작업 후 건조, 보관, 제출 또는 전시할 장소가 마련되어 있는가?	✔			

◦ 미술의 지도 절차

관 찰 자: 김 동 건		관찰일시: 2020년 11월 20일
관찰기관: 미아 유치원/어린이집		관찰학급: 천사반/ 4세 학급
진행 중인 주제: 가을		활 동 명: 나뭇잎에 물감 묻혀 찍기
준 비 물: 나뭇잎, 종이, 각종 색깔의 물감		
지도 절차	관찰된 순서	비고
도입	②	
미술에 필요한 자료 보여 주기	①	
미술에 필요한 자료 사용 방법 알려 주기	③	
작업 순서 알려 주기	④	
작업이 끝난 후 작품 처리 방법 알려 주기	⑤	
유아가 작업할 순서(예: 다 함께 실시, 일부 유아가 끝난 후 다른 일부의 유아가 실시) 알려 주기		
기타		

◦ 미술 시 교사의 역할

관 찰 자: 김 동 건 관찰기관: 미아 유치원/어린이집 진행 중인 주제: 가을 준 비 물: 나뭇잎, 종이, 각종 색깔의 물감	관찰일시: 2020년 11월 20일 관찰학급: 천사반/ 4세 학급 활 동 명: 나뭇잎에 물감 묻혀 찍기	
교사 역할	**관찰 여부**	**비고**
다음에 미술을 할 유아에게 순서가 되었음을 알려 주기		
작업 순서를 모르는 유아에게 순서 알려 주기		
자료 사용 방법을 모르는 유아에게 알려 주기 (예: 종이는 풀로 붙인다는 것, 밀대는 균등하게 힘을 주고 밀어야 한다는 것)		
자료를 다루는 데 어려움이 있는 유아 돕기 (예: 스카치테이프 떼는 것 돕기, 막대기를 바로 붙이는 것 돕기)		
부족한 자료 보충해 주기		
미술 영역의 자료나 환경 정리하기 (예: 책상에 자료 다시 배치하기, 떨어진 물감 치우기 등)		
사용하고 난 자료를 정리하는 방법이나 장소에 대해 알려 주기	✔	
유아가 미술을 하는 과정 중에 칭찬과 격려하기 (예: 창의적인 표현, 꼼꼼한 작업, 열심히 하는 태도 등)	✔	
미술과 관련된 유아 간의 갈등 해결 돕기 (예: 서로 같은 자리에 앉거나 같은 자료가 필요하다고 할 때)		
미술 활동 지원 이외의 다른 일을 하기	✔	
기타		
기타		

12 실 험[3)]

1 실험에 대한 기초 지식

① 실험: 과학적 지식에 대한 이해, 태도, 기술을 함양시키려는 목적을 가지고 실시하는 과학 교육에서의 핵심적인 활동으로 사물이나 환경 조건 등의 조작을 통하여 관심 있는 현상이 어떻게 변하는지를 알아보는 과정이다.

② 실험의 중요성: 유아들은 오감을 통하여 직접 경험함으로써 가장 효율적으로 학습한다. 실험을 통해 유아들은 추상적인 과학적 개념이나 현상을 오감을 통해 직접 경험하고 원인과 결과 간의 관계를 이해할 수 있기 때문에 매우 중요하다.

3) 누리과정에서는 실험을 자유선택활동의 과학 영역에 기술하였으나, 교사가 계획하여 소개한 후 시작하는 경우가 많기 때문에 본서에서는 집단 활동의 일부로 소개함

2 관찰 기록 양식

① 실험의 지도 형식

관 찰 자:		관찰일시:	년 월 일 요일
관찰기관:	유치원/어린이집	관찰학급:	반/ 세 학급
진행 중인 주제:		활 동 명:	
준 비 물:			

범주	내용		관찰 여부	비고
다루어진 과학적 개념	나의 몸			
	생물	식물		
		동물		
	물체와 물질	물체와 물질의 속성		
		물질의 변화		
	자연현상			
	도구와 기계			
	기타			
다루어진 과학적 기술	관심 갖기			
	방법	사실에 대한 이해(관찰)		
		자료 모으기		
		비교/분류하기		
		원인과 결과 알아보기		
	표현 및 기록			
	해석			
	기타			

범주	내용	관찰 여부	비고
실험의 초점	색의 변화		
	모양의 변화		
	소리의 변화		
	냄새의 변화		
	맛의 변화		
	크기의 변화		
	위치의 변화		
	수의 변화		
	움직임의 변화		
	기타		
집단의 크기	개별		
	소집단		
	대집단		
집단의 구성	원하는 유아만 참여		
	의무적으로 참여		
실험 방법	유아가 관객으로 관찰하는 가운데 교사가 실험		
	교사의 도움을 받아 유아가 직접 실험에 참여		
	유아가 스스로 실험		
실험의 결과 확인	단시간 내에 확인 가능(예: 자석)		
	일정 시간이 지난 후 확인 가능(예: 꽃씨 심기)		
	기타		

생각해 봅시다

- 교사가 제시한 실험에 내포된 과학적 개념이나 기술이 유아의 연령이나 수준에 적절한지 생각해 봅시다.
- 일상적으로 자유선택활동 시간에 하는 실험과 집단으로 하는 실험의 장·단점을 생각해 봅시다.
- 영아에게 집단으로 하는 실험에 참여하도록 하는 것이 바람직한지 생각해 봅시다.

② 실험의 적절성

관 찰 자:	관찰일시: 년 월 일 요일
관찰기관: 유치원/어린이집	관찰학급: 반/ 세 학급
진행 중인 주제:	활 동 명:
준 비 물:	

내용	매우 그렇지 않다	보통이다	매우 그렇다
실험의 내용과 수준이 유아의 발달 수준에 적절하다.			
실험의 내용이 교육적인 가치가 있다.			
유아가 중심이 되는 실험이다.			
교사가 지시보다는 질문, 특히 개방적 형태의 질문을 하여 유아의 탐색을 격려한다.			
유아가 시작과 끝만 주시하는 활동이 아니라 활동의 과정과 전체에 집중할 수 있는 활동이다.			
안전에 대한 고려가 되어 있다.			
실험에 사용된 도구가 유아의 수준에 적절하다.			
기타			
기타			
기타			

생각해 봅시다

- 실험의 적절성을 '매우 그렇지 않다', '보통이다', '매우 그렇다'로 판단한 후 그렇게 판단한 구체적인 이유를 생각해 봅시다.
- 실험할 때 교사가 시범을 보이고 유아들은 관객처럼 앉아서 보는 방식으로 진행되는 경우가 많습니다(다음의 관찰의 예 참고). 실험은 개인 유아가 직접 할 때 가치 있는 것임을 고려할 때, 이런 관행에 대한 개인의 의견은 무엇인지 생각해 봅시다.
- 유아의 발달에 적절한 실험의 내용과 수준에 대한 각 개인의 의견은 무엇입니까? 예를 들어, 물에 뜨거나 가라앉는 물건을 분류한 후, 각각의 물건이 물에 뜨거나 가라앉는 이유를 유아에게 설명하기 위해서는 '부력'에 관해 알려 주어야 합니다. 부력에 관한 설명이 유아의 이해 범위를 벗어나는 것이 분명한데, 이러한 실험을 할 가치가 있는지 생각해 봅시다. 가치가 있다면 어떤 측면에서 가치가 있는지 생각해 봅시다.

③ 실험의 운영

관 찰 자:		관찰일시:	년 월 일 요일
관찰기관:	유치원/어린이집	관찰학급:	반/ 세 학급
진행 중인 주제:		활 동 명:	
준 비 물:			

지도 절차	관찰된 순서	비고
준비물 및 도구 탐색하기		
관찰하기		
실험 방법 고안해 보기		
예측하기		
측정하기		
기록하기		
설명하기		
추론하기(왜 그런 결과가 나왔는지 생각해 보기)		
기타		

생각해 봅시다

- 실험할 때 위에 제시된 지도 절차를 모두 거쳐야 하는 것인지 생각해 봅시다.
- 유아의 연령이나 수준에 관계없이 가장 중요한 절차가 있는지 생각해 봅시다.
- 연령이 어릴수록 중요한 절차는 무엇인지 생각해 봅시다.
- 과학적 현상에 대한 설명과 추론을 어느 수준까지 하는 것이 적절한지 생각해 봅시다.

3 관찰의 실시

① 관찰의 예: 교사와 유아가 감자 찌기 활동한 것을 관찰하고 기록한 예이다.

관 찰 자: 권 재 선　　관찰일시: 2021년 7월 8일
관찰기관: 소망 유치원/어린이집　　관찰학급: 도라지반/ 5세 학급
진행 중인 주제: 여름　　활 동 명: 감자 찌기
준 비 물: 휴대용 가스레인지, 속이 보이는 찜기, 물, 감자

(모든 유아는 의자나 바닥에 앉아 있고 교사는 유아들 앞에 책상을 두고 그 뒤에 앉아서 요리 준비를 하고 있다.)
교 사: 여기 선생님이 준비한 것을 보자. 어떤 것이 있니?
유아들: (산발적으로) 휴대용 가스레인지! 감자! 물! 그릇!
교 사: 이것을 가지고 무엇을 할까?
유아들: 쪄요, 감자 쪄요!
교 사: 어떻게?
유아들: 그릇에 물을 넣고요, 감자도 넣고요, 불을 켜요.
(물의 양, 시간 등에 대하여 논의한 후 교사가 감자를 찜기에 찔 수 있도록 준비를 한다.)
(유아들에게 감자를 만져 보며 살펴보게 한 후)
교 사: 감자가 지금은 딱딱한데 다 익으면 어떻게 될 것 같니? 색은 변할까? 맛은 어떨까? 더 단단해질까?
유아들: (산발적으로) 네! 아니요!
교 사: 찔러 보면?
유아들: 물렁물렁해져요.
교 사: 감자를 찔 동안 우리는 무엇을 할까?
유아들: (산발적으로) 기다려요. 놀아요.
교 사: 그래, 감자가 쪄지려면 시간이 걸릴 텐데, 계속 앉아서 기다리면 힘드니까 놀다가 다시 와서 보자. 그런데 여기서 감자를 찌면 물도 뜨겁고 감자도 뜨거울 텐데.
유아들: 위험해요! 위험해요!
교 사: 어디다 두면 안전할까? 우리는 놀 때 무엇을 조심해야 할까?

(중략)

(약 30분 후 유아들을 다시 모아 젓가락으로 감자를 찔러 보아 익은 것을 확인한 후)
교 사: 이제 감자가 다 익었는데, 처음과 무엇이 달라졌니?
유아들: (산발적으로) 물이 뜨거워졌어요. 감자가 뜨거워요. 물렁물렁해졌어요. 먹어 봐요!!
교 사: 왜 이렇게 변했을까?
유아들: 뜨거운 물이요… 음… 연기로 변해서… 음… 감자를 뜨겁게 해요.
교 사: 연기를 다른 말로 무엇이라 하는지 아니?

(후략)

② 관찰의 예에서 제시된 내용을 관찰 양식에 기록하여 보자.

◉ 실험의 지도 형식

관 찰 자: 권 재 선			관찰일시: 2021년 7월 8일	
관찰기관: 소망 유치원/어린이집			관찰학급: 도라지반/ 5세 학급	
진행 중인 주제: 여름			활 동 명: 감자 찌기	
준 비 물: 휴대용 가스레인지, 속이 보이는 찜기, 물, 감자				
범주	내용		관찰 여부	비고
다루어진 과학적 개념	나의 몸			
	생물	식물		
		동물		
	물체와 물질	물체와 물질의 속성		
		물질의 변화	✔	
	자연현상			
	도구와 기계			
	기타			
다루어진 과학적 기술	관심 갖기			
	방법	사실에 대한 이해(관찰)	✔	
		자료 모으기		
		비교/분류하기		
		원인과 결과 알아보기	✔	
	표현 및 기록			
	해석			
	기타			

범주	내용	관찰 여부	비고
실험의 초점	색의 변화	✔	
	모양의 변화	✔	
	소리의 변화		
	냄새의 변화	✔	
	맛의 변화	✔	
	크기의 변화		
	위치의 변화		
	수의 변화		
	움직임의 변화		
	기타: 단단함의 변화	✔	촉감
집단의 크기	개별 작업		
	소집단		
	대집단	✔	
집단의 구성	원하는 유아만 참여		
	의무적으로 참여	✔	
교수 방법	유아가 관객으로 관찰하는 가운데 교사가 실험	✔	
	교사의 도움을 받아 유아가 직접 실험에 참여		
	유아가 스스로 실험		
실험의 결과 확인	단시간 내에 확인 가능(예: 자석)		
	일정 시간이 지난 후 확인 가능(예: 꽃씨 심기)		
	기타: 약간의 시간이 지난 후 확인 가능(30분)	✔	

◦ 실험의 적절성

관 찰 자: 권 재 선　　관찰일시: 2021년 7월 8일
관찰기관: 소망 유치원/어린이집　　관찰학급: 도라지반/ 5세 학급
진행 중인 주제: 여름　　활 동 명: 감자 찌기
준 비 물: 휴대용 가스레인지, 속이 보이는 찜기, 물, 감자

내용	매우 그렇지 않다	보통이다	매우 그렇다
실험의 내용과 수준이 유아의 발달 수준에 적절하다.			✔
실험의 내용이 교육적인 가치가 있다.			✔
유아가 중심이 되는 실험이다.	✔		
교사가 지시보다는 질문, 특히 개방적 형태의 질문을 하여 유아의 탐색을 격려한다.		✔	
유아가 시작과 끝만 주시하는 활동이 아니라 활동의 과정과 전체에 집중할 수 있는 활동이다.		✔	
안전에 대한 고려가 되어 있다.		✔	
실험에 사용된 도구가 유아의 수준에 적절하다.		✔	
기타			
기타			
기타			

◦ 실험의 운영

관 찰 자: 권 재 선		관찰일시: 2021년 7월 8일
관찰기관: 소망 유치원/어린이집		관찰학급: 도라지반/ 5세 학급
진행 중인 주제: 여름		활 동 명: 감자 찌기
준 비 물: 휴대용 가스레인지, 속이 보이는 찜기, 물, 감자		
지도 절차	관찰된 순서	비고
준비물 및 도구 탐색하기	①	
관찰하기		
실험 방법 고안해 보기	②	
예측하기	③	
측정하기		
기록하기		
설명하기		
추론하기(왜 그런 결과가 나왔는지 생각해 보기)	④	
기타		

13 요 리[4)]

1 요리에 대한 기초 지식

① 요리: 교사와 영유아가 함께 요리의 종류를 결정하고 그에 적절한 재료를 준비하여 직접 요리를 하고 요리한 음식을 먹고 정리하는 활동을 말한다.

② 요리의 중요성: 요리는 교사의 의도에 따라 영유아의 발달과 학습에 다양한 도움을 줄 수 있다. 요리 재료를 준비하고 다루면서 영유아는 재료의 물리적 특성에 따른 다양한 감각 경험을 할 수 있고, 조리 과정에서는 재료의 화학적, 물리적 변화도 관찰할 수 있다. 영유아는 요리를 통하여 수량, 크기, 무게, 양, 온도, 시간, 측정, 순서와 같은 기초적인 수학 개념도 습득할 수 있다. 영유아는 음식을 만들기 전후에 몸과 주변을 청결히 하는 습관을 기르게 되고, 자신이 만든 음식을 나누어 먹으면서 식사 예절을 학습하거나 편식을 교정할 기회를 얻기도 한다. 다양한 종류의 음식을 만들어 보고 먹어 보는 경험은 음식과 관련된 다양한 사회·문화적 학습을 할 기회도 제공한다.

4) 영아는 집단 활동으로 요리를 하지 않으나, 간단한 요리(예: 과자에 잼을 발라 먹기)를 하기 때문에 영유아를 포함하여 서술함

2 관찰 기록 양식

① 요리의 형식

관 찰 자: 관찰일시: 년 월 일 요일
관찰기관: 유치원/어린이집 관찰학급: 반/ 세 학급
진행 중인 주제: 요 리 명:
준 비 물:

범주	내용	관찰 여부	비고
장소의 적절성	영유아가 참여하기에 충분한 공간이 확보되어 있다.		
	요리에 필요한 물이 가까운 곳에 있다.		
	요리에 필요한 전기가 가까운 곳에 있다.		
	다른 영유아의 활동을 방해하지 않는 곳에서 진행된다.		
	안전과 청결이 잘 유지될 수 있는 장소에서 진행된다.		
	기타		
집단의 크기	개별		
	소집단		
	대집단		
청결 상태의 확인	책상 닦기		
	손 씻기		
	앞치마 입기/머릿수건 쓰기		
	마스크 또는 입가리개 사용하기		
교수 방법 I	영유아가 관찰하는 가운데 교사가 대부분의 요리를 함		
	교사의 도움을 받아 영유아가 대부분의 요리를 함		
교수 방법 II	요리하기 전에 미리 요리에 관한 사항(예: 요리 이름, 순서, 필요한 재료 등)에 대해 이야기 나눔		
	요리하면서 요리에 관한 사항에 대해 이야기 나눔		
	요리하기 전에 이야기 나누고, 요리하면서 다시 이야기 나눔		
교육적 경험	감각 경험(시각, 청각, 촉각, 미각, 후각 등)		
	언어적 경험(표현, 요리 순서도 읽기)		
	수학적 개념		
	과학적 개념		
	다른 문화에 대한 경험		
	협동 혹은 기다림 등의 사회적 경험		
요리 순서도	요리 순서도가 있다(교사 제작 vs. 유아 제작)		
	필요한 양이 정확하게 기재되어 있다.		
	요리 과정이 구체적으로 명시되어 있다.		
	글, 그림 또는 사진을 활용해 요리 과정이 명확히 제시되어 있다.		
	요리 순서도가 영유아의 연령에 맞게 제작되었다. (예: 연령이 어릴수록 그림/사진 많이 활용, 요리 과정 단순하게 표현)		

참고

- 영아는 집단 활동으로 요리를 하지 않으나, 다양한 맥락에서 요리를 하므로 관찰할 수 있다.
- 집단의 크기(개별): 교사가 요리에 필요한 재료와 도구를 준비한 후, 개별 영유아가 원하는 때 와서 교사의 지도하에 요리하는 상황이 관찰되면 기록한다.
- 집단의 크기(소집단): 소집단 구성표 등을 활용하여 소집단을 구성한 후 돌아가며 교사와 함께 요리하는 상황이 관찰되면 기록한다.
- 집단의 크기(대집단): 전체 영유아가 한 번에 요리하는 상황이 관찰되면 기록한다.
- 교수 방법 I (교사가 대부분 요리): 집단의 크기에 상관없이 영유아가 관객의 입장에서 교사가 요리하는 것을 주로 보는 상황이 관찰되면 기록한다.
- 교수 방법 I (영유아가 대부분 요리): 집단의 크기에 상관없이 영유아가 대부분의 요리를 하는 상황이 관찰되면 기록한다.
- 교수 방법 II (미리 소개하기): 미술을 소개하는 것과 마찬가지로 하루 전 평가 시간, 당일 계획 시간 또는 이야기 나누기 시간에 할 요리에 대해 미리 소개하는 상황이 관찰되면 기록한다.
- 교수 방법 II (요리하면서 소개하기): 요리에 대해 미리 소개하지 않고 요리하면서 영유아들에게 소개하는 상황이 관찰되면 기록한다.

생각해 봅시다

- 요리 순서도가 항상 필요한지 생각해 봅시다. 예를 들면, 글이나 그림으로 표상된 요리법의 의미를 잘 파악할 수 없는 영아의 경우도 요리 순서도가 필요한지 생각해 봅시다.
- 영아도 요리를 할 수 있는지 또는 해야 하는지 생각해 봅시다. 해야 한다면 영아가 하는 요리는 어때야 하는지 생각해 봅시다.
- 요리에서 얻을 수 있는 교육적 경험을 극대화하기 위해서는 어떤 집단 크기가 가장 적절한지 생각해 봅시다.
- 요리 강좌처럼 교사가 요리하고 영유아가 지켜보는 요리 진행 방식의 가치에 대해 비판적으로 생각해 봅시다.
- 항상 요리를 미리 소개해야 하는 것인지 아니면 영유아의 연령이나 요리의 종류에 따라 요리를 하면서 소개해도 좋은지 생각해 봅시다.

② 요리의 적절성

관 찰 자:		관찰일시:	년 월 일 요일
관찰기관:	유치원/어린이집	관찰학급:	반/ 세 학급
진행 중인 주제:		요 리 명:	
준 비 물:			

범주 내용	매우 그렇지 않다	보통이다	매우 그렇다
요리가 영유아의 발달 수준에 적절하다.			
요리가 교육적인 가치가 있다.			
안전에 대한 고려가 되어 있다.			
요리에 사용된 도구가 영유아의 수준에 적절하다.			
음식물의 영양과 영유아의 건강을 고려한 요리이다.			
진행되고 있는 교육 주제와 연결된다.			
기타			

생각해 봅시다

• 요리의 적절성을 '매우 그렇지 않다', '보통이다', '매우 그렇다'로 판단한 후 그렇게 판단한 구체적인 이유를 생각해 봅시다.

③ 요리의 운영

관 찰 자:		관찰일시: 년 월 일 요일	
관찰기관: 유치원/어린이집		관찰학급: 반/ 세 학급	
진행 중인 주제:		요 리 명:	
준 비 물:			
	지도 절차	관찰된 순서	비고
요리 전	어떤 요리를 할지 미리 이야기 또는 계획하기(하루 전 또는 당일)		
	요리 순서를 정하기 위해 집단 구성표에 기록하기		
	영유아 수준에서 조리할 수 있도록 재료를 미리 준비하기(예: 당근을 얇게 썰어 놓기 등)		
	요리에 필요한 도구/자리 배치하기		
	기타		
요리	손 씻기		
	앞치마 입기/머릿수건 쓰기		
	준비된 재료 살펴보기(탐색하기)		
	요리 순서도를 보고 요리의 순서 익히기		
	요리하기		
	그릇에 담기		
	준비물 정리하기		
	앞치마 벗고 손 씻기		
	기타		
요리 후	요리한 음식 먹기		
	느낌/맛에 대해 이야기하기		
	다른 사람에게 대접하기(예: 기관장, 다른 반 교사나 영유아 등)		
	평가하기		
	기타		

참 고

- 준비된 재료 살펴보기(탐색하기): 어떤 재료가 있나, 각 재료의 색, 맛, 느낌 등은 어떠한가를 살펴보는 행동이 관찰되면 기록한다.

생각해 봅시다

- 요리 전, 요리, 요리 후 과정 중 영유아의 연령이나 요리하는 음식 자체의 특성으로 인해 생략되어도 좋은 과정이 있는지 생각해 봅시다.

3 관찰의 실시

① 관찰의 예: 교사와 유아가 어묵국을 만드는 상황을 관찰하고 기록한 예이다.

관 찰 자: 김 현 수	관찰일시: 2019년 12월 14일
관찰기관: 아름 유치원/어린이집	관찰학급: 도라지반/ 5세 학급
진행 중인 주제: 겨울	활 동 명: 어묵국
준 비 물: 휴대용 가스레인지, 큰 냄비, 어묵, 무, 멸치, 어묵을 꽂을 꼬챙이, 그릇	

요리하는 당일 계획 시간에 유아들에게 하루 일과 계획표를 보여 주고, 요리를 할 것임을 알린 후, 자유선택활동 시작 전에 네 집단 중 한 집단을 선택해 요리를 언제 하고 싶은지 표시하도록 한다. 또한, 계획 시간에 요리 순서도를 보여 주면서 어떤 요리를 할지, 어떤 재료가 필요한지, 어떤 순서로 요리하는지에 대해 간단히 이야기를 나눈다.
교사가 제작한 요리 순서도에는 사진과 글로 요리에 필요한 도구와 재료, 요리 방법이 제시되어 있다.

(교사가 미술 영역의 책상에 요리에 필요한 도구를 준비하고 유아들을 모은다.)

교 사: 처음으로 요리하고 싶다고 표시한 어린이는 앞치마 입고, 머릿수건 쓰고, 손 닦고, 이 책상에 와서 앉자.

(유아들이 손을 씻고 모여 앉는다.)

교 사: (재료를 보여 주며) 여기 무엇이 준비되었는지 보자.

유아들: 어묵, 무, 멸치, ….

교 사: 여기 요리 순서표를 봐. 제일 먼저 무엇을 해야 할까?

(중략)

교 사: 물이 끓을 동안 우리는 어묵을 끼우자. 자, 책상 위에 있는 개인 접시에 놓고 꼬챙이 하나에 어묵을 3개씩 꽂아 보자. 그런데 물이 끓으면 뜨거워져서 위험한데, 우리가 어떤 것을 조심해야 할까?

유아들: 선생님 옆에 가지 말아요! 냄비 옆에 가지 말아요!

(중략)

교 사: 자, 이제 물이 끓었네. 물에 무엇을 넣어야 할까?

유아들: 멸치와 무!

교 사: 멸치와 무는 왜 넣을까?

유아들: 맛있게 하려고요!

(중략)

교　사: 무와 멸치를 우려 국물을 만들었으니 멸치를 건져 내자. 얘들아, 색이 어떻게 변했니?
유아들: 약간 진해졌어요.
유아들: 냄새가 이상해요.

(중략)

교　사: 다 끼웠니? 어묵의 느낌이 어때?
유　아: 미끌미끌해요.
교　사: 자, 이제 우려낸 멸치 맛국물에 어묵을 넣자. 물이 끓으니 조심해야 해. 1명씩 선생님 옆으로 와서 같이 조심해서 넣자.

(중략)

교　사: 다 됐네. 이제 집게로 건져서 간식 접시에 담아 줄 테니 그동안 너희들이 썼던 그릇을 씻어 다시 갖다 놓고 손을 씻자.
교　사: 그런데, 어묵국을 누구에게 대접하기로 했었지?
유아들: 조리사님!

(중략)

(유아들은 손을 씻고 앞치마를 벗은 후 조리사님께 먼저 가져다 드리고, 자신의 어묵국을 책상으로 가져가 간식으로 먹기 시작한다.)

② 위의 예에서 제시된 내용을 관찰 기록 양식에 기록하여 보자.

◎ 요리의 형식

관 찰 자: 김 현 수 관찰일시: 2019년 12월 14일
관찰기관: 아름 유치원/어린이집 관찰학급: 도라지반/ 5세 학급
진행 중인 주제: 겨울 활 동 명: 어묵국
준 비 물: 휴대용 가스레인지, 큰 냄비, 어묵, 무, 멸치, 어묵을 꽂을 꼬챙이 그릇

범주	내용	관찰 여부	비고
장소의 적절성	유아들이 참여하기에 충분한 공간이 확보되어 있다.	✔	
	요리 활동에 필요한 물이 가까운 곳에 있다.		
	요리 활동에 필요한 전기가 가까운 곳에 있다.		
	다른 유아들의 활동을 방해하지 않는 곳에서 진행된다.	✔	
	안전과 청결이 잘 유지될 수 있는 장소에서 진행된다.	✔	
	기타		
집단의 크기	개별		
	소집단	✔	
	대집단		
청결 상태의 확인	책상 닦기	✔	
	손 씻기	✔	
	앞치마 입기/머릿수건 쓰기	✔	
	마스크 또는 입가리개 사용하기		
교수 방법(I)	유아가 관찰하는 가운데 교사가 대부분의 요리를 함		
	교사의 도움을 받아 유아가 대부분의 요리를 함	✔	
교수 방법(II)	요리하기 전에 미리 요리에 관한 사항(예: 요리 이름, 순서, 필요한 재료 등)에 대해 이야기 나눔		
	요리하면서 요리에 관한 사항에 대해 이야기 나눔		
	요리하기 전에 이야기 나누고, 요리하면서 다시 이야기 나눔	✔	
교육적 경험	감각 경험(시각, 청각, 촉각, 미각, 후각 등)	✔	
	언어적 경험(표현, 요리 순서도 읽기)	✔	
	수학적 개념		
	과학적 개념		
	다른 문화에 대한 경험		
	협동 혹은 기다림 등의 사회적 경험	✔	
요리 순서도	요리 순서도가 있다(교사 제작 vs. 유아 제작)	✔	교사 제작
	필요한 양이 정확하게 기재되어 있다.	✔	
	요리 과정이 구체적으로 명시되어 있다.	✔	
	글, 그림 또는 사진을 활용해 요리 과정이 명확히 제시되어 있다.	✔	
	요리 순서도가 유아의 연령에 맞게 제작되었다(예: 연령이 어릴수록 그림/사진 많이 활용; 요리 과정 단순하게 표현).	✔	

◦ 요리의 적절성

관 찰 자: 김 현 수	관찰일시: 2019년 12월 14일
관찰기관: 아름 유치원/어린이집	관찰학급: 도라지반/ 5세 학급
진행 중인 주제: 겨울	활 동 명: 어묵국
준 비 물: 휴대용 가스레인지, 큰 냄비, 어묵, 무, 멸치, 어묵을 꽂을 꼬챙이, 그릇	

범주 내용	매우 그렇지 않다	보통이다	매우 그렇다
요리가 유아들의 발달 수준에 적절하다.		✔	
요리 활동이 교육적인 가치가 있다.		✔	
안전에 대한 고려가 되어 있다.		✔	
요리에 사용된 도구가 유아의 수준에 적절하다.			✔
음식물의 영양과 유아의 건강을 고려한 요리이다.			✔
진행되고 있는 교육 주제와 연결된다.			✔
기타			

◦ 요리의 운영

관 찰 자: 김 현 수 관찰일시: 2019년 12월 14일
관찰기관: 아름 유치원/어린이집 관찰학급: 도라지반/ 5세 학급
진행 중인 주제: 겨울 활 동 명: 어묵국
준 비 물: 휴대용 가스레인지, 큰 냄비, 어묵, 무, 멸치, 어묵을 꽂을 꼬챙이, 그릇

	지도 절차	관찰된 순서	비고
요리 전	어떤 요리를 할지 미리 이야기 또는 계획하기(하루 전 또는 당일)	①	
	요리 순서를 정하기 위해 집단 구성표에 기록하기	②	
	유아 수준에서 조리할 수 있도록 재료를 미리 준비하기(예: 당근을 얇게 썰어 놓기 등)		
	요리에 필요한 도구/자리 배치하기	③	
	기타		
요리	손 씻기	⑤	
	앞치마 입기/머릿수건 쓰기	④	
	준비된 재료 살펴보기(탐색하기)	⑥	
	요리 순서도를 보고 요리의 순서 익히기		
	요리하기	⑦	
	그릇에 담기	⑧	
	준비물 정리하기	⑨	
	앞치마 벗고 손 씻기	⑩	
	기타		
요리 후	요리한 음식 먹기	⑫	
	느낌/맛에 대해 이야기하기		
	다른 사람에게 대접하기(예: 기관장, 다른 반 교사나 영유아 등)	⑪	
	평가하기		
	기타		

14 급간식

1 급간식에 대한 기초 지식

① 급간식: 급식은 영유아교육기관에서 특정 다수인에 대하여 정기적으로 공급하는 식사를 말한다. '특정 다수인'이란 급식을 받는 대상이 항상 정해져 있음을 의미하며, '정기적'이란 매일 1회에서 2~3회씩 미리 정해진 식단에 의거하여 식사가 제공됨을 의미한다. 간식은 활동량은 많으나 한 번에 소량씩만 먹는 영유아에게 열량과 영양을 보충해 주기 위해서 제공하는 간단한 음식을 의미한다.

② 급간식의 중요성: 급간식 시간은 영유아에게 열량과 영양을 보충해 줄 뿐만 아니라 친구들과 함께 먹는 즐거움을 나누고, 바람직한 식습관과 도구 사용법, 서로 접대해 보는 기회, 먹는 양을 스스로 조절하는 능력, 식사에 관한 사회·문화적 관습 등을 배울 기회이므로 중요하다.

2 관찰 기록 양식

① 간식의 종류

관 찰 자:		관찰일시: 년 월 일 요일			
관찰기관: 유치원/어린이집		관찰학급: 반/ 세 학급			

구분 \ 범주		내용 및 수량	재료		재료의 가공	
			자연 재료	인스턴트	기관에서 조리	시중에서 구입
1회( )	음료					
	간식					
2회( )	음료					
	간식					
3회( )	음료					
	간식					
4회( )	음료					
	간식					

참 고

- 1회( ): 괄호 안에는 간식이 주어지는 시기(예: 등원 직후, 오전, 오후)를 기록한다.
- 내용 및 수량: 음료와 주 간식의 내용과 수량을 구체적으로 기록한다. 예를 들어, 음료로 우유가 제공되면 흰 우유 한 개 또는 한 컵으로 기재한다.

② 급식의 종류

관 찰 자: 관찰기관: 유치원/어린이집	관찰일시: 년 월 일 요일 관찰학급: 반/ 세 학급
메뉴 작성	( ) 영유아교육기관 작성 ( ) 급간식 식단표(예: 보육정보센터 제공)
메뉴 작성자	( ) 영양사 ( ) 영양사 이외의 사람 ____________ ( ) 작성자 모름
메뉴의 고지	( ) 실시함 ( ) 실시하지 않음
메뉴 실행	실제 급식 메뉴가 공지된 메뉴와 ( ) 동일 ( ) 동일하지 않음 ※ 동일하지 않을 경우 어떻게 다른지 기록: ____________
조리	( ) 기관에서 직접 조리
보존식	( ) 보관함

구분 \ 범주		메뉴
아침	주식	
	부식	
점심	주식	
	부식	
저녁	주식	
	부식	

참 고

- 메뉴 작성자: 영양사 이외의 사람이 작성할 경우, 누구인지 구체적으로 기록한다.

생각해 봅시다

- 영유아의 연령을 고려할 때, 주식과 부식의 종류나 조리 형태가 적절한지 생각해 봅시다.
- 영아부터 유아까지 다양한 연령의 어린이가 다니는 영유아교육기관의 경우, 영유아의 연령에 따라 다른 메뉴 또는 다른 조리법을 사용하는지 살펴보고 적절성에 대해 생각해 봅시다.

③ 급간식 운영 및 지도

관 찰 자: 관찰일시: 년 월 일 요일
관찰기관: 유치원/어린이집 관찰학급: 반/ 세 학급
관찰한 급간식: ( ) 간식 ________; ( ) 급식 ________

범주	내용	관찰 여부	비고
급간식의 형태	자유 급간식(원하는 시간에 개별적으로 먹게 하는 것)		
	집단 급간식		
먹는 장소	학급		
	식당		
행주질	급간식 전(후)에 행주질(소독)을 함		
	급간식 전(후)에 행주질(소독)을 하지 않음		
행주질 담당	조리사, 영양사 또는 기타 성인		
	교사		
	영유아(당번 포함)		
손 씻기	교사가 닦아 줌(특히, 아주 어린 영아의 경우)		
	영유아 스스로 닦음		
	씻지 않음		
급간식의 배분	조리사, 영양사 또는 기타 성인		
	교사		
	영유아		
식기의 준비	조리사, 영양사 또는 기타 성인		
	교사		
	영유아		
식탁과 의자의 사용	의자 있는 식탁(학급 책상과 의자 포함)에서 식사		
	바닥에 앉아 상(책상 포함)에서 식사		
영아용 식탁	영아의 경우 영아용 식탁 사용		
먹는 양의 조절	먹는 양과 종류를 스스로 조절하게 함		
	기본에서 조금 적게(많이) 먹을 수 있음		
	정해진 양만 먹을 수 있음		
교사의 도움 (특히, 영아의 경우)	영유아의 능력에 맞게 적절히 도와줌		
	혼자 먹을 수 있는데 지나치게 도와줌		
	혼자 먹을 수 없는데 지나치게 도와주지 않음		

범주	내용	관찰 여부	비고
편식 혹은 남기는 영유아	자신이 가져간 양은 무조건 다 먹게 함		
	다 먹게 격려하고 안 되면 남기게 함		
	원하는 대로 남기게 함		
먹기 전의 의식	있음(감사, 인사, 기도 등을 '비고'란에 기록한다.)		
	없음		
급간식의 시작	준비된 영유아 먼저 먹기 시작		
	준비된 분단(모둠, 책상)별로 먹기 시작		
	모두 준비되어야 먹기 시작		
교사 급간식	영유아들과 같은 시간에 먹지 않음		
	같은 시간에 먹지만 함께 앉지는 않음		
	같은 시간에 함께 앉아서 먹음		
	기타		
식기 정리	조리사, 영양사 또는 기타 성인		
	교사		
	영유아(당번 포함)		
양치질	양치를 하게 함		
	물 양치만 하게 함		
	하지 않음		
급간식 후 활동	조용한 활동		
	활발한 활동		
	기타		
분위기	모두 즐거운 분위기에서 먹음		
	빨리 서두르고 야단치는 분위기에서 먹음		
	무미건조한 분위기에서 먹음		
간식 지도 내용	손 씻기		
	바른 자세로 먹기		
	조용한 목소리로 말하기		
	음식 흘리지 않기		
	음식의 양을 조절하여 남기지 않기		
	먹고 난 후 식기나 흘린 음식 스스로 치우기		
	양치질하기		
	감사 인사하기		
	배경 음악 틀어 주기		
	기타		

참 고

- 관찰한 급간식: 관찰한 내용이 간식인지 급식인지를 먼저 기록하고, 어떤 간식 또는 급식(예: 오전 간식, 저녁 급식)인지 자세히 기록한다.
- 급간식의 배분: 주식과 부식을 각각 다른 사람이 배분할 경우, '비고'란에 기록한다.
- 급간식 운영 및 지도에 관련된 규칙이 관찰되지 않을 경우(예: 먹는 양 조절에 대한 원칙), 교사에게 질문하여 기록한다.

생각해 봅시다

- 전반적으로 급간식 시간의 운영이 잘 되었는지 생각해 봅시다. 잘 되었거나 안 되었다면 그렇게 생각하는 이유를 적어 봅시다.
- 급간식은 하루 식사를 하는 것 이외의 교육적 가치도 있는 활동입니다. 관찰한 급간식에서 어떤 교육적 가치를 찾을 수 있었는지 생각해 봅시다.

3 관찰의 실시

① 관찰의 예: 교사가 간식 지도를 하는 상황을 관찰하고 기록한 예이다.

관 찰 자: 한 미 연 관찰일시: 2023년 10월 18일
관찰기관: 소라 유치원/어린이집 관찰학급: 물소반/ 3세 학급
관찰한 급간식: (✔) 간식 오전 간식 ; ( ) 급식 ______

기본 정보	• 이 기관은 모든 급간식 메뉴를 기관의 영양사가 작성하고 조리사가 조리함 • 급간식 메뉴를 고지하고 보존식도 실시함 • 간식은 오전/오후 2회, 급식은 중식 1회를 제공함(일찍 등원하거나 늦게 하원하는 경우는 별도의 식사를 제공) • 만 3세 이하는 자유 간식을 실시하고, 급식은 모든 연령에서 집단 급식을 실시함 • 간식은 학급에서 먹고, 급식은 식당에서 학급별 시차제로 먹음 • 간식과 급식 모두 교사와 영유아가 함께 먹음 • 간식은 학급의 책·걸상을 활용하고, 급식은 식당의 식탁과 의자를 사용함

교 사: 얘들아, 이제부터 시계가 한 바퀴 돌아서 다시 4자에 올 때까지 간식을 먹을 수 있어. 간식 먹고 싶은 어린이는 자기가 놀던 것을 치우고, 손 씻고, 수·조작놀이 책상으로 오자.
유아 2~3명: (간식을 확인한 후 손을 씻으러 간다.)
교 사: (간식 먹을 책상을 행주로 닦은 후, 우유와 마들렌을 담은 통을 책상 위에 놓는다.)
교 사: (유아들이 손 씻고 오자) 간식을 먹을 거니? 가서 컵이랑 접시를 가져 와.
유아들: 각자의 컵과 접시를 들고 와서 자리에 앉는다.)
교 사: (우유를 각자의 컵에 따라주며) 오늘은 마들렌을 몇 개씩 먹는 걸까? 저기 표를 봐.
○ ○: 세 개!
교 사: 그래, 세 개씩 먹자. ○○부터 세 개씩 집고, 옆에 앉은 친구한테 통을 밀어줘. 준비된 사람은 먹기 시작하세요.
○ ○: 나는 다 못 먹어요.
교 사: 그럼 우선 한 개만 먹고 더 먹고 싶으면 먹자.
○ ○: (뒤돌아 앉아서 먹고 있다.)
교 사: ○○야, 앞에 보고 바로 앉아야지.
(○○의 몸을 앞으로 향하게 한 뒤, 의자를 책상에 가깝게 밀어 준다.)

(중략)

(유아들이 즐거운 분위기에서 간식을 먹고 있다.)
교 사: 다 먹은 사람은 어떻게 해야 하지?
유아들: 그릇 치우고, 음… 간식이니까 물 양치만 하고, 조금 조용한 놀이하다 다시 놀아요.
교 사: 그래, 우리 반 규칙을 잘 알고 있네.

② 관찰의 예에서 제시된 내용을 관찰 기록 양식에 기록하여 보자.

- 간식의 종류

<table>
<tr><td colspan="3">관 찰 자: 한 미 연
관찰기관: 소라 유치원/어린이집</td><td colspan="4">관찰일시: 2023년 10월 18일
관찰학급: 물소반/ 3세 학급</td></tr>
<tr><td colspan="2" rowspan="2">범주 / 구분</td><td rowspan="2">내용 및 수량</td><td colspan="2">재료</td><td colspan="2">재료의 가공</td></tr>
<tr><td>자연 재료</td><td>인스턴트</td><td>기관에서 조리</td><td>시중에서 구입</td></tr>
<tr><td rowspan="2">1회
(오전)</td><td>음료</td><td>우유 한 컵</td><td>○</td><td></td><td></td><td>○</td></tr>
<tr><td>간식</td><td>마들렌 세 개</td><td>○</td><td></td><td></td><td>○</td></tr>
</table>

- 급식의 종류

<table>
<tr><td colspan="3">관 찰 자: 한 미 연
관찰기관: 소라 유치원/어린이집
관찰한 급간식: (✔) 간식 <u>오전 간식</u> ; ( ) 급식 ______</td><td>관찰일시: 2023년 10월 18일
관찰학급: 물소반/ 3세 학급</td></tr>
<tr><td colspan="2">메뉴 작성</td><td colspan="2">(○) 영유아교육기관 작성 ( ) 급간식 식단표(예: 보육정보센터 제공)</td></tr>
<tr><td colspan="2">메뉴 작성자</td><td colspan="2">(○) 영양사 ( ) 영양사 이외의 사람 ______
( ) 작성자 모름</td></tr>
<tr><td colspan="2">메뉴의 고지</td><td colspan="2">(○) 실시함 ( ) 실시하지 않음</td></tr>
<tr><td colspan="2">메뉴 실행</td><td colspan="2">실제 급식 메뉴가 공지된 메뉴와 (○) 동일 ( ) 동일하지 않음
※ 동일하지 않을 경우, 어떻게 다른지 기록: ______</td></tr>
<tr><td colspan="2">조리</td><td colspan="2">(○) 기관에서 직접 조리</td></tr>
<tr><td colspan="2">보존식</td><td colspan="2">(○) 보관함</td></tr>
<tr><td colspan="2">범주 / 구분</td><td colspan="2">메뉴</td></tr>
<tr><td rowspan="2">아침</td><td>주식</td><td colspan="2"></td></tr>
<tr><td>부식</td><td colspan="2"></td></tr>
<tr><td rowspan="2">점심</td><td>주식</td><td colspan="2"></td></tr>
<tr><td>부식</td><td colspan="2"></td></tr>
<tr><td rowspan="2">저녁</td><td>주식</td><td colspan="2"></td></tr>
<tr><td>부식</td><td colspan="2"></td></tr>
</table>

◦ 급간식 운영 및 지도

관 찰 자: 한 미 연 **관찰일시:2023년 10월 18일**
관찰기관: 소라 유치원/어린이집 **관찰학급: 물소반/ 3세 학급**
관찰한 급간식: (✔) 간식 _오전 간식_; ( ) 급식 ______

범주	내용	관찰 여부	비고
급간식의 형태	자유 급간식(원하는 시간에 개별적으로 먹게 하는 것)	○	
	집단 급간식		
먹는 장소	학급	○	
	식당		
행주질	급간식 전(후)에 행주질(소독)을 함	○	
	급간식 전(후)에 행주질(소독)을 하지 않음		관찰 못 함
행주질 담당	조리사, 영양사 또는 기타 성인		
	교사	○	
	유아(당번 포함)		
손 씻기	교사가 닦아 줌(특히, 아주 어린 영아의 경우)		
	유아 스스로 닦음	○	
	씻지 않음		
급간식의 배분	조리사, 영양사 또는 기타 성인		
	교사	○	우유
	유아	○	마들렌
식기의 준비	조리사, 영양사 또는 기타 성인		
	교사		
	유아	○	
식탁과 의자의 사용	의자 있는 식탁(학급 책상과 의자 포함)에서 식사	○	
	바닥에 앉아 상(책상 포함)에서 식사		
영아용 식탁	영아의 경우 영아용 식탁 사용		해당 없음
먹는 양의 조절	먹는 양과 종류를 스스로 조절하게 함	○	
	기본에서 조금 적게(많이) 먹을 수 있음		
	정해진 양만 먹을 수 있음		
교사의 도움 (특히, 영아의 경우)	유아의 능력에 맞게 적절히 도와줌		관찰 못 함
	혼자 먹을 수 있는데 지나치게 도와줌		관찰 못 함
	혼자 먹을 수 없는데 지나치게 도와주지 않음		관찰 못 함

범주	내용	관찰 여부	비고
편식 혹은 남기는 유아	자신이 가져간 양은 무조건 다 먹게 함		관찰 못 함
	다 먹게 격려하고 안 되면 남기게 함		관찰 못 함
	원하는 대로 남기게 함		관찰 못 함
먹기 전의 의식	있음(감사, 인사, 기도 등을 '비고'란에 기록한다.)		
	없음	○	
급간식의 시작	준비된 유아 먼저 먹기 시작	○	
	준비된 분단(모둠, 책상)별로 먹기 시작		
	모두 준비되어야 먹기 시작		
교사 급간식	유아들과 같은 시간에 먹지 않음		관찰 못 함
	같은 시간에 먹지만 함께 앉지는 않음		관찰 못 함
	같은 시간에 함께 앉아서 먹음		관찰 못 함
	기타		
식기 정리	조리사, 영양사 또는 기타 성인		
	교사		
	유아(당번 포함)	○	
양치질	양치를 하게 함		
	물 양치만 하게 함	○	
	하지 않음		
급간식 후 활동	조용한 활동	○	
	활발한 활동		
	기타		
분위기	모두 즐거운 분위기에서 먹음	○	
	빨리 서두르고 야단치는 분위기에서 먹음		
	무미건조한 분위기에서 먹음		
간식 지도 내용	손 씻기	○	
	바른 자세로 먹기	○	
	조용한 목소리로 말하기		
	음식 흘리지 않기		
	음식의 양을 조절하여 남기지 않기	○	
	먹고 난 후 식기나 흘린 음식 스스로 치우기	○	
	양치질하기	○	
	감사 인사하기		
	배경 음악 틀어 주기		
	기타		

15 등하원 지도

1 등하원 지도에 관한 기초 지식

① 등하원 지도: 영유아가 영유아교육기관에서의 하루 일과를 시작하거나 마무리하고 가정으로 돌아가기 위한 준비를 하는 시간으로서 부모와 헤어짐 또는 만남, 교사나 친구와의 인사, 소지품 정리, 하루 일과나 활동의 계획 및 소개, 하루 일과의 평가, 가정에 전달해야 하는 공지 사항 안내, 귀가 안전 지도, 다음 날 이루어질 활동에 대한 소개 등이 이루어지는 시간을 말한다.

② 등하원 지도의 중요성: 영유아는 하루의 일과를 시작/마무리하면서 영유아교육기관에서의 하루를 계획하거나 지낸 일들을 되돌아보고, 자신의 감정이나 성취 정도를 정리하고, 가정에서 기관으로 또는 기관에서 가정으로의 전이를 위한 준비를 한다. 교사는 하루 일과의 소개나 다음 날 이루어질 활동에 대한 소개를 통하여 영유아의 호기심을 자극하고 활동에 대한 참여도를 높일 수 있다. 또한 기관의 특성이나 영유아의 연령에 따라 부모에게 영유아가 하루를 어떻게 지냈는지 전달하기도 한다.

2 관찰 기록 양식

① 등원 지도의 형식

관 찰 자:		관찰일시:	년 월 일 요일
관찰기관:	유치원/어린이집	관찰학급:	반/ 세 학급

범주	내용	관찰 여부	비고
등원 방법	개별적으로 등원(부모를 비롯한 보호자와 함께)		
	등하원 버스를 이용해 모두 함께		
	등하원 버스를 이용해 소집단으로		
	기타		
교사와의 만남	버스에서		
	기관 현관에서		
	각 활동실 앞에서		
	각 활동실 안에서		
부모와의 헤어짐	집 또는 등하원 버스 승차 시		
	기관 현관에서		
	활동실 앞에서		
	활동실 안에서		
	기타		

② 귀가 지도의 형식

관 찰 자:		관찰일시:	년 월 일 요일
관찰기관:	유치원/어린이집	관찰학급:	반/ 세 학급

범주	내용	관찰 여부	비고
실시 여부	실시함		
	실시하지 않음		
실시 방법 (집단 크기)	준비되면 개별적으로 실시		
	소집단으로 실시		
	대집단으로 실시		
	특정 활동이 끝난 영유아별로 실시		
교사 지도의 종료	활동실 앞에서 종료		
	기관 현관에서 종료		
	기관 차량 앞에서 종료		
	기관 차량에 동승해서 내려 줄 때 종료		
	가정으로 데려다주면서 종료		
귀가 방법	부모를 비롯한 보호자와 개별적으로		
	영유아끼리 함께		
	기관 버스로		
	다른 기관(예: 학원) 버스로		
	기타		

참 고

- 교사 지도의 종료: 교사가 영유아들을 어디까지 데리고 가서 귀가시키는지를 보고 기록한다.

생각해 봅시다

- 영유아의 연령을 고려할 때, 어떤 형식이 가장 바람직할지 생각해 봅시다.

③ 등원 지도의 내용 및 운영

<table>
<tr><td colspan="2">관 찰 자:</td><td colspan="4">관찰일시: 년 월 일 요일</td></tr>
<tr><td colspan="2">관찰기관: 유치원/어린이집</td><td colspan="4">관찰학급: 반/ 세 학급</td></tr>
<tr><td rowspan="2">범주</td><td rowspan="2">내용</td><td colspan="3">실시자</td><td rowspan="2">비고</td></tr>
<tr><td>영유아 스스로</td><td>교사가 전적으로</td><td>교사의 도움으로 영유아가</td></tr>
<tr><td rowspan="14">등원 시 영유아의 행동</td><td>부모와 헤어지기/못 떨어짐</td><td></td><td></td><td></td><td></td></tr>
<tr><td>교사와 인사하기</td><td></td><td></td><td></td><td></td></tr>
<tr><td>친구와 인사하기</td><td></td><td></td><td></td><td></td></tr>
<tr><td>겉옷/신발 정리하기</td><td></td><td></td><td></td><td></td></tr>
<tr><td>소지품 정리</td><td></td><td></td><td></td><td></td></tr>
<tr><td>제출할 준비물/물건 교사에게 제출하기</td><td></td><td></td><td></td><td></td></tr>
<tr><td>이름표 붙이기</td><td></td><td></td><td></td><td></td></tr>
<tr><td>놀이 계획표 붙이기</td><td></td><td></td><td></td><td></td></tr>
<tr><td>각종 당번표/순서표 붙이기</td><td></td><td></td><td></td><td></td></tr>
<tr><td>화장실 사용/기저귀 갈이</td><td></td><td></td><td></td><td></td></tr>
<tr><td>준비된 활동 시작하기</td><td></td><td></td><td></td><td></td></tr>
<tr><td>아무것도 안 하고 돌아다니기</td><td></td><td></td><td></td><td></td></tr>
<tr><td>기타</td><td></td><td></td><td></td><td></td></tr>
<tr><td>기타</td><td></td><td></td><td></td><td></td></tr>
<tr><td>범주</td><td>내용</td><td colspan="2">관찰 여부</td><td colspan="2">비고</td></tr>
<tr><td rowspan="12">등원 시 교사의 행동</td><td>해당 영유아 반기기/달래 주기</td><td colspan="2"></td><td colspan="2"></td></tr>
<tr><td>부모와 간단한 면담하기</td><td colspan="2"></td><td colspan="2"></td></tr>
<tr><td>겉옷/신발 정리 돕기</td><td colspan="2"></td><td colspan="2"></td></tr>
<tr><td>소지품 정리 돕기</td><td colspan="2"></td><td colspan="2"></td></tr>
<tr><td>화장실 사용 돕기/기저귀 갈아 주기</td><td colspan="2"></td><td colspan="2"></td></tr>
<tr><td>영유아에게 준비된 활동 소개하기</td><td colspan="2"></td><td colspan="2"></td></tr>
<tr><td>영유아에게 할 일 안내하기</td><td colspan="2"></td><td colspan="2"></td></tr>
<tr><td>영유아에게 놀이 소개하기</td><td colspan="2"></td><td colspan="2"></td></tr>
<tr><td>다른 영유아와 상호작용하기</td><td colspan="2"></td><td colspan="2"></td></tr>
<tr><td>다른 활동 준비하기</td><td colspan="2"></td><td colspan="2"></td></tr>
<tr><td>기타</td><td colspan="2"></td><td colspan="2"></td></tr>
<tr><td>기타</td><td colspan="2"></td><td colspan="2"></td></tr>
</table>

생각해 봅시다

- 교사의 등원 지도가 영유아의 연령에 적절한지 생각해 봅시다. 너무 많이 도와주거나 너무 적게 도와주어 영유아의 책임감 형성이나 놀이의 시작을 방해하지는 않는지 생각해 봅시다.
- 특히 영아 학급의 경우, 교사가 부모에게 전달사항을 듣거나 소지품을 정리해 주는 일에 많은 시간을 소비한다면 영아의 하루 일과 시작에 어떤 영향을 주게 될지 생각해 봅시다.

④ 귀가 지도의 내용 및 운영

관 찰 자:		관찰일시:	년 월 일 요일
관찰기관:	유치원/어린이집	관찰학급:	반/ 세 학급

범주	내용	관찰 여부	비고
하루 일과의 평가	영유아들이 하루를 지내면서 가졌던 감정에 대한 평가		
	학급 운영과 관련된 규칙 상기		
	하루 일과 중 사전 계획과 달라진 부분이 있는 경우 그에 대한 설명과 대책 논의		
	교사가 하루를 지내면서 가졌던 감정에 대한 평가		
	영유아들이 완성한 작품에 대한 평가		
	기타		
	기타		
영유아를 통한 공지 사항 안내	다음 날 있을 특별한 활동에 대한 이야기		
	준비물 상기		
	가정에서 해야 하는 과업에 대한 언급		
	부모님에게 전달해야 하는 사항이나 협조 사항		
	귀가 시 안전에 대한 주의		
	기타		
부모에게 직접 또는 글(예: 알림장)을 통한 안내	급간식과 관련된 내용		
	휴식 및 낮잠과 관련된 내용		
	씻기 또는 배변과 관련된 내용		
	건강 및 안전(예: 경미한 부상, 질병, 투약)과 관련된 내용		
	교육 활동 및 놀이(친구관계 포함)와 관련된 내용		
	기타		
	기타		

범주	내용	실시자			비고
		영유아 스스로	교사가 전적으로	교사의 도움으로 영유아가	
귀가 준비	놀던 놀잇감이나 작품 추가 정리				
	화장실 다녀오기(기저귀 갈이 포함)				
	씻기 및 옷 갈아입기				
	겉옷 입기/신발 준비(신기)				
	소지품 챙기기				
	알림장/가정 통신문 주기/챙기기				
	인사하기(말, 악수, 노래 등)				
	기타				

생각해 봅시다

- 귀가 지도에 전반적으로 소요된 시간을 살펴보고, 영유아의 연령에 맞지 않는 내용을 다루거나 귀가 지도가 너무 길어져 이야기 나누기를 한 번 더 하는 상황이 되지는 않았는지 생각해 봅시다.
- 귀가 지도는 오늘을 간단히 정리하고 영유아가 내일도 영유아교육기관에 기쁘게 오고 싶은 마음이 들도록 하는 시간입니다. 그런 측면에서 볼 때, 위에 제시된 귀가 지도의 내용 중 어떤 것이 가장 중요한지 생각해 봅시다.

3 관찰의 실시

① 관찰의 예: 교사가 귀가 지도하는 것을 관찰하고 기록한 예이다.

관 찰 자: 권 혜 영　　　　관찰일시: 2024년 4월 2일
관찰기관: 미란 유치원/어린이집　　　　관찰학급: 노랑반/ 2세 학급

교　사: (단체로 모여 앉아서) 이제는 집에 가야 할 시간이에요. 오늘도 재미있었나요?
영아들: (모두 함께) 네!
교　사: 오늘 ○○가 우리 모두 함께 볼 수 있는 책을 가지고 왔어요.
○○에게 뭐라고 해야 할까?
영아들: 고마워!
교　사: 그래, 고맙다고 해야겠지? ○○야, 책을 가져다주어서 고맙다.
그리고 내일은 산책하러 가니까 어떤 신을 신어야 할까?
영아들: 편한 신발이요!
교　사: ♪ 아이참, 재밌어요. 우리 유치원/어린이집~ ♬
(교사는 귀가 시 부르는 노래를 부르기 시작하고 영아들은 따라 부른다.)
교　사: 자, 이제 조금 있으면 엄마가 오실 거야.
선생님이 이름 부르는 어린이들은 집에 갈 준비하고 다른 어린이들은 ☆☆ 선생님과 책방에서 책을 읽고 있자.
(교사는 영아들이 노는 상황과 평소 부모가 데리러 오는 경향 그리고 등원 때 부모에게 받는 메시지를 고려하여 4~5명씩 귀가 준비를 시킨다.)
교　사: 자, 이름 부르는 사람들은 정리하고 화장실 다녀와서 집에 갈 준비하자.
(교사가 호명한 4~5명은 화장실에 다녀와서 교사에게 온다.)
교　사: 집에 갈 준비하자. 무엇을 챙겨야 할까?
4~5명의 영아들: 가방, 알림장, 신발, 옷, ….
교　사: 정말 혼자서 집에 갈 준비를 잘하는구나!
(교사는 영아별 알림장에 하루 일과와 관련된 상황 – 급간식, 투약, 배변, 놀이 중 특이 사항 등을 간단히 기록해 둔다.)
(교사는 영아들이 준비하는 것을 보고 도움이 필요한 영아들을 도와준다.)
(엄마들이 오자 교사는 교실 문 앞에서 자녀들이 어떻게 하루를 지냈는지 간단히 이야기해 주고, 내일 만나자고 인사한다.)

② 관찰의 예에서 제시된 내용을 관찰 기록 양식에 기록하여 보자.

- 귀가 지도의 형식

관 찰 자: 권 혜 영 관찰기관: 미란 유치원/어린이집		관찰일시: 2024년 4월 2일 관찰학급: 노랑반/ 2세 학급	
범주	내용	관찰 여부	비고
실시 여부	실시함	✔	
	실시하지 않음		
실시 방법 (집단 크기)	준비되면 개별적으로 실시	✔	
	소집단으로 실시		
	대집단으로 실시		
	특정 활동이 끝난 영아별로 실시		
교사 지도의 종료	활동실 앞에서 종료	✔	
	기관 현관에서 종료		
	기관 차량 앞에서 종료		
	기관 차량에 동승해서 내려 줄 때 종료		
	가정으로 데려다주면서 종료		
귀가 방법	부모를 비롯한 보호자와 개별적으로	✔	
	영아끼리 함께		
	기관 버스로		
	다른 기관(예: 학원) 버스로		
	기타		

◎ 귀가 지도의 내용 및 운영

관 찰 자: 권 혜 영 관찰일시: 2024년 4월 2일
관찰기관: 미란 유치원/어린이집 관찰학급: 노랑반/ 2세 학급

범주	내용	관찰 여부	비고
하루 일과의 평가	영아들이 하루를 지내면서 가졌던 감정에 대한 평가		
	학급 운영과 관련된 규칙 상기		
	하루 일과 중 사전 계획과 달라진 부분이 있는 경우 그에 대한 설명과 대책 논의		
	교사가 하루를 지내면서 가졌던 감정에 대한 평가		
	영아들이 완성한 작품 언급		
	기타: 친구들을 위해 책을 나눠 본 영아 칭찬	✔	
	기타		
영아를 통한 공지사항 안내	다음 날 있을 특별한 활동에 대한 이야기	✔	
	준비물 상기		
	가정에서 해야 하는 과업에 대한 언급		
	부모님에게 전달해야 하는 사항이나 협조 사항		
	귀가 시 안전에 대한 주의		
	기타		
부모에게 직접 또는 글 (예: 알림장)을 통한 안내	급간식과 관련된 내용	✔	
	휴식 및 낮잠과 관련된 내용	✔	
	씻기 또는 배변과 관련된 내용	✔	
	건강 및 안전(예: 경미한 부상, 질병, 투약)과 관련된 내용	✔	
	교육 활동 및 놀이(친구관계 포함)와 관련된 내용	✔	
	기타		
	기타		

범주	내용	실시자			비고
		영아 스스로	교사가 전적으로	교사의 도움으로 영아가	
귀가 준비	놀던 놀잇감이나 작품 추가 정리			✔	
	화장실 다녀오기(기저귀 갈이 포함)			✔	
	씻기 및 옷 갈아입기			✔	
	겉옷 입기/신발 준비(신기)			✔	
	소지품 챙기기			✔	
	알림장/가정 통신문 주기/챙기기			✔	
	인사하기(말, 악수, 노래 등)			✔	
	기타				

16 담임 이외의 강사(특강교사)가 하는 활동

1 담임 이외의 강사(특강교사)가 하는 활동에 관한 기초 지식

① 담임 이외의 강사(특강교사)가 하는 활동: 영유아교육기관의 외부에서 영어, 체육, 국악, 컴퓨터, 미술, 음악 등의 활동을 위해 강사(특강교사)가 방문하거나 영유아교육기관에 상주하면서 하는 활동을 의미한다. 현재 부모의 요구나 영유아교육기관을 운영하는 기관장의 의도 등 다양한 이유로 인해 외부에서 방문하는 강사(특강교사)가 증가하고 있어 많은 문제점을 낳고 있다.

② 담임 이외의 강사(특강교사)가 하는 활동의 문제점: 많은 영유아교육기관에서 유아교육을 전공하지 않은 사람, 다른 학문 분야(예: 체육, 영어, 국악, 미술, 음악 등)에서의 교사 자격증도 없는 사람, 담임교사와 같이 영유아의 개별적 특성을 모르는 사람이 방문해서 수업을 담당하고 있다. 대부분의 경우 이러한 사람은 영유아의 발달이나 바람직한 교육에 대한 지식이 없고 각 학급에서 진행되는 전반적인 교육과 관련이 없는 내용을 가르치기 때문에 교육의 질이나 일관성 측면에서 문제가 제기되고 있다.

2 관찰 기록 양식

① 활동 유형 및 방식

관 찰 자:	관찰일시: 년 월 일 요일
관찰기관: 유치원/어린이집	관찰학급: 반/ 세 학급
진행 중인 주제:	활동유형:
교수 매체:	지속된 시간: ________ 분

범주	내용	관찰 여부
강사 유형	기관에 상주하지만 그 활동만 담당하는 강사	
	외부에서 방문하는 강사	
강사 자격증	교사 자격증 있음(유치원 교사 또는 보육교사 자격증)	
	다른 급(예: 초·중등교사)의 교사 자격증이 있음	
	교사 자격증이 없음	
활동 시간	수업시간 중	
	오후 특별활동 시간 중	
담임교사의 역할	참여하지 않음(영유아만 인계하고 다른 곳으로 감)	
	소극적 참여(보조 교사의 역할을 함)	
	적극적 참여(공동 수업을 하듯이 함께 참여함)	
	기타	
활동 종류	국어(글짓기, 책 읽기 등 포함)	
	음악(악기 포함)	
	미술	
	체육(무용, 체조 포함)	
	국악	
	외국어(영어, 중국어 등)	
	컴퓨터(코딩 포함)	
	수학	
	과학	
	기타	
	기타	

범주	내용	관찰 여부
집단 크기	관심 있는 영유아만(즉, 부모가 신청한 영유아)	
	대집단의 영유아(부모 신청 여부와 관련 없이)	
	소집단의 영유아(부모 신청 여부와 관련 없이)	
	개별 영유아(부모 신청 여부와 관련 없이)	
장소	교실	
	특별 활동을 위한 별도의 교실(예: 컴퓨터실, 영어 빌리지 등)	
	유희실, 강당, 체육실 등의 넓은 공간	
	놀이터, 마당 등의 실외 공간	
	기타	
공간 확보	해당 활동을 할 수 있는 충분한 공간	
	해당 활동하기에 충분하지 않은 공간	
시설, 설비 및 자료 확보	해당 활동을 하기에 적절한 시설, 설비 및 자료	
	해당 활동을 하기에 부적절한(또는 불충분한) 시설, 설비 및 자료	
언어	영유아에게 적절한 언어(어휘 수준 포함) 사용	
	영유아에게 부적절한 언어(어휘 수준 포함) 사용	
지도 내용	지도하는 내용의 수준이 영유아의 연령과 발달 수준보다 낮음	
	지도하는 내용의 수준이 영유아의 연령과 발달 수준에 적절함	
	지도하는 내용의 수준이 영유아의 연령과 발달 수준보다 높음	
지도 방법	영유아의 발달 수준이나 특성을 고려한 지도	
	영유아의 발달 수준이나 특성을 고려하지 않은 지도	
일관성	담임교사의 수업 내용이나 지도 방법과 일관성 있음	
	담임교사의 수업 내용이나 지도 방법과 일관성 없음	
정규 수업의 침해	강사의 일정으로 인해 교사의 수업이 단축 또는 연장됨	
	강사의 일정으로 인해 교사의 수업이 단축 또는 연장되지 않음	
교사와의 협의	강사가 수업 내용, 수준, 방법 등을 담임교사와 협의함	
	강사가 수업 내용, 수준, 방법 등을 담임교사와 협의하지 않음	

참고

- 영아를 대상으로 하는 특별 활동은 바람직하지 않으나, 학부모의 동의를 받으면 할 수 있으므로 현장에서 관찰할 수 있다.
- 한 가지 이상의 활동을 관찰할 경우, 각 활동에 대해 위의 서식을 활용하여 따로 기록한다.
- 활동 종류: 각 활동 종류를 구체적으로 기록한다.
- 교사나 강사에게 질문해서 알아내야 하는 정보(예: 전공이나 교사 자격증 소지 여부)는 수업 전 또는 후에 질문한다(가능한 경우만).
- 판단 불가능한 사항 또는 정보를 얻지 못하는 사항에 대해서는 '관찰 여부'란에 '판단 불가'로 기록한다.

생각해 봅시다

- 강사에 의해 진행되는 활동이 영유아에게 어떤 영향을 미칠지 생각해 봅시다.
- 부모의 요구/기관의 경영 여건 향상과 영유아의 전인적 발달을 위한 교육 간의 균형이 깨질 때 유아교사로서 어떤 노력을 해야 할지 생각해 봅시다.
- 강사에게 많은 수업을 맡기고 교사는 지켜보거나 보조하는 상황에서 유아교사의 전문성에 대해 생각해 봅시다.

3 관찰의 실시

① 관찰의 예: 외부 강사가 수업하는 상황을 관찰하고 기록한 예이다.

관 찰 자: 손 지 현	관찰일시: 2028년 10월 21일
관찰기관: 공주 유치원/어린이집	관찰학급: 호수반/ 5세 학급
진행 중인 주제: 가을	활동유형: 체육
교수 매체: 공, 훌라후프	지속된 시간: 50분

기본 정보	• 강사는 체육을 전공했으나 교사 자격증 소지자가 아님 • 체육실에서 활동하나 지하에 위치한 체육실에는 큰 기둥이 4개 있어서 강사가 모든 유아가 활동하는 것을 전체적으로 볼 수 없음 • 체육 강사와 담임교사가 서로 활동에 대한 정보를 공유하지 않음 • 체육 강사가 준비하는 활동은 일반적으로 생활 주제와는 관련이 없음

(담임교사와 유아가 이야기 나누기를 하는 중간에 체육 강사가 왔다는 연락을 받는다.)

담임교사: 어떻게 하지! 아직 이야기가 안 끝났는데 체육선생님이 오셨네. 선생님과 이야기는 나중에 계속하고 일단 체육실로 가자. 의자에 앉은 어린이들부터 의자 치우고 줄 서자.

(중략)

(교사와 유아들이 함께 체육실로 내려간다.)

강 사: 얘들아! 선생님 앞에 넓게 서. 체조하자. 체조할 때 서로 붙지 말라고 그랬지~.

(유아들이 떠들자 선 채로 손유희를 한다.)

강 사: 머리, 어깨, 무릎, 발~. 이번에 다르게 할 거야. 머리, 어깨, 찌찌, 엉덩이, 발~.

(찌찌와 엉덩이를 만질 때 "아이 창피해." 하며 강사가 몸을 꼬자 유아들이 까르르 웃는다.)

(담임교사는 집중 못 하거나 돌아다니는 유아를 도와준다.)

강 사: 자! 체조하자.

(음악에 맞춰 체조를 한다.)

강 사: 자, 이제 훌라후프 지나가기를 하자. 훌라후프 2개 지나서 저기 반환점 돌아서 빨리 뛰어와서 이 앞에 앉는 거야.

(교사와 강사가 훌라후프 한 개씩을 잡고 서 있으면 유아들이 통과한다.)

(강사가 훌라후프 지나 돌아오기에 대해 자세한 설명을 하지 않았기 때문에 유아들이 서로 먼저 하려고 밀치기도 하고 반환점의 뜻을 몰라 훌라후프만 지나 제자리로 가기도 한다.)

강 사: 누가 늦게 들어오나! 우리 늦게 들어오는 아이한테 "야! 빨리해!"라고 말해 주자.

유 아 들: (무조건) 야! 빨리해!

(후략)

② 관찰의 예에서 제시된 내용을 관찰 기록 양식에 기록하여 보자.

관 찰 자: 손 지 현 관찰기관: 공주 유치원/어린이집 진행 중인 주제: 가을 교수 매체: 공, 훌라후프	관찰일시: 2028년 10월 21일 관찰학급: 호수반/ 5세 학급 활동유형: 체육	
범주	내용	관찰 여부
강사 유형	기관에 상주하지만 그 활동만 담당하는 강사	
	외부에서 방문하는 강사	✔
강사 자격증	교사 자격증 있음(유치원 교사 또는 보육교사 자격증)	
	다른 급(예: 초·중등교사) 교사 자격증 있음	
	교사 자격증 없음	✔
활동 시간	수업시간 중	✔
	오후 특별 활동 시간 중	
담임교사의 역할	참여하지 않음(유아만 인계하고 다른 곳으로 감)	
	소극적 참여(보조 교사의 역할을 함)	✔
	적극적 참여(공동 수업을 하듯이 함께 참여함)	
	기타	
활동 종류	국어(글짓기, 책 읽기 등 포함)	
	음악(악기 포함)	
	미술	
	체육(무용, 체조 포함)	✔
	국악	
	외국어(영어, 중국어 등)	
	컴퓨터(코딩 포함)	
	수학	
	과학	
	기타	
	기타	

범주	내용	관찰 여부
집단 크기	관심 있는 유아만	
	대집단의 유아	✔
	소집단의 유아	
	개별 유아	
장소	교실	
	특별 활동을 위한 별도의 교실(예: 컴퓨터실, 영어 빌리지 등)	
	유희실, 강당, 체육실 등의 넓은 공간	✔
	놀이터, 마당 등의 실외 공간	
	기타	
공간 확보	해당 활동을 할 수 있는 충분한 공간	✔
	해당 활동을 하기에 충분하지 않은 공간	
시설, 설비 및 자료 확보	해당 활동을 하기에 적절한 시설, 설비 및 자료	
	해당 활동을 하기에 부적절(또는 불충분한)한 시설, 설비 및 자료	✔
언어	유아에게 적절한 언어(어휘 수준 포함) 사용	
	유아에게 부적절한 언어(어휘 수준 포함) 사용	✔
지도 내용	지도하는 내용의 수준이 유아의 연령과 발달 수준보다 낮음	✔
	지도하는 내용의 수준이 유아의 연령과 발달 수준에 적절함	
	지도하는 내용의 수준이 유아의 연령과 발달 수준보다 높음	
지도 방법	유아의 발달 수준이나 특성을 고려한 지도	
	유아의 발달 수준이나 특성을 고려하지 않은 부적절한 지도	✔
일관성	담임교사의 수업 내용이나 지도 방법과 일관성 있음	
	담임교사의 수업 내용이나 지도 방법과 일관성 없음	✔
정규 수업의 침해	강사의 일정으로 인해 교사의 수업이 단축 또는 연장됨	✔
	강사의 일정으로 인해 교사의 수업이 단축 또는 연장되지 않음	
교사와의 협의	강사가 수업 내용, 수준, 방법 등을 담임교사와 협의함	
	강사가 수업 내용, 수준, 방법 등을 담임교사와 협의하지 않음	✔

참고 문헌

교육과학기술부 (2012). 5세 누리과정 교사용 지도서: 제1권 유치원과 친구. 서울: 교육과학기술부.

권오남 (1999). 수학과 학업성취도 평가를 위한 수행평가의 과제와 전망. 1999년 이화여대-서울대 사범대학 교수포럼.

김지영 (2000). 유아 포트폴리오의 운영. 성남시 국공립보육시설연합회 연수교재.

성태제 (1998). 교육평가 방법의 변화와 결과 타당도. 한국교육평가회: 21세기 한국 교육평가의 과제와 전망, 125-147.

육아정책연구소 (2014). 4세 누리과정 유아관찰척도.

육아정책연구소 (2014). 5세 누리과정 유아관찰척도.

이정환 (1993). 유아교육의 교수학습방법. 서울: 교문사.

이정환 · 박은혜 (1995). 교사들을 위한 유아관찰 워크북. 서울: 사단법인 한국어린이육영회.

Bell, D. R., & Low, R. M. (1977). *Observing and recording children's behavior*. Richland, WA: Performance Associates.

Flanders, N. (1970). *Analyzing teaching behavior*. Oxford, England: Addison-Wesley.

McAfee, O., & Leong, D. (1994). *Assessing and guiding young children's development and learning*. Needham Heights, MA: Allyn and Bacon.

Northwest Evaluation Association. (1990, October). *Writing portfolio assessment issues and concerns* [Summary]. NWEA writing assessment conference. Lake Oswego, OR: Author.

저자 소개

김 희 진
Purdue University (유아교육, Ph. D.)
현재 : 이화여자대학교 유아교육학과 교수

박 은 혜
Arizona State University (유아교육, Ph. D.)
현재 : 이화여자대학교 유아교육학과 교수

이 지 현
Boston University (유아교육, Ph. D.)
현재 : 건국대학교 교직과 교수

제3판

영유아교육기관에서의 관찰

초판 1쇄 발행 2000년 8월 28일
초판 17쇄 발행 2010년 8월 25일
개정판 8쇄 발행 2017년 7월 3일
제3판 3쇄 발행 2023년 1월 16일

지 은 이 | 김희진 · 박은혜 · 이지현
펴 낸 이 | 김기섭
편 집 인 | 김민수
펴 낸 곳 | 창지사 www.changjisa.com
08589 서울시 금천구 가산디지털 1로 83 파트너스타워 1차 9층
전화 (02)719-2211~3
팩스 (02)701-9386
등 록 | 1977년 4월 28일 · 제1-421호

ISBN 978-89-426-1163-8 (93370)

값 23,000원